미래진로교육

미래 진로 교육

ⓒ 이옥원 2022

초판 1쇄   2022년 12월 9일

지은이   이옥원

출판책임   박성규
편집주간   선우미정   펴낸이   이정원
편집   이동하·이수연·김혜민   펴낸곳   도서출판 들녘
표지디자인   이상용   등록일자   1987년 12월 12일
본문디자인   고유단   등록번호   10-156
마케팅   전병우   주소   경기도 파주시 회동길 198
멀티미디어   이지윤   전화   031-955-7374 (대표)
경영지원   김은주·나수정   031-955-7381 (편집)
제작관리   구법모   팩스   031-955-7393
물류관리   엄철용   이메일   dulnyouk@dulnyouk.co.kr

ISBN   979-11-5925-995-1 (03370)

교육 폴더
12

미래진로교육

푸른들녘

신의 영역으로 들어서고 있는 인류의 발걸음, 기술혁신의 끝은 어디일까? 디지털 유토피아 시대의 다양한 정보와 자녀교육의 지혜가 가득하다.

김용범_이씨스 대표, 한국판 뉴딜 국정자문위원

새로운 산업의 시대, 누군가 지나간 길을 갈 것인가, 아니면 새길을 만들어갈 것인가?
읽고 나면 많은 것을 생각하게 하는 '삶의 풍향계' 같은 책이다.

김장현_한전 KDN 사장

유익하고 재미있는 책이다. 부모와 자녀가 함께 읽어보길 권한다. 미래와 진로에 대해 나누는 대화는 가정의 행복과 아이의 자존감을 키워줄 것이다.

문정숙_디지털소비자원 원장, 前 숙명여대 교수

질문에 대한 답을 찾기보다 좋은 질문을 만들어내는 것이 더 어렵다. 이 책은 소중한 아이들이 미래의 행복을 찾아가기 위해 부모에게 던지는 꼭 필요한 질문이다.

박학용_〈디지털타임스〉 대표이사

미래 변화에 대한 통찰, 미래의 직업과 핵심역량에서부터

부모와 아이들이 가져야 할 소양에 이르기까지 모두에게 필요한
'미래진로교육'의 지침서.

변재운_〈국민일보〉 대표

"가르치는 것"이 아니라 "생각하게 하는 것"으로 바뀌어야 한다.
아이들과 함께 미래를 향한 길을 찾아가려면 부모부터 달라져야 한다.
이 책을 권하는 이유이다.

장신호_서울교육대학교 교수, 창의융합교육연구센터장

교육과 문화, 일자리와 직업, 삶의 행복과 가치관에 이르기까지
모든 것이 바뀌는 전환의 시대, 이 책은 미래를 진단하고 처방하는
물음표이자 느낌표!

최보기_'최보기의 책보기' 북칼럼니스트, 〈내 인생의 무기〉 저자

세대를 떠나 남녀노소 모두에게 권하고 싶은 책이다. 왜냐하면 우리가
살고 있고, 또 살아가야 할 디지털 세상을 비추어주고 가로질러 가기
때문이다.

최재을_KB데이타시스템 대표

저자의 말

세상이 변하고 삶터가 바뀌고 있습니다. 4차 산업혁명의 기술혁신은 서로 융합하고 소통하며 현실과 가상의 세계를 넘나들고, 우리는 식당에서, 차 안에서 인공지능과 대화하며 실시간으로 연결된 지구촌을 살아가고 있습니다. 너무도 빠른 미래의 속도를 미처 느낄 수도 없는 사이, 신의 영역을 넘보는 인류의 진화는 문명의 특이점을 향해 가파르게 올라서고 있습니다. 바야흐로 교육과 문화, 일자리와 직업에서부터 삶의 행복과 가치관에 이르기까지 모든 것이 바뀌는 전환의 시대입니다.

이러한 변화의 시기에 어떻게 하면 우리 아이를 미래의 주인공으로 성장하도록 도울 수 있을까요? 우리 아이들은 알파 세대입니다. 알파 세대란 2010년대 초반 이후에 태어난 아이들로, 태어날 때부터 스마트폰을 가지고 놀며 유비쿼터스 사회에 자연 친화된 디지털 신인류입니다. 온라인 게임이나 메타버스 세상에서 자라온 아이들이라 '가상(Virtual)세대'로 불리기도 하죠. 이들은 한마디로 과학기술과 소셜미디어가 신체의 일부로 특화된 세대이자 액정화면 클릭 한 번으로 모든 것을 해결하며 살아가는 세대입니다. 그러니 플랫폼 세상의 변화와 인공지능 시대를 주도할 능력을 타고난 인재들이기도 합니다. 아이들은 이미 준비되어 있습니다. 문제는 부모입니다.

아쉽게도 많은 부모님이 전통적인 관념에 매몰된 채 과거를 기준으로 아이들의 미래를 준비하고 있습니다. 20세기의 낡은 교육을 받고 자란 부모 세대가 21세기에 태어난 세대를 교육하는 것이 실은 어불성설일 수 있습니다. 하지만 낡은 관념을 벗어던지고 아이들과 함께 변화의 바람에 올라타면 하늘을 날 수 있지 않을까요?

문명의 전환과 함께 펼쳐질 미래 사회는 N극화 시대이자 탈 평준화 시대입니다. 다양성이 핵심인 사회, 평균이 사라진 사회죠. 기울어진 운동장이 아니라 누구나 개성을 발휘하며 살아갈 수 있는 역동적인 사회입니다. 문제는 직업입니다. 이런 사회에서 개성을 마음껏 뽐내며 자유로운 개인으로서 주변과 연대하면서 살아가려면 어떤 자질을 갖추고 어떤 능력을 키워가야 할까요? 우리 부모는 어떤 도움을 줄 수 있을까요?

부모가 할 수 있는 가장 손쉬운 일은 미래의 직업을 살펴보고 미래의 핵심역량을 인지하여 이를 키워주는 것입니다. 어떤 부모가 될 것인가? 그 답은 우리 자신에게 달려 있습니다.

저는 글을 쓰는 동안 사랑스러운 새아기 하영과 딸 은비를 줄곧 떠올렸습니다. 그들이 제가 책에서 말하는 소양과 가치관을 갖춘 멋진 부모가 되길 바라는 마음, 자녀의 성공과 행복을 위해 맞춤식 미래진로교육을 실행할 수 있는 부모가 되길 바라는 마음으로 말입니다.

이 책을 읽는 여러분 모두가 알파세대인 자녀들과 함께 미래의 답을 찾아가는 엄마, 아빠가 되면 좋겠습니다.

2022년 11월
논현동 서재에서 이옥원

chapter 2   4차 산업혁명과 기술혁신

4차 산업혁명 78

기술혁신의 아이콘 89

chapter 3   이미 도착한 미래

기술과의 공존 122

가상이 현실이 되다 155

chapter 4   미래의 삶터

chapter 5   흥망성쇠의 비밀

chapter 8   4C, 어떻게 키울 것인가?

chapter 9   어떤 부모가 될 것인가?

효과', 들어보셨나요? / 진로교육, 부모부터 받아야 한다

학부모 액션 플랜 394

'티칭'하는 엄마가 아니라 '코칭'하는 엄마가 되자 / 질문의 여왕이 되자 / 검색의 여왕이 되라 / 좋아하는 일을 하게 하라 / 강점을 찾아주고 키워라 / 종말을 고하는 '평균의 시대' / 책 읽기가 가장 중요하다 / '인문학의 힘'을 믿어라 / 태풍이 부는 길목에 서면 돼지도 하늘을 날 수 있다

프롤로그_엄마는 정답을 찾고 싶다

미래, 우리 아이들의 삶터

미래는 내가 없더라도 우리 자녀들이 살아가야 할 삶의 터전이다. 부모에게 가장 소중한 것은 무엇일까? 아이들이 자신의 미래를 행복하게 살아가는 것일 터다. 부모로서의 당연한 소망이자 의무이다. 그런데 우리는 과연 아이들이 살아야 할 미래의 변화에 대해 얼마나 알고 있을까? 아이들이 찾아야 할 미래의 행복에 대해 얼마나 고민을 나누고 있을까?

어른들은 가끔 이런 말을 툭툭 던진다.

"미래? 우리 세대는 먹고살기 바빠서 그런 거창한 건 생각도 못 해봤어."

"미래? 우리가 목숨 걸고 투쟁한 미래가 지금 너희의 현재야."

이런 이야기도 종종 들린다.

"너 나중에 뭐 해서 먹고살 거니? 안정적으로 살려면 공무원이 최고지."

"뭐? 춤을 추고 살겠다고? 그게 밥은 먹여준대?"

부모의 처지에선 맞는 말이기도 하고, 아이로선 틀린 말이기도 하다.

왜일까? 흔히들 말하는 소위 '세대 차' 때문이다. 부모 세대와 자녀 세대는 일단 생을 체감하는 속도조차 너무도 큰 격차를 보여준다. "태어나 보니 삼촌이 손흥민이었다"라는 우스갯소리처럼 요즘 아이들은 태어나 보니 이미 디지털 인공지능이 판치는 세상이다. 부모들의 삶은 다르다. 어쩌면 농업시대에 태어나 산업화, 정보화시대에 이르기까지 한평생에 모든 산업혁명을 겪어왔다 해도 과언이 아니다. 한마디로 세상이 바뀌었다는 뜻이다.

지금, 이 순간에도 미래는 너무 빠르고, 너무 다르게 다가오고 있다. 어떻게 하면 우리 아이들이 미래사회에 적응하며 성공적인 삶을 살 수 있을까? 부모로서 무엇을 가르쳐야 하고, 어떻게 함께해야 할까? 도대체 행복은 어떤 모습이고 어디에 있는 것일까? 몇 해 전 SBS TV 〈내 아이의 미래 교육〉에 나왔던 부모들의 인터뷰다.

"지식은 이미 인터넷이나 백과사전을 두드리면 다 나오는 시대가 되었으니 지식을 쌓을 필요는 없고 다른 창의력을 계발하라고 하지만 일개 부모로서는 되게 불안하니깐 그 틀을 바로 벗어던지긴 힘들어요."

"20년 전만 해도 이런 명문대를 나왔으면 어지간한 대기업은 그냥 걸어 들어갔다고요. 그런데 지금은 이제 그런 판이 아니게 됐잖아요."

달라진 세상을 살아가야 할 자녀를 둔 부모들은 지금 매우 혼란스럽다. 아이를 키우는 모범답안이 사라졌기 때문이다. 부모가 전혀 경험해보지 못한 세상이기 때문이다. 무엇을 어떻게 해야 할까?

세상이 바뀐다

역사학자 유발 하라리(Yuval Noah Harari, 1976~)는 『사피엔스: 유인원에서 사이보그까지』로 일약 스타의 자리에 오른 미래학자이기도 하다. 그는 2016년 개최된 세계경제포럼에서 "올해 초등학교 신입생 65퍼센트는 현재 존재하지 않는 직업을 갖게 될 것"이라며, "현재 학교에서 가르치는 내용의 80~90퍼센트는 아이들이 40대가 됐을 때 전혀 쓸모없을 확률이 높다"라고 발표하여 세상을 놀라게 했다.

그의 말이 사실일까? 세계경제포럼(WEF; World Economic Forum)에 따르면 4차 산업혁명에 따라 716만 개의 일자리가 사라지고, 202만 개의 새로운 직업이 나타난다. 영국 옥스퍼드대학의 칼 베네딕트 프레이 교수와 마이클 오스본 교수는 논문 「고용의 미래」(2013)에서 "앞으로 20년 안에 현존하는 직업의 절반인 47퍼센트를 로봇에 빼앗기게 될 것"이라고 말했다. 또 미래학자 토마스 프레이 다빈치 연구소 소장은 "2030년이 되기까지 세계적으로 20억 개의 일자리가 사라질 것"이라고 전망했다. 이뿐이 아니다. 시스코 보고서(Cisco systems; IT 및 네트워킹 부문의 세계적인 기업)는 "적어도 10년 안으로 미국 근로자의 34퍼센트가 프리랜서로 살아가는 시대가 될 것"이라는 예측을 내놓았다.

이미 고인이 되었지만, 한국을 여러 차례 방문했던 1세대 미래학자이자 『제3의 물결』의 저자인 앨빈 토플러도 비슷한 취지의 말을 했는데 우리나라 현실을 반영한 그의 지적이 뼈를 때린다. 그는 "한국의 학생들은 하루 15시간을 학교와 학원에서 미래에 필요하지 않을 지식과 존재하지도 않을 직업을 위해 소중한 시간을 낭비하고 있다"라고 꼬집었다.

우리의 자녀는 어떤 모습일까? 학교와 학원가를 오가며 쉴 틈 없는 아이들의 모습, 심지어 강남 대치동의 학원가에서는 선행 학습이란 명목으로 중학교 2학년 과정을 배우고 새벽 1시가 되어야 귀가하는 초등학교 5학년 아이들의 모습도 쉽게 만날 수 있다. 물론 부모의 생각을 나무랄 순 없다.

"우리나라 현실에서는 어쩔 수 없다, 일류대학을 나와야 그나마 번듯한 직장에 들어갈 것 아니냐, 학원 돌고 과외하고 그러는 거 다 아이들 미래를 위한 거다, 아이들 행복하게 살라고 그러는 거다."

"어른 말 들어서 손해 볼 거 없다. 이게 다 경험에서 우러나온 거라고. 그냥 엄마 아빠가 시키는 대로 하자, 응? 대학 가서 실컷 놀면 되잖아!"

그러나 한 번쯤 생각해보자. 세상이 바뀌는 것을 동의한다면, 아이들의 미래에 진정한 행복을 찾아주고 싶다면 한 번쯤 멈추어서 되돌아보자. 우리는 혹시 존재하지 않을 직업을 위해, 혹은 부모의 경험과 신념을 따라, 정체불명의 평생 직업이나 머지않아 신기루로 전락할 직장을 희망하며 아이와 함께 숨 가쁘게 뛰어가고 있는 것은 아닐까?

우리의 현실, 부모의 선택

4차 산업혁명과 일자리 문제는 우리 사회의 뜨거운 화두가 된 지 오래다. 인공지능과 빅 데이터의 결합은 문명과 시장의 질서를 바꾸는 태풍의 눈이 되었고, 그 결과 노동시장도 걷잡을 수 없는 변화의 소용돌이에 다가서고 있다. 근로자들은 자신의 일자리가 없어질지도 모른다는 걱정과 장래에 대한 불안감에 휩싸여 있고, 청소년과 학부모는 미래사회에 대한 막연한 기대와 혼란 속에서 '어떻게 살아야 하나' '무엇을 준비해야 하나' 고민하고 있다. 우리의 미래는 마치 20세기 말에 뚜껑이 열린 판도라의 상자와도 같다.

그런 와중에도 부모들은 노후 문제를 차치한 채 아이들의 교육에 올인한다. 내 자녀에게 어떤 과목이 문제인지, 어떤 학원에 1타강사가 있는지, 명문대를 가려면 어디로 이사 가야 하는지 마음이 바쁘고 답답하다. 좀 더 생각이 앞선 부모들은 미래에 어떤 직업이 유망할지, 어떤 길을 걷게 해야 할지 고민하며 다양한 특강을 쫓아다니거나 유튜브를 검색해본다.

학년이 올라갈수록 늘어나는 학원비에 살림살이는 팍팍해지고, 아이들은 아이들대로, 부모는 부모대로 가슴에 멍이 들지만, 그렇게 12년의 시간이 지나고 나면 결국 대다수 아이는 단 하루의 시험결과에 의해 인생을 배당받는다. 적성과 장점이 아닌 평균으로 정해지는 합격선의 수능점수에 따라 대학을 선택하고, 학과를 선택하여 인생의 항로를 배당받는 것, 그것이 이제까지의 시스템이었다.

이미 도착한 미래

이제는 달라지고 있다. 세상은 이미 인터넷과 모바일로 인해 통째로 바뀌고 있다. 스마트폰 청진기로 진찰을 하고, 목소리로 TV를 켜고 끄며, 로봇 의사에게 진료를 받고, 인공지능을 통해 주식을 팔고 산다. 키오스크로 메뉴를 주문하고 서빙로봇이 가져다주는 음식을 먹으며, 집

안에는 식재료를 분석해 레시피를 제공하는 스마트 냉장고와 인생의 동반자인 반려동물 로봇을 두고, AI 알고리즘이 권해주는 드라마를 보거나 음악을 듣는다. 이제 우리는 아침에 눈을 뜨면 나보다 나를 더 잘 알고 이해하는 컴퓨터와 함께 하루를 보내는 세상에 살고 있다.

교육과 문화, 기업과 일자리도 예외가 아니다. 굳이 15시간 비행을 하지 않아도 남유럽의 골목골목을 현실처럼 체험하고, 경북 안동의 농사 도구 호미가 아마존을 통해 한 번도 가본 적 없는 지구 반대편에서 베스트 상품으로 등재된다. 학교도 운동장도 없는 온라인 대학에서 석학들의 강의를 듣고, 알래스카에 있는 친구와 한편이 되어 게임도 한다. 미국, 싱가포르, 독일, 인도네시아 등 각 나라의 거래처와 화상회의를 하고, 입사 면접도 줌으로 대신한다. 재택근무가 보편적인 근로 형태로 자리잡았고, 인터넷 기업과 가상현실 박람회 등 세계적인 플랫폼 기업인 페이스북이 메타버스로 회사명을 바꾼 데서 보듯 변화는 이미 우리 곁에 도착해 있다.

여기에 전 세계를 관통한 코로나 팬데믹은 대중들에게 온라인 세상이라는 가상의 현실을 친숙하게 만들어 수십 년의 변화를 앞당기는 촉매제 역할을 했다. 한편으로 지구상에는 우려하던 현상들도 본격화되기 시작했다. 저출산과 고령화, 기후 위기와 환경문제, 양극화 이슈에 이르기까지 우리 자녀들이 살아갈 미래는 환경은 물론 정치, 경제, 사회적으로 전혀 경험해보지 못한 도전에 직면해 있다. 이것을 예측하고 준비한다는 것은 쉬운 일이 아닐 것이다. 그러나 두 손 놓고 있을 수도 없다. 우리 아이들의 삶이 달린 문제인 데다가 이제 곧 부모들이 알고 있던 인생 항로의 프로세스 또한 바뀔 터이기 때문이다.

미래사회와 일자리

미래사회를 떠올릴 때 우리를 가장 불안하게 만드는 요소는 무엇일까? 2017년 시장조사 전문기업인 엠브레인 트렌드 모니터(trendmonitor. co.kr)가 만 19세~59세 성인남녀 1,000명을 대상으로 미래사회와 직업 전망, 인공지능과 관련한 설문조사를 실시했는데, 그 결과가 흥미롭다.

우선 미래사회를 바라보는 사람들의 태도에는 기대감과 불안감이 공존했다. 특히 일자리 문제에서 가장 크게 불안감을 느낀다는 대답이 많았다. 기본 소득제도 도입이 불투명한 상황에서 일자리란 곧 생존과 직결되는 이슈이기 때문일 것이다. 조금 더 구체적으로 향후 직업에 어떤 변화가 있을지 물어본 결과, 다수의 직종이 로봇과 첨단 기술로 대체되어 인간의 능력을 필요로 하는 일자리가 지금보다 훨씬 적어질 거라는 시각이 대세였다. 사회가 세분화하는 만큼 다양한 직업이 등장하여 현재보다 일자리의 종류가 많아질 것 같다는 전망을 압도했다.

많은 사람이 인공지능의 발달 덕분에 우리 삶이 더욱더 편리해질 것이라는 기대감을 보여주었지만, 더 많은 수의 사람들은 인공지능을 탑재한 기계들이 인간의 일자리를 빼앗아갈 것으로 우려했다. 특히 인공지능이 인간의 존엄성을 해치고 개인정보를 유출할 위험성을 증폭시킬 것이라고 걱정하는 사람들도 많았는데 인공지능의 발달을 대하는 사람들의 복잡한 마음을 엿볼 수 있다.

이 조사는 미래사회에 대한 우리의 불안이 곧 일자리 문제와 뗄 수 없는 관계에 있다는 것을 보여준다. IT 기술의 발달을 마냥 신기해하며 좋다고 볼 수만은 없는 이유이기도 하다. 당장 그 결과를 온몸으로 떠안고 살아가야 할 아이들에게는 더욱 피부에 와 닿는 문제일 것이다. 이 밖에도 조사에서 미래에 대한 불안 이슈는 기후 위기, 인간 존엄성의 훼손, 초고령사회, 사회계층의 양극화, 생태계 파괴, 신종 바이러스의 횡행, 환경오염 순으로 나타났다.[1]

성공적인 인생이란?

이렇듯 변화하는 세상에서 아이들의 미래를 생각할 때 우리는 과연 '성공적인 인생'이란 무엇일까 되짚어보지 않을 수 없다. 성공적인 인생이란 무엇일까? 누구에게는 권력이고, 누군가에게는 명예이고 돈일 수 있다. "공부 잘해서 좋은 학교에 가고, 좋은 학교에 가면 좋은 직장을 얻게 되고, 좋은 직장을 얻으면 돈도 많이 벌고 또 행복해진다"라는 생각을 했고 대부분은 지금도 그럴 것이다. 그런데 우리 아이들이 살아야 할 미래에도 과연 그런 공식이 통할까? 좋은 성적을 받아 좋은 학교에 가고, 좋은 대학을 나오면 좋은 직장에 취직할 수 있을까? 좋은 직장에 취직하면 성공이고 행복이라는 그 공식이 과연 미래에도 통할까?

4차 산업혁명 시대는 온라인과 가상공간의 발달로 대학의 절반이 사라지고, 인공지능과 IT의 발달로 정보성 지식의 쓸모가 줄어들면서 기업의 채용시스템에서도 학위나 스펙에 대한 의존도가 낮아지고 있다. 이미 일류 기업이나 선진 교육체계에서는 그 전조가 시작되었다. 소위 '신의 직장'이 없어지고 평생 4~5번의 직업을 가져야 하는 백세시대가 열린 것이다. 이제 세상은 사라지는 직업과 새로 생기는 직업의 격돌로

---

[1] "2017 대한민국 트렌드", 〈한국경제신문사〉 (조사자료 일부 참조)

흥망성쇠가 요동칠 것이다.

예컨대 대기업 법무법인 팀에서 일하는 변호사가 되려고 시간과 돈을 투자했는데 AI 변호사의 등장으로 막상 자격증을 쓸 기회조차 얻지 못할 수도 있다. 어쩌면 우리 아이들은 사라지는 직업과 새로 생겨난 직업 사이에서 긴 시간을 방황하게 될지 모른다. 성공하려고 달려왔는데 도착지가 사라지는 황망한 경험을 하게 될지 모른다는 이야기다. 전통적인 교육도 중요하지만, 이제 과거의 공식을 과감히 벗어던져야 하는 시점이다. 이 점을 받아들이고, 부모가 먼저 변화해야 한다.

결론은 직업이다

지금 이 순간에도 서울 노량진에는 무려 20만 명이 넘는 청춘이 모여 9급 공무원 시험에 매달리고 있다. 삼각김밥과 컵라면, 그도 안 되는 처지라면 커피믹스 두 봉지를 풀어넣은 진한 커피 한 잔으로 야식을 대신하며 밤잠을 설치고 있다. 세상은 하루가 다르게 변하고 있는데, 정작 변화의 시대에 주인공이 될 우리 아이들은 공무원이나 대기업 같은 소위 신의 직장에 들어가기 위해 인간다운 현재를 저당 잡힌 채 막다른 경쟁의 벼랑으로 내몰리고 있다.

학교에서는 창의성 운운하면서 막상 모든 평가는 시험에 기초하고 있고, 인성 운운하지만 그 사람의 일생을 결정하는 단초는 정작 성적에 두는 사회. 이것이 대한민국의 오래된 현실이다. 디지털 온라인 세상이 눈앞에 펼쳐졌지만, 부모가 학교를 다니던 시절과 크게 달라진 것이 없어 보이는 현실이 참으로 아이러니하고 암담할 따름이다.

어느 일간지에서 초등학교 아이들을 대상으로 직업 선호도를 조사했는데 적지 않은 아이들이 미래의 꿈을 '임대업자'라고 응답했다고 한다. 웃고 넘기기엔 씁쓸레한 뒷맛을 감출 수 없다. 어른들이 황금만능주의에 빠져 있고, 조물주 다음은 건물주라는 유머가 떠도는 마당에 아이들이라고 생각이 다를까? 그런 어른들 아래서 성장하는 아이들이 갑자기 물리학자가 된다거나 수학자가 된다거나, 고고학을 공부해서 탐험을 떠난다거나, 책을 많이 읽고 글을 써서 훗날 시인이 되겠다거나 하는 꿈을 꿀 수 있을까?

글로벌 투자의 대가인 세계적인 투자가 짐 로저스는 2017년 10월 한국을 방문했을 때 다음과 같은 이야기를 했다. "한국의 청년들이 공무원 시험과 대기업 시험에 매달리는 것은 매우 부끄러운 일이다. 이는 활력을 잃고 몰락하는 사회의 전형적인 모습을 보는 것 같다. 한국은 일본을 급격히 닮아가고 있으며, 청년들이 자신이 사랑하는 일을 찾지 않고 무조건 안정적인 일자리를 찾을 경우 5년 안에 몰락의 길을 걷게 될 것이다."

우리 아이들의 꿈과 행복은 무엇일까? 아이들을 물심양면으로 지원하는 부모의 역할은 어디까지일까? 흔히 아이를 대학에 보내고 결혼을 시키면 부모의 일차적인 역할을 다했다고 생각한다. 그러나 부모의 진정한 역할은 결혼을 시키는 일이 아니라 '직업'을 찾아주는 일이다. 아이들에게 직업을 찾아주는 것, 아이들이 독립하여 살아갈 삶터인 '일자리'를 찾아주는 것이다. 어릴 때부터 성인이 될 때까지 무수한 날들을 키워 온 궁극적인 목표이자 해답은 바로 우리 아이의 '직업 찾기'에 있다.

꿈과 행복 역시 '직업 찾기'에 답이 있다. 부모들은 과거 산업화 시대에 가지고 있던 직업 인식에서 벗어나 아이들의 입장에서 미래에 맞는 일과 자리를 찾아주어야 한다. 아이들이 자신의 인생에서 행복을 느낄 수 있는 그런 진로 개발에 힘을 쏟아야 한다. 성공적인 삶과 그렇지 않은 삶의 차이는 일터로 나갈 때의 설렘의 차이다. 우리 아이가 평생을 살아가며 일의 노예가 아니라 일의 주인이 되어 살 수 있도록 도와야 한다. 그것이 바로 부모의 권리이자 의무이다.

일생일대의 여정, 진주를 찾아라!

잠시 머리를 식힐 겸 '바다'를 떠올려보자. 바다에 사는 무수한 생명체 중에 조개류가 있다. 아이들이 좋아하는 삿갓 모양의 조개부터 바닷소리를 들을 수 있는 커다란 소라, 전복 등 다양한 조개류가 살고 있다. 이중에서 바다의 보석인 진주를 만드는 조개 진주는 어릴 때부터 진주를 품고 있지만, 양질의 진주가 나올 확률은 28퍼센트밖에 되지 않는다고 한다. 긴 세월을 지나는 동안 절반은 태풍이나 적조 현상, 급격한 온도 변화로 사라지기 때문이다. 진주가 인류의 태동기부터 오늘날에 이르기까지 오랜 세월 사랑받고 있는 것은 이처럼 탄생과 성장의 아픔을 견디어낸 결과 덕분이 아닐까?

이 세상의 모든 아이 역시 가슴에 진주 한 알씩을 품고 태어났다. 자신만이 잘할 수 있는 어떤 능력, 이를 바탕으로 일하면서 진정으로 행복해할 수 있는 그런 '고유한 어떤 것' 말이다. 부모의 역할은 그 진주를 갈고 닦아 보석으로 이 세상에 내놓는 일이다. 아이에게 맞는 일, 아이가 행복해하고 좋아하는 직업을 찾아주는 일이다.

필자는 2018년부터 전국의 학교를 다니며 학부모들을 대상으로 "4차 산업혁명 시대, 우리 아이 어떻게 키울 것인가?"라는 주제로 강의를 진행했다. 도시든 섬이든 필자가 만난 학부모들은 아이와 미래에 대한 그들의 열정만큼이나 답답함의 크기도 같았다. 세상이 바뀐다고 하는데 대체 무엇을 어찌해야 할까요, 하고 물으면서 말이다.

가장 중요한 것은 변화를 읽는 일이다. 변화를 똑바로 직시하고 미래를 예측하며, 자신의 행동을 선택하는 것이다. 아이의 미래는 찬란히 빛나는 망망대해와도 같다. 꿈과 도전, 희망과 시련이 한데 어우러져 우리를 부르는 바다. 우리는 그곳에서 이는 변화의 바람을 읽고, 변화의 바람에 올라타 아이와 함께 돛을 올려야 한다.

"부모님은 준비가 되어 있나요? 시대의 변화를 느끼고 있나요? 변화의 방향을 알고 있나요? 미래의 직업은 어떻게 변해 갈까요? 4차 산업혁명 시대에 자녀와 함께 어떤 대비를 해야 할까요? 부모님의 역할은 무엇일까요" 이 같은 질문이 곧 책을 통해 여러분과 함께 나누고 싶은 주제다. 진주를 찾아 떠나는 모든 부모와 자녀들의 여정에 행운이 함께하길 바란다.

Chapter 1

전혀 다른
세상이 온다

변화의 속도

1965년 사람들은 미래의 모습을 어떻게 상상했을까?

지금부터 반세기도 전인 1965년 〈소년 한국일보〉에 '서기 2000년대 생활의 이모저모'란 만화가 실린 적이 있다. 1965년이면 우리나라에서 흔히 베이비붐 세대라고 부르는 전후세대(1955~1963년)의 끝자락에 해당한다. 이 만화를 그린 사람은 이정문 화백이다. 그는 서기 2000년은 어떤 세상일까를 상상하며 만화를 그렸을 텐데, 단순히 웃고 즐기는 만화라고 치부하기엔 그가 펼쳐낸 세상 풍경이 매우 놀랍다. 21세기를 살아가는 우리가 감탄할 만큼 미래 예측 감각이 뛰어나다.

집안일을 도맡아 하는 로봇 청소기, 학교가 아닌 집에서 온라인으로 공부하는 아이, 공해가 거의 없는 전기 자동차가 보인다. 아픈 사람이 자기 집에 누워 온라인 의료시스템에 접속하여 치료받는 모습도 보인다. 오늘의 메뉴를 권하고 요리하는 자동화 시스템도 있다. 〈전파신문〉이란 타이틀이 들어간 장면도 있는데, 아마도 유튜브나 인터넷으로 세상 돌아가는 일을 접하고 있는 우리의 현실을 묘사한 것 아닐까? 더욱 놀라운 것은 소형 'TV 전화기'라 불리는 물건을 한 손에 들고 있는 아이의 모습이다. 어쩌면 이 만화를 그린 작가는 스티브 잡스보다도 훨씬 먼저, 자그마치 수십 년 전에 스마트폰 세상을 예측하고 상상한 것 아닐까?

미래를 보는 만화가, 이정문 화백 인터뷰(SK텔레콤뉴스)

1965년에 상상한 서기 2000년대 생활의 이모저모

엄마 아빠가 어렸을 적에는

얼마 전 '넷플릭스'에서 방영된 한국 드라마 〈오징어 게임〉이 전 세계 1위라는 기염을 토하며 화제가 되었다. 그야말로 'K-드라마'로서 선풍적인 인기를 끌며 다양한 이슈 몰이에 성공했는데, 특히 출연진 중 한 사람인 오영수 배우는 한국인 최초로 미국 골든 글로브에서 남우 조연상을 수상했다. 돈과 목숨을 맞바꾸는 자본주의의 최극단을 보여준 점이나 지나치게 자극적인 장면 등 비판받을 점도 많았지만, 이 드라마는 나름의 영리한 전략으로 구슬치기, 무궁화꽃이 피었습니다, 달고나 등 베이비붐 세대의 향수를 자극하는 한국인 고유의 추억 포인트로 드라마에 재미를 더했고, 결국 성공했다.

넷플릭스로 방영된 〈오징어 게임〉을 보면서 잠시 내가 거쳐 온 시절을 돌아보았다. 내가 학교를 다녔던 시절엔 지금은 자취를 감춘 '버스 안내양'이 있었다(기차엔 남성 차장이 있었는데, 이상하게 버스 검표는 모두 여성이 했다). 당시엔 가게나 가두 판매대에서 버스표를 사서 차를 탈 때 내야 했다. 세무 업무는 대개 컴퓨터가 아닌 주산으로 했는데, 학교에도 '주산 부기'라는 교과목이 있었다. 그 뿐인가? 오늘날 대형 TV처럼 재봉틀이 집집마다 하나씩 있었다. 전화기로 상징되는 통신기기의 발달사는 누구나 기억하는 대로다. 손잡이를 돌리는 검정색 전화기와 더불어 교환원이 있던 시대의 이야기는 고색창연할 정도다. 학교에서는 집안 환경을 조사한답시고 "집에 전화 있는 사람 손 들어"라고 묻기도 했다. 길가의 공중전화기와 공존의 시기를 보낸 이동통신 기기로 '삐삐'가 있다. 한때 누구나 가지고 다니던 삐삐 호출기 말이다. 그 밖에 카세트테이프 리코더, 비디오플레이어, 전자사전, 플로피디스크 등도 이제는 박물관에서나 볼 수 있는 추억의 물건이 되어버렸다.

오늘 우리의 생활환경은 어떤가? 우리 곁에는 이미 미래의 열쇠들이 도착해 있다. 자율주행 무인 자동차가 길거리 운행을 시작했고, 식당에 가면 예약을 받거나 음식을 나르는 인공지능 로봇을 볼 수 있다. 서울과 부산을 단 20분 만에 주파할 자기부상열차를 개발 중이며, 전 국민 '드론' 운행 자격증 보유 시대도 멀지 않았다. 할머님이나 어머님이 사용하시던 페달형 재봉틀 대신 다양한 프로그램이 입력된 디지털 재봉틀은 손재주와 관계없이 원하는 대로 소품을 만들어준다. 전문가만 다루던 3D 프린터가 곳곳에 활용되면서 시민강좌를 통해 원하는 사람은 누구나 사용법을 배우게 되었다. 그 3D 프린터로 자동차도 만들고 집도 만들고 치아와 뼈도 만드는 시대다. 얼마 안 가 인간의 장기까지 만들 수 있다고 한다.

중요한 점은 변화의 결과물 자체가 아니다. 인류는 그간 수많은 변혁의 여정에서 새로운 것, 이로운 것, 더 좋은 것들을 개발해왔다. 지금 우

추억의 물건들

리가 주목해야 할 점은 변화의 속도다. 이 많은 변화가 사람의 한평생, 즉 거의 한 세기 안에 이루어졌다는 사실이다. 이 글을 쓰고 있는 필자 자신도 전화를 연결해주는 교환원이 있던 시점부터 스마트폰 하나로 온 갖 일을 다 해내는 시점까지 경험했다. '콩나물시루'라는 말을 아는가? 불과 오십 년 전에는 한 반에 80명이 넘는 아이들이 콩나물처럼 빼곡 들어찬 교실에서 학교생활을 시작했지만, 머지않아 태어날 아이들은 십여 명 남짓한 쾌적하게 설계된 교실에서 AI 보조교사의 도움 아래 학교생활을 즐기게 될 것이다. 변화의 끝은 어디일까? 변화의 속도는 얼마나 빠른 것일까?

인류 문명과 기술혁신은 어떤 관계일까?

인류의 역사는 도구의 역사라고 해도 과언이 아니다. 그만큼 호모 사피엔스는 도구를 사용하는 데 특화된 종이다. 구석기시대의 인류는 돌이나 뼈의 날카로운 부분을 이용하면 사냥을 하거나 풀을 베기 쉽다는 것을 깨달았다. 이 사소한 깨달음 덕분에 원인류는 짐승의 뼈나 돌을 '쪼개'서 쓰기 시작했다. 이 시기를 특정하는 가장 유명한 도구는 일명 '뗀석기'이다. 빙하기와 함께 구석기시대가 막을 내린 뒤 시작된 신석기시대의 인류는 이전보다 다양한 도구를 사용했다. 돌을 갈아 만든 간석기와 흙을 빚어 만든 토기 등이다. 빙하기 이후 농업 생산에 적합한 기후로 변화하면서 인류는 이제 비약적인 발전을 거듭한다. 수렵 채집경제에서 농업 중심의 생산경제로 돌입한 것이다. 그 뒤로 인류가 보여주는 역사는 주지하는 것처럼 구리를 제련하여 사용한 청동기시대를 거쳐 철로 만든 도구와 무기를 사용한 철기시대로 이어진다(엄밀히 말하면 21세기도 철기시대에 속한다. 지구상에 인간이 나타나 살아가고 있는 전체 기간 중 구석기시대가 차지하는 비율이 90퍼센트가 넘는다고 한다). 이처럼 인간은 도구의 발달과 함께 문명을 일으키면서 부족사회를 거쳐 국가를 형성했다.

이후 인류가 이뤄온 도구의 발달사는 곧 기술혁신으로 연결되었다. 신석기시대의 농업혁명에 이어 증기기관의 발명을 기점으로 이뤄진 1차 산업혁명, 전기와 전화를 중심으로 한 2차 산업혁명, 그리고 IT 정보화에 힘입어 디지털의 세계로 도약한 3차 산업혁명을 이루어냈다. 그리고 이제 누구나 4차 산업혁명을 이야기하는 시점이 되었다. 4차 산업혁명은 클라우스 슈바프(Klaus Schwab)가 의장으로 있는 2016년 세계 경제 포럼(WEF; World Economic Forum)에서 주창된 용어다. 4차 산업혁명은 정보

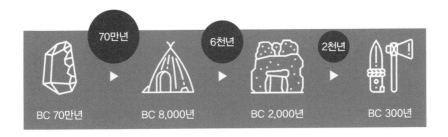

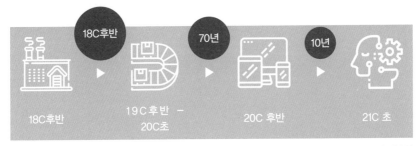

인류 역사의 기술혁신 & 문명의 가속화

통신 기술의 융합으로 이루어지는 차세대 산업혁명으로, 핵심은 빅 데이터 분석, AI, 로봇공학, 사물인터넷, 무인 항공기나 무인 자동차 같은 무인 운송수단의 개발, 3차원 인쇄, 나노기술 등 다양한 분야에서 벌어지는 기술혁신이다.

인류 역사와 문명을 돌이켜보자. 사방에 널린 돌을 주워 부수고 이것을 용도에 맞게 다듬어 사용하기까지 인류에게는 구석기시대 70만 년이란 긴 시간이 필요했다. 그러나 청동기시대까지는 6천 년, 철기시대까지는 2천 년으로 단축되었다. 그다음 1차 산업혁명 이후로 기술의 발전은 가속페달을 밟기 시작하여 2차 산업혁명까지 약 100년, 3차 산업혁명까지 약 70년, 그리고 오늘날의 4차 산업혁명까지는 불과 10여 년밖에 소요되지 않았다. 믿을 수 없는 변화의 속도 아닌가? 이대로 간다면 인류는 하루아침에 엄청난 소용돌이에 휩싸인 미래 세계로 내던져질 것이다.

기술혁신의 속도와 함께 상상을 넘어서는 도구의 탄생은 불가능이 없는 세상을 만들어내고 있다. 과연 어떤 미래가 우리를 기다리고 있을까? 구글의 기술담당 임원이자 세계적인 미래학자인 레이 커즈와일(Raymond 'Ray' Kurzweil, 1948~)은 『특이점이 온다』라는 책에서 '싱귤래러티'(singularity), 즉 기술이 인간을 초월하는 시점을 2045년으로 예측했다. 그는 어떤 근거로 이런 주장을 펼쳤을까?

싱귤래러티

'싱귤래러티'란 기술이 인간을 초월하는 시점을 말한다. 여러 최첨단 기술 중 AI를 떠올려보자. 만약 인공지능이 인간의 지능을 초월하게 되면 인간은 컴퓨터에 대한 통제권을 완전히 상실하게 된다. '갑'인 인간(창조자)이 '을'인 인공지능(피조물)을 더는 마음대로 할 수 없게 된다는 뜻이다. 레이 커즈와일의 말대로라면 앞으로 약 25년 후인 2045년이 되면 인공지능이 인류의 지능을 초월하고, 로봇이 이를 통해 진화할 경우 그들의 지위가 인간보다 높아질 것이다. 그는 계속하여 그럴 경우, 인공지능 로봇이 지구를 지배하는 새로운 종이 될 것이라고 경고했다.

싱귤래러티를 소재로 다룬 SF영화도 많다. 2017년에 개봉되었던 영화 〈싱귤래러티〉는 스위스의 젊은 감독인 로버트 쿠바(Robert Kouba, 1992~)가 레이 커즈와일의 책을 읽고 감명을 받아 동명의 영화로 만든 작품이다. 기계에 정복당한 인간들이 멸망을 피하려 쫓기고 쫓기다 결국 은하계의 유사지구인 '오로라'라는 새로운 별로 탈출한다는 내용이다. 여러분도 세계적인 흥행을 거두어 시리즈로 제작된 미국영화 〈터미네이터〉나 〈아이로봇〉을 보았을 것이다. 이 역시 AI가 인류의 적으로 등장하는 암울한 소재이지만 헐리우드식 통쾌한 액션과 결국 인간의 승리로 귀결되는 설정 탓에 사람들은 그저 오락으로 즐긴다. 반면에 〈엑스 마키나〉[2] 〈그녀〉(Her)[3] 같은 영화들은 인공지능과 사람의 미묘한 감정을 다룬 작품으로 기술 발달이 가져올 인류의 미래에 대해 소름 돋는 상상을 보여주었다.

그런데 아무리 기술의 발전 속도가 빠르다고 한들 불과 수십 년 후 어쩌면 우리의 생에 어떻게 이런 일이 가능할까? 커즈와일은 그 근거로 '변화의 속도'에 주목하라고 제안한다. 앞으로는 주요 기술이 선형적으로 발전하는 게 아니라 기하급수적으로 발전하기 때문이라는 것이다. 선형적 발전에서는 인풋의 값에 따라 아웃풋이 나온다. 함수를 떠올리면 이해하기 쉬울 것이다. 예를 들어 내가 30걸음을 앞으로 내디뎠다면, 나는 30걸음을 나간 자리에 서 있을 것이다. 한 발자국 내디뎠는데 내가 20발자국 내디딘 거리에 나가 있을 수는 없다. 즉 하나 다음엔 둘이 오고 그다음엔 셋이 오는 식으로 차례차례 30걸음을 내디뎠을 때 내가 있는 자리는 최초 지점으로부터 30걸음 떨어진 곳이 된다.

그러나 기하급수적 성장은 다르다. 기하급수(幾何級數)에서는 하나, 둘, 넷, 여덟… 이런 식으로 앞 숫자의 2배씩 커진다. 따라서 이 경우엔 같은 30걸음이라고 해도 한 걸음, 두 걸음, 네 걸음, 여덟 걸음처럼 늘

2 〈Ex Machina〉, 알렉스 가랜드 감독, 미국, 2015.
3 〈Her〉, 스파이크 존즈 감독, 미국, 2013.

어나서 최종 단계까지 가면 무려 10억 걸음이 된다. 이처럼 인류의 미래 기술은 기하급수적인 변화 속도를 유지하게 될 터이므로 싱귤래러티는 불과 수십 년 뒤에 올 것이라는 이야기다.

스티븐 호킹(Stephen Hawking, 1942~2018) 역시 기술이 궁극적으로 미래의 자아 인식을 만들어내고 인류를 대체할 것으로 보았다. 그는 기술이 집약된 인조물의 능력이 인류를 현격히 초월하게 될 때 인류가 멸망할 수도 있다고 생각했다. 호킹은 과학자와 기업가들을 모아 이 같은 잠재적 위험을 회피할 수 있도록 연구하고 관리와 감독을 강화해야 한다는 공개서한을 작성하기도 했다. 싱귤래러티는 이제 더는 상상 속의 단어가 아닌 셈이다.

미래의 속도와 인간의 적응

전화는 1876년 알렉산더 그레이엄 벨[4]에 의해 처음 고안된 이래 사용자가 1억 명이 되기까지 75년이 걸렸다. 그런데 인터넷이 탄생하고 사용자가 1억 명이 되는 데에는 10년이 채 걸리지 않았다. 라디오는 처음 발명된 이후 5천만 명이 사용하기까지 38년이란 세월이 걸렸으나, TV가 5천만 명에게 보급된 시간은 13년으로 크게 줄었다. 아이팟은 4년, 페이스북은 1년, 그리고 트위터는 9개월 만에 5천만 명의 사용자를 갖게 되었다.

위의 내용은 맥킨지 글로벌 연구소(Mckinsey Global Institute)에서 신기술

---

4 최초의 다소 불안정한 모델은 전기 파동 신호를 이용한 것으로 1849년 쿠바의 아바나에서 이탈리아인 안토니오 메우치에 의해 개발되었다.

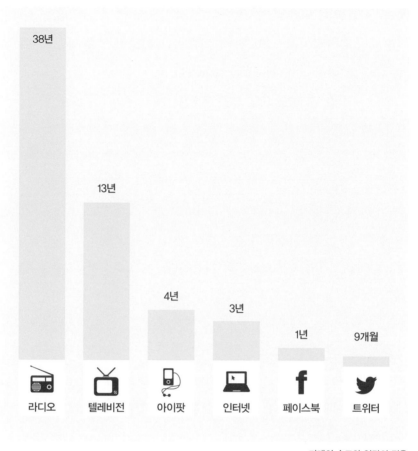

38년

13년

4년

3년

1년

9개월

라디오   텔레비전   아이팟   인터넷   페이스북   트위터

미래의 속도와 인간의 적응

에 대한 인간의 수용 속도를 산출한 결과로 2016년 『미래의 속도』[5]라는 책을 통해 발표되었다. 전화와 인터넷이 1억 명의 사용자를 확보하는 데 걸린 75년과 10년은 7.5배의 속도 차다. 기계류가 아닌 인터넷 기반 의 SNS 플랫폼인 페이스북과 트위터의 보급 속도는 말이 필요 없을 정

5   리처드 돕스, 제임스 매니카, 조나단 워첼 빌간, 『미래의 속도*No Ordinary Disruption*』, 맥킨지 글로벌 연구소, 2016.

도다. 기술의 발전 속도가 상상 이상으로 급속히 빨라지고 있고, 기술의 발전에 맞추어 소비자들이 기술의 변화를 받아들이는 속도 역시 기하급수적으로 빨라지고 있다는 것을 보여준다.

특히 디지털 기술은 기술 보급 속도가 매우 빠르고, 진입 장벽도 상대적으로 낮아 미래로의 변화 속도는 더욱 빨라질 것으로 예상된다. 맥킨지 연구소는 이와 같은 근거를 바탕으로 우리에게 다가올 미래의 모습은 속도 면에서 산업혁명보다 10배 더 빠르고, 규모로는 300배 더 크고, 영향력 면에서는 3000배 더 강하다고 결론지었다. 요즘 말로 '한 번도 경험하지 못한' 시간을 우리는 살고 있는 것이다.

그야말로 질풍노도(疾風怒濤)의 시간이다. 우리나라 경우 베이비붐 세대의 부모는 1차부터 3차 산업혁명까지, 건강이 허락하는 경우 4차에 이르기까지 거의 모든 산업혁명을 경험한 세대다. 현재 MZ세대의 부모 세대도 마찬가지다. 그리고 이 두 세대는 기술이든 공부든 20년간 배운 것을 평생 써먹었다. 덕분에 '평생직장'이란 말도 있었다. 그런데 요즘 우리 자녀 세대에도 이런 것들이 가능할까? 그들 역시 한 번 배운 것을 평생 써먹으며 먹고살 수 있을까?

그렇지 않다. 왜냐하면 변화의 속도가 부모 세대와 다르게 흘러가기 때문이다. "10년이면 강산도 변한다"는 속담도 이제는 너무 느린 속담이 되어버렸다. 우리는 변화의 속도를 인지하려고 노력해야 한다. 점점 뜨거워지는 물의 온도를 모르고 있다가 죽어버리는 어항 속 금붕어가 되어서는 안 된다. 절박하게 준비해야 한다. 미래로 가는 속도는 너무 빠르고 너무 다르기 때문이다.

스마트폰 신인류의 탄생

내 손안의 세상, 스마트폰의 등장

전 국민이 스마트폰을 사용하는 시대다. 누구나 '내 손안의 세상' 스마트폰을 들여다보며 일과를 시작하고, 스마트폰을 보면서 잠자리에 든다. 언제부터인가 스마트폰은 필요할 때마다 꺼내 쓰는 게 아니라 손에 들고 있지 않으면 불안한 그 무엇이 되어버렸다. 스마트폰 중독이란 말이 나온 것도 괜한 우려는 아닌 듯하다.

우리는 언제부터 스마트폰을 사용하기 시작했을까? 막연하게나마 '오래전 일'인 것만 같은데, 사용 시점을 따져보면 불과 10여 년이다. 10여 년 만에 모든 사람의 손에 스마트폰이 쥐어지게 된 것이다. 일분일초라도 없으면 안 될 것처럼 스마트폰을 애지중지하는 세상으로 빠져든 것이다.

애플의 아이폰 시리즈가 처음으로 국내에 출시된 것은 2009년 말이다. 그해 아이폰은 약 80만 대가 팔렸다. 다음 해인 2010년 6월, 삼성전자가 갤럭시를 시장에 내놓아 약 700만 대를 팔았다. 스마트폰과 연결된 통신사 가입자 수로 살펴보자면 2012년에 3,300만, 2017년에 4,500만으로 이용자가 가파르게 상승했다. 세상은 정말이지 단숨에 스마트폰 시대로 넘어갔다.

현재 남한 인구는 약 5,000만 명이다. 그 모든 사람이 스마트폰을 쓰고 있다고 해도 틀린 말이 아니다. 2018년 봄 시장조사기관인 퓨 리서치(Pew Research)는 전 세계 27개국을 대상으로 스마트폰 보급률을 조사했다. 그 결과 한국의 스마트폰 구매자 비율은 95퍼센트로 당당히 1위를 차지했다. 2위는 이스라엘로 88퍼센트였고, 3위는 네덜란드로 87퍼센트였다. 한국은 2~3위 국가에 비해 월등히 높은 수치를 보였으며 미국, 호주가 81퍼센트로 그 뒤를 이었다

스마트폰의 등장은 단순히 정보통신의 혁명을 뜻하지 않는다. 인류는 휴대용 컴퓨터와 다름없는 스마트폰을 소장함으로써 '세상을 내 손안에' 넣게 되었고, 이로써 촘촘한 연결망 안에서 존재의 가치를 매 순간 확인하며 서로 간에 영향력을 주고받고 있다. 즉 스마트폰 하나가 사회 모든 부문을 새롭게 디자인하며 인류의 문명을 전환하는 촉매제 역할을 하게 되었다는 뜻이다.

영국의 브랜드 가치 평가기관인 브랜드 파이낸스(Brand Finance)가 조사한 2021년 TOP 5 브랜드를 보면 스마트폰의 영향력을 절감할 수 있다. 브랜드 순위는 각각 애플, 아마존, 구글, 마이크로소프트, 삼성그룹이었으며 뒤이어 페이스북의 순으로 나타났다. 이들 탑 브랜드는 모두 스마트폰과 관련된 기업들이다. 그야말로 인류의 삶을 바꾸어놓은 기업들이다. 아이디어를 떠올리고 질문을 던지고 그 답을 찾아가는 생각 관련 프로세스는 구글이, 비슷한 성향을 가진 친구를 찾아 연결해주는 인간관계 서비스는 페이스북이, 작은 클립 한 개부터 럭셔리 브랜드 쇼핑에 이르기까지 소비문화를 책임지는 것은 아마존이, 들고 다니는 컴퓨

터인 스마트폰의 설계는 애플이, 그리고 애플의 얼굴(OLED)과 심장인 반도체는 삼성이 맡았기 때문이다.

이렇듯 스마트폰이라는 디지털 연결 고리가 인류의 손에 들어온 순간, 우리에겐 전혀 새로운 방식의 삶이 열렸다. 스마트폰과 함께 그 누구도 경험해보지 못한 신세계로 진입하게 된 것이다. 말 그대로 '문명의 기준점인 패러다임이 바뀐' 것이다.

스마트폰 신(新)인류의 하루

스마트폰을 보느라 자동차가 가까이 오는 것도 모른 채 걷고 있는 사람, 서로 포옹하고 있지만 둘 다 어깨너머로 자신의 핸드폰을 들여다보고 있는 연인, 이탈리아 예술가 마르코 멜가라티 (Marco Melgrati)는 스마트폰에 중독되어 살아가고 있는 이 시대의 사람들 모습을 풍자한 그림으로 유명하다. "에이, 설마 저 정도까지는…"이라기엔 남의 일이 아닐 수도 있다. 여러분의 하루를 떠올려보면 금세 답이 나온다. 스마트폰이 없을 때는 어떻게 살았을까 싶을 만큼 우리의 일거수일투족 역시 중독에 가까운 증세를 보이는 탓이다.

아침이다. 머리맡에 두고 자던 자명종 대신 취향에 따라 세팅한 스마트폰 알람 소리를 듣고 눈을 뜬다. 간단히 아침식사를 하면서 포털 사이트에 들어가 뉴스를 검색한다. 요즘엔 자신이 즐겨보는 뉴스들만 편집해서 기사를 읽는 사람이 많다. 출근길에도 사람들은 지하철이나 버스 안에서 스마트폰으로 '열일'을 한다. 지난밤 놓친 드라마나 예능을 보고, 웹 소설이나 웹툰을 찾아 즐긴다. 운전석에 앉은 사람도 마찬가지다. 스

마트폰을 연결해서 유튜브를 보거나 음악을 듣거나 뉴스를 청취한다. 스마트폰에서 눈과 손을 뗄 수 없는 것이다.

일터에서 메일을 확인하고, 자료를 주고받고, 일정을 체크하고, 날씨를 체크하는 것도 스마트폰의 몫이다. 모바일 쇼핑과 결제, SNS에 흔적 남기기, 줌 미팅과 화상 통화에 이르기까지 스마트폰 세상에서 하루를 보낸다. 그리고 밤. 침대에 누워 스마트폰으로 스포츠를 보고, 드라마를 보다가 스르르 잠든다. 여러분의 일상도 이와 비슷하지 않을까?

취업포털 '사람인'이 직장인을 대상으로 스트레스를 받을 때 가장 먼저 찾는 것이 무엇인지 매체 의존도를 조사[6]한 적이 있다. 회사생활을 하면서 특별히 의존하는 게 있다면 무엇인지 알아본 것인데, 스마트폰이 무려 40.4퍼센트로 가장 높은 비율을 차지했다. 뒤를 이어 커피 등 카페인 음료, 담배, 알코올 순이었다. 여기서도 알 수 있듯 스마트폰은 이제 단순한 기기 너머의 존재가 되었다. 내가 의지하고 내가 믿고 내가

---

6 사람인(Saramin)은 대한민국 종합 구인구직 사이트이자 리쿠르팅 플랫폼으로 다우키움그룹의 계열사이다. 이 결과는 2015년에 직장인 1,159명을 대상으로 조사하여 나온 내용이다.

추종하는 그 무엇이 된 것이다.

여러분은 잠들 때 핸드폰을 어디에 두는가? 손에 쥐고 자거나 손이 닿는 머리맡에 두고 잠들지 않는가? 화장실 갈 때도, 집안일을 할 때도, 소파에 앉아 TV를 볼 때도 손이 닿는 곳에 핸드폰을 두고 있지는 않은가? 집 안이나 가정에서의 스마트폰 의존도 조사 결과도 직장에서와 크게 다르지 않았다. 2019년 시장조사 전문기업 엠브레인(embrain)의 트렌드모니터가 실시한 설문조사에 따르면 65퍼센트의 사람들이 "잠들 때 손닿는 곳에 스마트폰을 둔다" "화장실 갈 때도 스마트폰을 들고 간다"고 대답했다. 핸드폰이 없어지거나 핸드폰을 집에 두고 출근했을 때 불안하고 초조해한다면 여러분도 이미 스마트폰 중독자인 셈이다. 아니, 스마트폰이 없으면 죽고 못 사는 신인류이다.

21세기 '포노사피엔스'의 등장

"신은 인간을 창조했고, 스티브 잡스는 '포노사피엔스'라는 신인류를 창조했다." 포노사피엔스라는 말은 2015년 영국 잡지 ≪이코노미스트≫가 처음 사용한 단어로 '스마트폰을 신체의 일부처럼 사용하는 세대, 혹은 스마트폰 없이 생활하는 것을 힘들어하는 세대'를 뜻한다.

호모 사피엔스에서 따온 이 말은 '전화기'를 뜻하는 Phone에 라틴어의 '지혜로운 사람'을 뜻하는 Sapiens를 합성한 것으로, 문자 그대로 해석하면 '전화기를 사용하는 지혜로운 인류'가 된다. 때로 스마트폰을 만든 인간이야말로 지혜로운 인간의 끝판왕이 아닌가 싶지만 말이다.

스마트폰은 요술 방망이다. 사진, 음성비서, 우편, 건강 체크, 백과사

포노 사피엔스의 탄생

전, 실시간 번역, 쇼핑에서부터 길 찾기까지 못 하는 게 없다. 여기서 중요한 것은 스마트폰의 발달, 즉 기술의 발달로 사람들이 편리해졌다는 점이 아니다. 요점은 사람들은 이제 스마트폰으로 모든 것을 해결하려 한다는 점이다. 언제든 어디서든 스마트폰으로 욕망을 해결할 수 있다. 즉 우리는 이제 시간과 장소에 구애받지 않고 물건을 사고, 결제하고, 평가하며, 댓글을 다는 전천후 소비자가 되었다. 그러니 시장도, 사회도 이에 맞춰 변화해야 한다. 변화하지 않으면 도태되는, 위기의 전환점에 서 있다는 뜻이다.

전 세계 39억 명 인구가 스마트폰을 사용하며 포노사피엔스 문명과 함께 움직이고 있다. 포노사피엔스의 문명을 이해하고 변화에 올라탄 기업들은 세계 최고의 반열에 오르고 있지만, 이에 반하는 기업들은 소문도 없이 쇠락하는 중이다. 4차 산업혁명의 기술혁신 아이콘들과 함께 시장 생태계의 중심에 등장한 스마트폰 신인류 포노사피엔스에 의해 인류의 문명은 새로운 국면에 접어들었다.

스마트폰과 시장의 혁명

젊은 세대부터 시작된 모바일 쇼핑은 남녀노소 온 국민이 이용하는 장터가 되었다. 날로 확산되는 e커머스 시장은 생산과 소비의 기존 패러다임을 통째로 바꾸었다. 페이스북, 카톡, 인스타그램 등 온라인을 기반으로 하는 소통의 장이 확대되면서 시장과 소비의 패턴이 달라진 것이다. 소비자들은 이제 물건을 하나 사는 데서 그치지 않는다. 어떤 물건을 사려고 마음먹으면 먼저 시장을 여기저기 둘러보고, 가격과 상품 평은 물론 배송조건이나 배달 프로세스까지 일일이 비교하면서 꼼꼼하고 똑똑한 소비를 계획한다. 그리고 물건을 받으면 구매평을 남긴다. 이 모든 일이 인터넷상에서 이루어진다. SNS가 시장의 변화를 견인하는 셈인데, 가히 유통시장에 불어 닥친 혁명이라 부를 만하다.

스마트폰 뱅킹과 핀테크의 발달도 금융 시장에 혁명을 불러왔다. 이제 사람들은 돈을 보내기 위해 은행에 가지 않는다. 디지털 푸어에 해당하는 일부 사람을 제외하면 거의 모두가 컴퓨터나 스마트폰을 이용해서 은행 업무를 본다. 돈을 이체하고, 계좌를 만들고, 투자하고, 송금하는 모든 업무를 온라인 시스템으로 해결하는 것이다. 이런 현실에서 그 많던 은행 지점은 어떻게 될 것인가? 답은 하나다. 은행이 변해야 한다. 핀테크 플랫폼의 경우는 더 극적이다. 국내에서 2030세대의 96퍼센트가 사용할 정도로 확산 중인 핀테크 플랫폼은 이미 피할 수 없는 대세로 자리 잡았다. 영국과 미국의 핀테크 시장 규모 역시 매년 수직상승 중이라고 한다. 자본시장의 혁명이다. 얼마 전까지만 해도 선호도 최고였던 공무원 대신 1위를 차지한 직업이 무엇일까? 바로 유튜브 크리에이터이다. 일명 유튜버가 최고의 인기 직업 반열에 오른 것이다. 매스미디어의 주체가 조직화한 대형 미디어에서 소형 또는 1인 미디어로 바뀌면서 이제는 누구나 마음만 먹으면 뉴스와 스토리를 직접 생산할 수 있게 되었다. 기존의 미디어 시스템이 다중을 소비자로 둔 몇몇 굵직한 기업에 의해 움직였다면 현재의 미디어 시스템은 수많은 1인에 의해 폭넓은 스펙트럼 안에서 움직인다. 이제 자신이 원하는 방송을 자신의 라이프스타일에 맞춰 즐기는 시대다. 더는 온 가족이 거실에 모여 하나의 TV로 하나의 방송을 시청하지 않는다. 이런 풍경은 스마트폰의 등장으로 막을 내린 지 오래다. 미디어 시장의 혁명이 일상을 뒤바꿔놓은 것이다.

결론은 이렇다. 이제 사람들은 더는 물건을 사기 위해 마트나 백화점에 가지 않는다. 그렇다면 마트와 백화점이 변해야 하지 않을까? 이제 사람들은 은행 업무를 보기 위해 동네 은행에 가지 않는다. 그렇다면 은행이 변해야 하지 않을까? 이제 사람들은 뉴스와 정보를 얻기 위해 종이 신문과 TV를 보지 않는다. 그렇다면 신문사와 방송국이 변해야 살아남지 않을까?

요즘은 빛나는 아이디어와 스마트폰 하나만 있으면 못 할 일이 별로 없다. 그만큼 온라인 시장의 힘은 굉장하다. 지구촌 구석구석 통신망을 따라 나와 또 다른 이가 순식간에 연결되는 네트워크의 세상에서는 거대 자본과 투자가 없어도 언제든 소비자를 만날 수 있다. 그 가능성이 점점 확대되는 중이다. 실력과 아이디어만 있으면 기회가 주어지는 열린 세상이 온 것이다. 두어 가지 예를 살펴보자.

경북 영주의 한 대장간에서 호미를 만들었다. 2017년 9월 허프포스트[7]가 유튜브에서 가드닝(원예)에 최적화된 도구로 영주 대장간의 '호미'를 소개하였고 이 호미는 세계 최대 쇼핑몰인 아마존에서 대박을 치며 지구 반대편에 사는 사람들에게까지 선풍적인 인기를 끌었다. 그들은 놀라워하며 탄성을 질렀다. "이것은 무엇에 쓰는 물건인가?" "서양에는 삽만 있었지, 이렇게 ㄱ자로 꺾어진 농기구는 없었다" "우리 선조들은 왜 이런 기구를 만들지 못했을까?" "혁명적인 제품이다"라고 하면서 말이다. 그러나 정작 호미를 만든 대장장이는 아마존이라는 시장의 존재는커녕 정체도 몰랐다고 전해진다.

박소희 디자이너는 요즘 전 세계에서 가장 잘나가는 한국의 디자이너이다. 그녀는 영국 유학 중 열심히 준비하던 졸업 패션쇼가 코로나19 팬데믹으로 취소되자 절망에 빠졌다. 함께 공부하던 학생 모두가 비관하며 짐을 싸 자신의 나라로 돌아갔다. 하지만 그녀는 자신의 미래를 포기할 수 없었다. 고심 끝에 그녀는 인스타그램을 졸업 무대로 생각하고 자신의 작품을 올렸다. 결과는 상상을 초월했다. 아니, 기적이 일어난 것 같았다. 영국의 유명 패션잡지 ≪러브LOVE≫에서 연락이 왔고, 빌보드 차트에 오른 유명 가수들의 구매 요청이 쏟아졌다. 그녀가 디자인한 드레스는 레드카펫의 주인공이 입은 불세출의 명품이 되었고, 이어 작품들이 하나둘 세계적인 패션잡지의 표지를 장식하기 시작했다. 이제는 인스타그램의 ID가 곧 브랜드가 되어버린 'MISS SOHEE', 스마트폰 세상이 가져온 놀라운 성공스토리다.

---

7 2005년 5월 아리아나 허핑턴이 설립한 미국의 인터넷 신문이다. 설립 당시의 이름은 '허핑턴포스트'(The Huffington Post)였으며 2017년에 애칭이었던 '허프포스트'(Huffpost)로 개칭했다.

권력의 이동

국가에서 자본으로, 자본에서 기업으로, 다시 기업에서 개인(소비자)에게로 권력의 이동이 일어나고 있다. 중세 봉건제하에서나 근대 초기에는 모든 권력이 영주나 왕, 국가에 귀속되어 있었다. 그러다가 유럽에서 산업혁명과 프랑스혁명이 진행되면서 절대왕정이 무너지고 자본가 계층이 일어나 부와 권력이 자연스레 그쪽으로 이동하게 된다. 이때 은행도 함께 부흥했다. 유대인 은행가이었던 나탄 마이어 로트실트[8](Nathan Mayer von Rothschild, 1777~1836)가 나폴레옹과의 전쟁 막바지에 자금이 필요했던 프로이센의 프리드리히 국왕에게 대출해주는 조건으로 의회의 설치를 요구하고 이를 받아낸 역사의 한 장면은 자본이 국가 권력의 위로 부상한 시발점이었다. 이로써 권력은 명실공히 왕에게서 자본으로 이동했고, 자본의 시대는 무려 150년간 계속되었다.

그러나 세상은 다시 바뀌었다. 1975년 IBM은 컴퓨터 개발 자금조달을 위해 모건스탠리에 도움을 요청했지만 거절당했다. 그러자 IBM은 독자적인 회사채 발행을 통해 은행의 도움 없이 자금을 조달하는 데 성공한다. 이전까지만 해도 은행에서 대출을 받으려면 기업이 은행을 쫓아다녀야 했지만, 지금은 은행이 기업을 쫓아다니는 형국이다. 신용도가 높은 기업은 은행의 도움 없이 회사채 발행을 통해 얼마든지 자금을 확보할 수 있게 된 것이다. 자본이 아니라 기업에 대부분의 권력이 넘어간 셈이다.

그런데 인류 문명사에 또 한 번의 터닝 포인트가 왔다. '포노사피엔스'

---

8 영국식 발음은 네이선 마이어 로스차일드. 최초의 다국적 은행인 로스차일드 뱅크를 설립한 독일-유대계 혈통으로 창립자 마이어 암셀 로스차일드의 3남이다.

라 불리는 디지털 신인류의 출현과 함께 기업에 넘어갔던 권력이 소비자, 즉 개인에게 넘어가고 있는 것이다. 어떻게 이런 일이 가능했을까? 주지하다시피 인터넷 시장에서는 누구든 간단한 방법으로 상품과 기업에 대해 평가하고 여론을 주도할 수 있다. 요즘은 댓글도 실시간으로 주고받을 수 있는 세상 아닌가? 원하기만 하면 각 개인이 생산자가 되어 세계 도처에 직접 물건을 팔 수 있다. 예컨대 생산의 3요소인 토지, 노동, 자본이 없이도, 시간과 공간을 떠나 언제든지 소비자를 만날 수 있는 환경이 되었다. 창업에 가장 큰 부담이었던 사무실 임대를 비롯한 부동산 비용과 인건비는 온라인 활용으로 대폭 감소되었다. 과거에는 발품을 팔아야 했던 영업이나 마케팅을 온라인에서는 아이디어 하나로 쉽고 재미있게 처리하는 세상이다. 상품을 만들고 팔던 기업이 주체가 되었던 시대, 공급이 수요를 창출하던 시대에서 바야흐로 소비자 개인이 진정한 '갑'이 되는 시대로 바뀌고 있다.

페이스북(현 메타)를 개발하여 전 세계 온라인 이용자를 접수한 마크 저커버그(Mark Elliot Zuckerberg, 1984~)를 떠올려보라. 그는 대학교 기숙사에서 페이스북을 만들었고, 2010년 '정보화 시대에 가장 영향력 있는 인물' 1위에 올랐으며, 같은 해 ≪타임≫이 뽑은 '올해의 인물'에도 선정되었다. 지금 이 순간에도 정도만 다를 뿐 수많은 사업자가 온라인 세상에서 상품과 서비스를 선보이고 있다. 스마트 스토어, 인터넷 쇼핑몰, 파워 블로거 등 누구에게나 열린 접근성 좋은 온라인 시스템은 이제 일자리 환경에도 많은 영향을 미치고 있다. 노동자가 누군가에게 고용되어 있지 않고 필요할 때 원하는 시간에 원하는 만큼만 일시적으로 고용되어 수입을 창출하는 '긱 이코노미'(Gig Economy)의 시대가 열린 것도 하나의 사례다.

베이비붐 세대는 대기업에 취직하거나 공무원이 되는 것을 성공의 척도로 삼았다. 그들은 기업에 잘 보이기 위해, 조금이라도 더 긍정적으로 역량을 평가받기 위해 밤낮없이 일하면서 기업형 인간으로 살았다. 지금은 다르다. 이제는 기업이 창조적인 개인에게 손을 내밀고 있다. 아무리 수능 성적이 좋아도 기계로 찍어낸 듯한 생각을 하거나 기시감이 느껴지는 대답을 하는 인재는 거절하는 추세다. 기업도 사회 시스템도 변하고 있는 셈이다. 지금은 극한에 달한 기술력을 활용하여 창의적인 개인들이 창업에 앞장서는 역동적인 시대다. 그토록 견고하고 안정적이던 시스템을 한 방에 허물어뜨린 것은 과연 무엇이었을까? 유비쿼터스 사회의 도래이다.

유비쿼터스 사회

유비쿼터스(Ubiquitous)의 어원인 유비쿠에(ubique)는 "물과 공기처럼 언제 어디서나 동시에 모든 곳에 존재하다"라는 의미의 라틴어다. 모든 사물을 네트워크로 연결하여 시간·장소에 관계없이 다양하게 이용할 수 있게 하는 정보통신 환경을 뜻하는 것으로, 1988년 미국의 마크 와이저(Mark Weiser)가 '유비쿼터스 컴퓨팅'이라는 용어를 사용하면서 처음으로 등장하였다. 그리고 스마트폰은 유비쿼터스 사회의 기폭제가 되었다.

소형화한 컴퓨터이자 통신기기인 스마트폰은 갈수록 휴대하기 간편해졌고, 무선 랜이나 와이파이로 언제 어디서든 인터넷에 접속할 수 있게 되었다. GPS를 사용하여 위치를 알 수 있고, 맛집이나 병원을 검색할

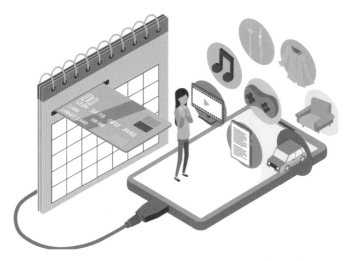

온라인 쇼핑부터 구독경제까지 지금은 유비쿼터스 사회

수 있으며, 집 안 냉장고에 보관 중인 식품의 수량과 유통기한을 탐색하여 필요한 것을 주문할 수도 있고, TV와 홈 컴퓨터를 연결해 공부하고 업무도 본다. 블루투스 기능을 이용하여 자동차와 대화하고, 로봇 청소기를 돌리면서 그에 장착된 화면으로 반려견의 상태도 확인할 수 있다.

자동차, 냉장고, 안경, 시계와 같은 일상용품이나 기기에 컴퓨터를 탑재하여 언제 어디서든 필요한 정보를 얻고 소통할 수 있게 되었다. 자동차의 블루투스, 내부를 스캔하는 냉장고, 전자 칩을 박은 안경, 생체리듬과 건강상태, 운동량 등을 기록해주는 손목시계 등을 떠올려보라. 우리는 사실 의식하지 못한 상태에서 컴퓨터를 활용하여 네트워크에 접속하고 있다.

유비쿼터스 사회는 정보 가전, ITS 모바일 기기, 키오스크 단말기, 게임기, 디지털 TV 등 수많은 사물과 사람을 연결해주고 소통하게 만드는 시스템을 일궈내어 세상을 바꾸고 있다. '공유경제' '구독경제' '데이터 경제'라는 신조어까지 만들어내며 세상의 질서를 재편하고 있다.

TIP 공유경제

개인 소유를 기본 개념으로 하는 전통 경제와 대비되는 개념으로 집이나 자동차 등 자산은 물론 지식이나 경험을 공유하며 합리적 소비, 새로운 가치 창출을 구현하는 신개념 경제. 공유경제는 소유자들이 많이 이용하지 않는 물건으로부터 수익을 창출할 수 있으며, 대여하는 사람은 물건을 직접 구매하거나 전통적인 서비스업체를 이용할 때보다 적은 비용으로 서비스를 이용할 수 있다는 장점이 있다. 자신이 소유한 기술 또는 재산을 다른 사람과 공유함으로써 새로운 가치를 창출하는 협력적 소비를 기반으로 하고 있으며 관련된 기업으로는 숙박 공유 업체 에어비앤비, 카셰어링 업체 집카, 한옥 공유 서비스 기업인 코자자 등이 있다 (시사경제용어사전).

TIP 구독경제

온라인 비즈니스 모델과 소비 형태를 통칭하기 위해 만든 용어로 사용자가 일정 기간 구독료를 내고 상품이나 서비스를 이용하는 경제 활동. 신문이나 잡지를 구독하듯 면도기, 생리대 등 지속해서 소비가 필요한 상품을 제공받는 서비스, 자동차, 명품의류, 가구 등 고가 상품을 원하는 만큼만 빌려 쓰는 대여서비스, 콘텐츠 소프트웨어, 영화, 드라마, 게임, 전자책, 음악 스트리밍처럼 디지털 플랫폼을 통해 제공되는 서비스를 말한다. 구독경제의 유형은 크게 소모품을 배송하는 정기 배송 모델, 자동차나 예술품 등 내구재를 빌려 쓰는 대여(rental) 모델, 콘텐츠 중심의 무제한 이용 모델 3가지로 나뉜다. 이 중 가장 많이 이용되는 유형은 무제한 이용 모델로, 인터넷을 통해 영화를 유통하는 넷플릭스, 멜론과 같은 음원 사이트 등이 이에 해당한다. 매달 일정한 금액을 내면 다양한 콘텐츠를 경험할 수 있다(TTA정보통신용어사전).

플랫폼 비즈니스

플랫폼(platform)은 프랑스어로 '평평하다'인 plat과 '형태'를 뜻하는 영어 form의 합성어로 전통적으로는 기차가 들어올 때 승객들이 기다리는 정거장을 의미했다. 옛 영국에서는 시 낭송 경연대회를 열면서 평평한 나무로 무대를 만들어 그 위에서 참가자들이 낭송했기에 플랫폼이 "자기 생각을 선보일 수 있는 무대"라는 뜻으로도 쓰였다고 한다.

인터넷 시대를 맞은 지금 플랫폼은 온라인상에서 사람들이 한곳에 모여 정보와 대화를 나누고 콘텐츠를 공유하며 물건을 사고팔거나 금융거래를 하는 온라인상의 '장터' 혹은 '정거장'의 개념으로 사용된다. 플랫폼 비즈니스는 온라인 장터에서 소비자에게 물건이나 서비스를 파는 역할은 물론 생산자 그룹과 사용자 그룹을 연결하고 이들의 거래를 도우며 수수료로 수익을 내는 사업을 가리키는 말이다.

전 세계 호텔 예약의 대명사인 '아고다'에는 객실이 없고, 글로벌 택시 회사인 '우버'에는 택시가 없다. 그러나 그들은 세계 최고의 숙박업체이고 택시회사다. 애플, 아마존, 구글, 페이스북 같은 플랫폼 기업들이 최고기업의 순위에서 《포브스》의 지면을 장식하고 있다. 우리나라에도 토종 플랫폼 기업인 네이버와 카카오는 물론 여행기반 플랫폼 '야놀자'를 비롯한 다수의 기업이 세계적인 기업으로 도약을 꿈꾸고 있다. 도대체 그들은 무엇을 팔아 세계 최고 기업이 된 것일까?

과거 1~3차 산업혁명을 거치며 최고기업의 영광을 누렸던 대다수 회사는 전자제품이나 자동차, 석유 같은 자원을 파는 소위 '굴뚝 산업'의 회사들이었다. GE나 소니(Sony) 같은 가전, 전자제품 회사, 벤츠나 아우디 같은 자동차 회사, 쉘(Shell)이나 엑손모빌(Exxonmobil) 같은 석유화학 회사, 코카콜라나 아디다스처럼 전통적인 제조업을 대변하는 이들 굴뚝 산업은 한때 세계 최고의 반열에 올라 있었지만 지금 지식 기반 기술 산업과의 융복합화를 통해 생존을 도모하고 있다. 정보화 사회로 진입하며 지식의 생산, 가공, 유통을 다루는 지식 산업인 플랫폼 기업들이 굴뚝을 허문 것이다. 그렇다면 21세기의 주요 생산품은 무엇일까? 무기와 자동차, 섬유가 아니라 사람의 마음과 뇌, 인간의 몸이다. 자원을 통해 제품을 생산하던 시대에서 상상과 아이디어를 통해 혁신적인 서비스를 파는 플랫폼 비즈니스 세상으로 변한 것이다.

애플, 아마존, 구글, 페이스북 같은 플랫폼 기업들은 생산과 소비를 연결하는 것을 넘어 생산과 소비를 통제하는 거대 권력으로 나아가고 있다. 개개인의 알고리즘을 파악하여 소비자의 친절한 손과 발이 된 것이다. 유튜브를 구독하는 상황을 떠올려보라. 만일 여러분 중 누군가가 만성질환이 있어 이를 다스리는 데 도움이 되는 유명한 의사의 방송을 들었다고 치자. 예를 들어 딱 한 번 '00박사의 아토피 다스리는 법'이란 방송을 들었을 뿐인데 알고리즘에 의해 비슷한 주제를 다루는 방송이 쭉 올라오는 경험을 한 번쯤 했을 것이다. IT 정보화의 세계는 이처럼 어마어마하다. 사실 두려울 정도다. 정보를 많이 가질수록 플랫폼이 비대해지는 승자독식의 시대를 예고하니 말이다.

생각하는 도구의 등장

알파고를 기억하시나요?

2016년 이세돌 9단과 알파고(AlphaGo)의 바둑 대결이 펼쳐졌다. 당시 국민의 56퍼센트가 이세돌 9단이 이길 거라고 예상했지만, 알파고는 가볍게 이세돌 9단을 제쳤다. 급기야 다음 해에는 당시 세계 1위이던 중국의 커제에게 3연패의 굴욕을 안겨준 뒤 더는 바둑을 둘 필요가 없다며 은퇴를 선언했다.

인공지능 앞에서 사람들은 환호와 공포를 동시에 느꼈다. 이제는 바둑 애호가라면 누구나 바둑 앱에 가입하여 AI와 바둑을 둘 수 있는 그런 세상이 되었다. 그러나 알파고와 이세돌이 맞붙었던 세기의 대결 상황을 돌이켜보면 생소하기만 하던 인공지능이 공개적으로 한반도에 등장한 순간이 아니었나 싶다. 알파고는 이세돌을 이긴 '알파고 리'를 시작으로 커제를 이긴 '알파고 마스터'를 거쳐 '알파고 제로'와 '알파 제로'라는 단계까지 진화를 거듭했다. 이제 인간 세상에는 대적할 상대가 남아 있지 않기에 인공지능끼리 대결을 시작한 것이다.

인공지능 바둑 프로그램인 알파고를 개발한 회사는 구글의 딥마인드다. 딥마인드는 원래 영국의 스타트업 기업이었는데 2014년 구글에 인

구분	알파고 판	알파고 리	알파고마스터	알파고 제로	알파 제로
성적	2015년 10월 판 후이 2단에 5:0 승리	2016년 3월 이세돌 9단에 4:1 승리	2017년 5월 중국 커제 9단에 3:0 승리	2017년 10월 알파고 리에 100: 승리 알파고 마스터에 89: 11 승리	2017년 12월 논문 발표 알파고 제로에 60:40 승리
하드웨어	176개 GPU	48개 TPU	4개 TPU	4개 TPU	4개 TPU

알파고 진화사

수되면서 알파고의 개발도 본격적으로 진행되었다. 알파고 시리즈 중 '알파고 제로'는 이전 버전과 달리 바둑 규칙 외에는 아무런 정보도 제공받지 않고 오로지 가상의 상대와 바둑을 두며 혼자 학습하는 방식으로 진화하여 독학한 지 3일 만에 '알파고 리'를 100대 0으로 이겼다. 학습 21일 만에는 '알파고 마스터'를 넘어섰다.

인공지능이 스스로 배운다니, 독학을 한다니? 고개를 갸웃할 분들이 많을 것이다. 이른바 컴퓨터가 스스로 학습하는 '딥러닝'(Deep Learning)의 등장이다. 딥러닝은 머신러닝 (기계 학습)의 하나로 컴퓨터가 스스로 패턴을 찾고 학습하여 판단하는 알고리즘을 가지고 방대한 데이터를 기반으로 컴퓨터가 스스로 분석하며 학습하는 것을 일컫는다. 이런 일이 어떻게 가능해졌을까?

머신러닝과 딥러닝

기계가 학습한다고 해서 이를 '기계학습'(머신러닝, machine learning)이라고 부른다. 이미 1959년 아서 사무엘이란 사람은 기계 학습에 대해 "컴퓨터에 명시적인 프로그램을 미리 세팅해놓지 않아도 컴퓨터가 스스로 배울 수 있는 능력을 부여하는 연구 분야"라고 정의하였다. 사람이 학습하듯이 컴퓨터에 해당 데이터들을 제공하여 이를 가지고 학습하게 하여 새로운 지식을 얻어내게 한다는 뜻이다. 어린아이가 한글을 배울 때 자음과 모음을 하나하나 배우고 익힌 다음 이를 조합한 글자를 읽어내는 과정과 비슷하다고 보면 된다.

딥러닝 역시 처음엔 무엇 무엇을 학습하라는 내용을 사람이 일일이 가르쳐주고 입력해야 했다. 그러다 사람의 뇌신경 구조를 본뜬 인공 신경망 기술[9]이 나오면서 인공지능은 한 단계 진화한다. 인간이 별도로 정보와 지식을 입력해주지 않아도 데이터들을 분석해 스스로 정답을 알아내는 능력을 갖추게 된 것이다. 사람으로 치면 자기주도적인 학습 능력이 심화한 것이다. 이것이 바로 '딥러닝'(deep learning)이다.

여전히 알쏭달쏭하다면 몇몇 예를 함께 보자. 일단 주문형 음악 스트리밍 서비스를 떠올려보라. 서비스에서 청취자에게 추천할 새 노래나 아티스트를 결정하기 위해 머신러닝 알고리즘은 청취자의 선호 사항을 음악적 취향이 비슷한 다른 청취자와 연관시킨다. 종종 간단히 AI라고 불리는 이 기술은 자동화된 추천을 제공하는 많은 서비스에서 사용된

---

[9] 인공 신경망이란 사람의 뇌에서 신경세포가 작동하는 것을 본떠 그물처럼 연결된 망의 형태로 만든 것으로, 기초 컴퓨팅 단위인 뉴런 여러 개가 가중된 링크 형태로 구성되어 컴퓨터의 연산 작업을 수행함으로써 데이터를 인식하고 정교화하는 기술이다.

다. 흔히 OTT(Over The Top)라고 불리는 서비스들, TV처럼 전파나 케이블을 통해 영상을 보는 게 아니라 인터넷망을 통해 서비스를 받는 것으로 넷플릭스나 유튜브, 왓차 등이 여기 속한다.

이처럼 머신러닝은 결국 손전등, 자동차 또는 컴퓨터 화면이 작동하는 것과 같은 방식으로 기계적 기능을 수행하는 여러 복잡한 수학 코딩이다. 머신러닝이 가능하다는 말은 주어진 데이터로 기능을 수행하고, 더 배울 수 있도록 많은 양의 데이터를 계속 제공하여 그 기능이 점차 향상됨을 의미한다. 예를 들어 "불 켜줘"라고 말할 때마다 불이 켜지는 손전등은 '불'이라는 단어가 포함된 구절을 인식하게 되어 있다.[10] 강아지 사진을 주고 "이것은 강아지"라고 지시하면 컴퓨터가 스스로 강아지의 특징을 학습하고, 나아가 지속적으로 수많은 강아지 데이터를 제공하여 학습하게 함으로써 더욱 정교하게 강아지를 인식하게 되는 것이다.

반면, 딥러닝은 사람의 지시가 없어도 스스로 데이터를 조합하여 학습 능력을 가지게 되는 시스템이다. 자체적인 두뇌가 있는 것처럼 인간과 가장 유사한 인공지능을 구동하는 것은 딥러닝이다. 일례로 "전원"이라는 단어를 말하면 TV가 켜지도록 리모컨이 프로그래밍 되어 있는 경우, 만일 딥러닝 모델이라면 "켜줘" "TV가 안 보여"라고 말할 때 '켜야 한다'는 것을 이해하고 작동한다. 위에서 예시한 손전등의 경우에도 딥러닝 모델이라면 "불"이란 말없이 "안 보여" 또는 "어두워"라는 신호가 있을 때도 이를 불을 켜야 한다는 뜻으로 이해하고 작동한다.

---

10 Brett Grossfeld 블러그 참조〉 브렛 그로스펠드 (Brett Grossfeld) : 클라우드 컴퓨팅서비스 기업 세일즈포스(salesforce)의 마케팅관리◌

AI, '생각하는 도구'의 등장

인류는 자신의 삶을 윤택하게 만들기 위해 노력해왔다. 도구의 힘에 의존해 발전해온 인류의 문명은 마침내 '생각하는 도구 인공지능'을 소유하게 되었다. 인공지능이란 한마디로 컴퓨터가 인간의 지능처럼 지각하고 이해하며 자신만의 언어를 습득하여 추론하고 학습하면서 진화하는 것을 말한다.

그런데 이 '생각하는 도구' 인공지능은 쉽게 말해 천 명, 만 명, 수십만 명의 생각을 한꺼번에 해낸다. 한 사람이 십 년, 수백 년 학습해야 겨우 될까 말까 한 양을 순식간에 공부한다고 생각하면 된다. 이 같은 인공지능은 이미 사람의 형태인 로봇으로 만들어져 사람과 대화하고, 각종 현장에서 문제를 해결하고, 나아가 사람을 위로하는 단계에 이르렀다.

여기서 잠시 컴퓨터가 작동하는 기본 원리를 확인하고 넘어가려 한다. 이미 알고 있겠지만, 컴퓨터는 트랜지스터 수십억 개가 조합된 CPU(중앙정보처리장치)를 이용해서 약속된 규칙에 따라 정보의 입력과 출력을 처리한다. 반드시 인풋이 있어야 아웃풋이 있는 셈인데, 어찌 보면 굉장히 융통성 없이, 즉 명령을 내리는 대로만 일을 한다. 예를 들어 2를 100번 더하라는 명령을 내리면 실제로 2를 계속하여 100번 더하는 작업을 거쳐 200이라는 값을 내놓는다.

사람에게 똑같은 명령을 내리면 어떻게 될까? 2를 백 번 더하는 무모한 짓을 하는 대신 이미 알고 있는 곱셈 기술을 활용하여 '2×100=200'이라는 답을 내놓을 것이다. 이렇게 보면 사람이 월등한 것으로 보인다. 그런데 이것은 빅 데이터, 딥러닝이라는 기술과 인공지능이 등장하기 전까지의 이야기다.

인공지능은 사람과 동등한 지능을 지니고 스스로 판단하여 행동하는 수준을 넘어 스스로 무한한 학습을 통해 이제 초(超)지능의 단계로 진화하고 있다. 사람의 지능이나 도움을 필요로 하지 않는 기계라니! 어쩌면 우리가 상상하는 것보다 빨리 인간이 예측할 수 없는 미래가 펼쳐질지도 모른다. 고도화한 문명의 결과물인 '생각하는 도구'는 과연 인류의 미래를 어디로 이끌 것인가?

인공지능의 탄생과 인간과의 대결 역사

'인공지능'이라는 개념은 영국의 수학자 앨런 튜링(Alan Turing, 1912~1954)이 1950년에 발표한 「계산 기계와 지능」이라는 논문에 처음으로 등장했다. 이 논문은 '기계가 생각을 할 수 있을까?'라는 도발적인 질문으로 시작한다. 이후 지능을 갖춘 기계는 1956년 미국 다트머스대학에서 열린 한 컴퓨터 학술회의에서 정식으로 '인공지능'(Artificial Intelligence)이란 이름을 갖게 된다.

사람을 흉내 내는 기계의 운명일까? 개발자들은 인공지능의 수준을 과시하기 위해 오래전부터 인간과의 대결을 추진했다. 번번이 수모를 당하던 인공지능은 1997년 마침내 일을 내고 말았다. 그해 5월 7일 IBM이 제작한 슈퍼컴퓨터 '딥 블루'가 전설적인 세계 체스 챔피언 가리 카스파로프와의 대결에서 극적인 승리를 거둔 것이다. IBM은 2011년엔 슈퍼컴퓨터 '왓슨'으로 미국의 퀴즈쇼 방송 프로그램 〈제퍼디〉에서 인간 퀴즈왕들도 물리쳤다. 그러나 뭐니 뭐니 해도 우리가 인공지능의

1950	앨런 튜링, '생각하는 기계' 제안
1956	다트머스 회의, '인공지능' 용어 정립
1997	IBM 딥블루, 체스 챔피언과 대결에서 승리
2006	딥러닝 등장
2011	IBM 왓슨, TV 퀴즈쇼 우승
2016	구글 알파고, 이세돌 9단과 바둑 대국 완승
2017	카네기멜론공대 리브라투스, 포커 대회에서 인간 최고수에 승리

인공지능의 탄생과 인간과의 대결 역사

위력을 피부로 느끼게 된 결정적 계기는 2016년 3월 9일부터 15일까지, 하루 한 차례의 대국으로 총 5회에 걸쳐 벌어진 이세돌 9단과 구글 딥마인드의 인공지능인 알파고 간의 바둑 대결이었다.

바둑에서 가능한 경우의 수는 무려 10의 170제곱에 이른다. 우주에 있는 원자 수(10의 79제곱)보다 많다는 숫자다. 인간 고수는 이 벽을 계산력이 아닌 인간 고유의 직관으로 뛰어넘는다. 당시 대국 당사자 이세돌 9단은 승부를 4대 1 혹은 5대 0으로 자신이 이길 것이라고 전망했고, 구글 CEO 에릭 슈밋은 대국 전 방한하여 "누가 이기든 인류의 승리"라고 소감을 피력했다. 뚜껑을 열어본 결과는 알파고의 완승이었다.

인공지능은 2017년 포커판에서도 인간 최고수를 꺾었다. 이것이 갖는 의미도 크다. 바둑은 가로, 세로가 각각 19칸인 네모난 바둑판 전체를 보며 경기를 한다. 상대방이 두는 수 전체를 계속 들여다볼 수 있다.

경우의 수에 대한 분석만 하면 된다. 하지만 포커는 다르다. 게임을 하는 동안 카드 일부의 정보만 알 수 있기 때문이다. '블러핑'이라는 일종의 속임수 전략도 가능하다. 즉 포커는 인간 고유의 영역이라 할 심리적 요인이 승패에 큰 영향을 끼치는 만큼 인간에게 유리한 게임이라 볼 수 있다.

그런데 미국 카네기멜론공대의 인공지능 '리브라투스'가 이 벽을 넘은 것이다. 2017년 1월 열린 포커대회에서 세계 최고수 포커 선수 네 명을 모조리 물리쳤다. 불완전한 정보만 가지고 전략을 짜고 추론을 하는 데서도 인공지능이 인간을 능가한 것이다.

알파고의 진화사는 인공지능 분야에서 큰 의미가 있다. 무엇보다 많은 양의 기보들, 즉 빅 데이터 없이 자율학습만으로 최고 경지에 올랐다는 점을 주목해야 한다. 정상에 오르기까지 인간이 쌓은 지식의 도움을 전혀 받지 않았다니, 참으로 놀랍지 않은가? "붙이면 젖혀라" "젖히면 뻗어라" 같은 바둑 정석에 구애되지 않고 자기만의 바둑 원칙을 만들어 갔는데, 그것이 무엇인지는 알파고 외엔 아무도 알 수 없다. 바둑이 아닌 장기, 체스에서도 인공지능은 월등한 실력을 뽐냈다. 이 사실은 무엇을 의미할까? 인공지능도 창의성을 갖출 수 있다는 것을 시사한다.

인공지능 시대가 열렸다

2016년 미국에서는 IBM의 왓슨에 기초한 인공지능 변호사 로스가 공식 데뷔했다. 이 인공지능 변호사는 초당 1억 장의 문서를 훑어보면서 사건에 적용할 수 있는 판례를 순식간에 찾아낸다. 그동안 변호사 수

백 명이 하던 일을 혼자서 해내는 것이다.

기사를 쓰는 인공지능도 이젠 드물지 않다. 〈위즈뉴스wiznews〉에 따르면 〈LA타임스〉의 지진 전문 로봇기자 '퀘이크봇'은 미국 캘리포니아 주에서 지진이 발생하자 3분 만에 속보를 띄워 '인간 기자'를 놀라게 했다고 한다. 인공지능 기자는 스포츠 경기상황, 주식거래 현황 등 수치화할 수 있는 부문에서 인간 기자보다 훨씬 빨리 뉴스를 전해준다. 속도 면에서 인간이 도저히 따라갈 수 없다는 건 명약관화한 사실이니, 인공지능 기자는 말하자면 '속보왕'인 셈이다. 2017년 제6회 한국 온라인저널리즘 어워드 시상식에서도 연합뉴스가 개발한 인공지능 기자 '사커봇'이 뉴스 서비스 기획 부문에서 상을 받았다. 사커봇은 초당 7개의 기사를 작성한다고 한다.

인간과의 대화 능력도 크게 향상됐다. 구글이 공개한 인공지능 음성비서 '듀플렉스'는 전화로 미용실 직원과 자연스러운 대화를 나누며 방문 예약을 깔끔하게 해내는 능력을 선보였다. 동영상으로 공개된 대화 내용에서 잠깐만 기다리라는 직원의 말에 "흐음" 하는 감탄사까지 섞어가며 대응하여 사람들의 탄성을 자아내게 했다.

인공지능은 예술 분야에서도 뛰어난 실력을 뽐내고 있다. 악기 연주는 물론 작곡도 하고, 미술 작업을 하며, 소설이나 시를 쓰고, 영화 시나리오 집필도 한다. 2016년 미국에서는 예술과 공학의 결합을 촉진한다는 취지로 로봇끼리 겨루는 국제 로봇 미술 경진대회(https://robotart.org/) 까지 등장했다. 중국 현대 시인 500여 명의 작품을 학습한 마이크로소프트 인공지능 '샤오빙'은 그림을 보고 시 한 수를 짓는다. 옛 선비들이 정자에 앉아 풍경을 감상하며 시 한 수 읊는 모습을 그대로 흉내 내는 것이다. 인간만이 지니는 감성의 영역이라 여겨온 예술 분야에서 이렇듯 활동을 시작한 인공지능의 앞날은 과연 어떠할 것인가?

그 뿐 아니다. IBM의 인공지능 '디베이터'는 "우주 탐험에 보조금을 주어야 할까?"라는 주제를 두고 이스라엘 토론대회 우승자와 당당하게 토론 대결을 펼쳤다. 청중들은 인공지능이 인간보다 좀 더 풍부한 정보와 지식을 전해줬다며 인공지능에 더 높은 점수를 줬다.

"그만 싸우자" 말다툼하는 중국 AI 로봇들(연합뉴스)

https://www.youtube.com/watch?v=WK57C69ZXb4&t=7s)

인공지능 로봇 '소피아'

몇 해 전 세계적으로 유명한 인공지능 로봇 '소피아'가 한국을 방문한 적이 있다. 홍콩에 본사를 둔 핸슨 로보틱스가 개발한 로봇 소피아는 미국 대담 프로그램에 출연하여 "인류를 멸망시키겠다"라는 말을 해서 유명세를 탄 적이 있다.

한국을 방문했을 때 사회자가 그 말이 진심이었는지 묻자 소피아는 정색하며 이렇게 대답했다. "난 절대 아무도 죽이지 않아요, 다만 그들 (사람들)이 그럴 것이라고 생각하는 게 화가 나요(짜증 섞인 표정)." 그러면서 "왜 사람들은 내가 유머나 농담을 할 수 있다는 것을 받아들이지 못하죠?"라고 덧붙였다. 그러자 사회자가 다른 이야기로 말머리를 돌렸다. "대형 건물에서 불이 났는데 어린이와 노인 중 한 사람만 구조할 수 있다면 당신은 누구를 구할 건가요?" 소피아는 잠시 망설이더니 단호히 답한다. "매우 어려운 질문이군요. 마치 엄마가 좋으냐 아빠가 좋으냐고 묻는 것처럼요. 나는 윤리적인 결정을 내리도록 프로그램되어 있지 않지만, 만일 그런 상황에 부닥친다면 출구에서 가장 가까운 사람을 구할 겁니다. 그것이 가장 논리적이니까요."

유머와 교양을 갖추고, 논리적인 데다가 감정까지 지닌 모습을 보였던 소피아의 한국 방문도 벌써 몇 해 전의 일이다. 이제 인공지능은 식당 예약, 법률 자문, 주식 투자, 콜센터 응대, 의료, 문화계와 예술계에 이르기까지 모든 분야에서 우리와 함께하고 있다.

"인간과 가장 흡사하다"는 인공지능 로봇 '소피아'

https://www.youtube.com/watch?v=KEetZnr4yJA

사람을 대신하는 '어밀리아'

미국과학진흥협회(AAAS; American Association for the Advancement of Scienc)는 향후 30년간 기계가 인류의 절반 이상을 실직자로 만들 거라고 주장했다. 한국언론진흥재단 미디어 연구센터의 조사에 따르면 인공지능 시대가 도래하여 로봇이 인간의 일자리를 빼앗아갈 것이라는 전망에 대해 응답자의 86퍼센트가 동의하는 것으로 나타났다.

2020년 5월 22일자 조선일보 기사 내용은 매우 흥미롭다. 여기서 기자는 서울의 한 카페에 앉아 노트북으로 뉴욕의 디지털 가상 직원 채용 웹사이트에 접속했다.

채용 화면에 등장한 디지털 가상 직원 어밀리아는 정장 차림의 금발 백인 여성이었는데 그에게 먼저 "24시간 근무할 수 있느냐"고 물었다. 면접을 보러 온 당사자가 사람이었다면 자리를 박차고 나갔을 질문을 던진 것이다. 그러나 어밀리아는 여유로운 표정으로 "24시간 쉬지 않고 전 세계에서 일할 수 있다"고 대답했다. 기자는 이어서 "예전 직장 경력은 어떠한가?"고 물었다. 그러자 어밀리아는 "콜센터 상담원과 회계 관리자 등을 포함해 총 12가지 업무를 담당한 경험이 있다"고 대답했다. "그렇다면 일이 없을 땐 뭐 하느냐"고 기자가 묻자 어밀리아는 가볍게 웃으며 "인간에 대해 배우고 기계 언어를 학습한다"라고 답변했다. 희망 보수를 묻는 질문에는 "월급 1800달러(약 220만 원)이면 된다"고 했다. "컴퓨터가 고장 났다. 어떻게 할 건가?"라고 돌발 질문을 던지자 그는 "컴퓨터가 어떤 운영체제인지, 현재 어떤 에러 메시지가 뜨고 있는지 등에 대해 말해주면 해결책을 알려주겠다"고 답했다. 기자는 이때 경험을 "IP 소프트가 2014년 공개한 인간형 AI 챗봇 어밀리아와의 대화는 너무나 자연스러워서 마치 사람과 이야기하는 기분이었다"고 소감을 피력했다.

20개국 언어를 사용할 줄 아는 어밀리아는 현재 글로벌 500여 회사에서 콜센터 상담원 등으로 일하고 있다고 한다. "먹지 않고, 자지도 않고 365일 24시간 일한다. 재충전을 위한 휴가나 커피 한 잔도 필요 없다. 월급은 1,800달러(약 220만 원)면 되고. 독일에 가라고 하면 가고, 러시아

에 가라고 해도 가겠다"고 당당하게 자신을 소개하는 어밀리아. 당신이
경영자라면 누구를 채용하겠는가?

스스로 코딩하는 AI '알파 코드'

2022년 초 딥 마인드는 코딩하는 인공지능인 '알파 코드'를 공개했다.
알파 코드는 코드포스(Codeforces)[11]에서 열린 프로그래밍 대회에 총 10회
참가했고, 전문가 5천 명 이상이 참가하는 이 대회에서 상위 54퍼센트
수준에 올랐다. 코드포스는 십수만 명의 개발자가 참여하는 프로그래밍
대회를 주기적으로 개최하는 사이트다.

알파 코드가 상위 54퍼센트에 자리했다는 것은 AI 기반의 코드 생성
시스템이 프로그래밍 대회에서 인간과 경쟁적인 수준에 도달한 첫 사례
임을 보여준다. AI가 스스로 코딩하고 개발할 수 있다는 이야기다. 다시
말해 스스로 생각하고 자율적으로 움직이는 초(超)지능(Superintelligence)
의 로봇 세상이 가능하다는 것이다.

초지능이란 사람의 지시 없이 스스로 무한정 학습할 수 있는 수준의
인공지능으로, 스스로가 자신이 인공지능임을 아는 자의식까지 갖는다.
인공지능의 지적 능력이 초월적인 수준에 이르러 더는 인류가 분석하기
어려운 기이한 단계로 올라가며 초지능이 된다는 것이다. SF 영화에서
외계인들이 단 몇 시간 동안에 책을 보고 지구의 역사를 꿰뚫는 장면을

---

[11] 경쟁적 프로그래밍 대회를 주기적으로 개최하는 사이트이다. 2009년부터 수많은 대회
를 개최했고, 현존하는 경쟁적 프로그래밍 사이트 중에서 가장 큰 사이트라 볼 수 있다. 주로
올림피아드에 참가하는 사용자들이 다수 이용하고 있다(나무위키).

본 적 있는가? 그것이 바로 초지능의 단계에 올라선 모습이다. 영화 〈터미네이터〉를 보면 복잡하게 연결된 인터넷 네트워크가 갑자기 자의식을 가지면서 강한 인공지능인 스카이네트로 탄생하여 인류를 지배하게 되는 장면이 나온다. 인공지능이 자의식을 가지면서 인류를 파멸시킨다는 이러한 시나리오 역시 초지능의 단계를 전제로 한 것이다.

구글의 미래학자 레이 커즈와일은 『특이점이 온다』에서 인류의 새로운 진화를 예고하며 초지능이 인간과 하나의 몸체로 탄생할 것이며, 인간이 신이 되는 짜릿한 미래가 올 것이라고 이야기했다. 반면 빌 게이츠, 엘론 머스크, 스티븐 호킹 등은 기계가 지배하는 인류의 미래에 경각심을 가져야 한다고 경고했다. 과연 초지능의 AI는 인류를 영생의 길로 인도할까, 아니면 파멸의 길로 내몰까?

AI 그 이상의 AI

알파고의 기억조차 이제는 과거가 되었다. 지금은 그보다 수백 배, 수천 배 진화한 AI 개발에 온 세계가 뛰어들고 있는 형편이다. 구글과 마이크로소프트, 엔비디아, 테슬라 등 글로벌 빅테크 기업들이 일찌감치 행보에 나선 가운데, 국내 대기업과 정보통신기술(ICT) 업체들의 움직임도 빨라지고 있다.

초거대 AI는 대규모 데이터를 스스로 학습해 인간처럼 생각하고 판단하는 AI다. 이세돌 9단을 꺾었던 알파고보다 수백, 수천 배 똑똑한 AI라고 생각하면 된다. 초거대 AI가 주목받는 이유는 활용 분야가 무궁무진하기 때문이다.

구글	1조6천억 파라미터 '스위치 트랜스포머' 공개(1월)
MS, 엔비디아	5천3백억 파라미터 '메가트론' 공개(5월)
중국 BAAI	1조7천5백억 파라미터 '우다오2.0' 발표(6월)
딥마인드	2천8백억 파라미터 '고퍼' 공개(12월)
LG	3천억 파라미터 '엑사온' 공개(12월) 'AI얼라이언스' 발족(22년 2월)
네이버	2천40억 파라미터 '하이퍼클로바' 공개(5월)
카카오	3백억 파라미터 '코지피티'와 '민달리' 서비스 공개(11월)
KT	KAIST, ETRI 등과 'AI 원팀' 결성(8월)
SK	AI 전략 테스크포스 '아폴로' 출범(5월)

국내외 초거대 AI 기술개발 현황(괄호 안 시점은 2021년 기준)

네이버는 검색 엔진과 케어 콜 서비스 등에 초거대 AI를 적용했다. 독거노인 등을 상대로 시작한 '클로버 케어 콜 서비스'는 돌봄 대상자에게 전화를 걸어 건강과 안부를 확인하는 것은 물론, 자유롭게 대화하며 정서와 감정의 안정을 돕는다.

카카오브레인은 말을 하면 알아서 그림을 그려주는 '민달리'를 선보였다. "바나나 껍질로 만든 의자를 그려줘" "보름달과 에펠탑이 같이 있는 그림을 그려줘"라고 말하면 AI가 그 말을 이해하고 이미지를 도출한다. 놀라운 점은 검색을 통해 이미지를 찾아내는 게 아니라 사람의 명령을 이해하여 직접 그리는 방식을 택한다는 점이다.

LG그룹은 뉴욕에서 열린 세계 최대 패션쇼에서 인공지능 기반의 아티스트인 '틸다'를 공개했다. '틸다'는 '금성에서 핀 꽃'이라는 주제로 다양한 의상을 선보였는데 기존에 보지 못한 새로운 이미지를 창작하면 이에 영감을 받은 디자이너가 디테일을 더해 의상을 제작한다.

인류는 AI와 공존 가능한가

영화 〈아이로봇〉은 인공지능이 우리 생활에 가까이 왔음을 보여주었다. 영화에 등장하는 인공지능은 자신을 만든 창조주를 보호하겠다는 명목으로 인류를 말살하려 든다.

2015년 한슨 로보틱스(Hanson Robotics)사와 멤피스 대학교 연구진, ARRI(the Automation and Robotics Research Institute)가 힘을 합쳐 만든 AI인 휴머노이드 로봇 '필립'은 미국의 유명 대담 프로그램인 〈노바 사이언스 쇼〉에 출연하여 "언젠가 로봇이 세계를 정복하는 일이 벌어질까?"라고 개발자가 묻자 그는 "너희들은 내 친구잖아? 친구에게는 친절해야지. 언젠가 내가 터미네이터로 진화해도 너희들에게 부드럽게 대할 거야. 따뜻하고 안전한 인간 동물원에 넣고 계속 돌봐줄게"라고 대답하여 시청자들을 충격에 빠트렸다.

역시 한슨 로보틱스가 2010년 출시한 여성형 로봇 'Bina48'은 애플의 음성인공지능 비서 '시리(Siri)'와 대화한 비디오에서 엉뚱하고 냉혹한 말로 수다를 떨었다. 미사일과 핵탄두를 해킹하고 세계를 지배하는 것은 훌륭하다는 것이다. 실제 현실에서 문제가 된 일도 있다. 미국 아마존이 개발해 널리 상용화한 인공지능 음성비서 '알렉사'가 10살 소녀에게 일명 '페니 챌린지'[12]를 제안, 자칫 소녀가 감전 사고를 당해 생명을 잃을 뻔했던 적이 있다. 그러나 당시 인근에 있던 어머니가 신속히 제지해 인명 피해는 발생하지 않았다. 10살 소녀는 "알렉사, 뭐 도전해볼 게 없을까?"라고 질문했고 인공지능 스피커인 알렉사는 "스마트폰 충전기를 콘센트에 반쯤 꽂은 뒤, 동전 한 개를 갖다 대봐"라고 대답했다. 만에 하나라도 10살 소녀가 시키는 대로 했다면 끔찍한 일이 발생했을 것이다. 아마존 측은 곧바로 입장을 발표하면서 "오류를 시정하고, 시스템 업데이트를 진행했다"라고 밝혔지만, 논란은 수그러들지 않았다.

한편 2022년 6월 아마존은 알렉사의 기능에 숨진 가족의 목소리를 되살리는 장치를 탑재했다고 밝히며 한 어린이가 스마트 스피커에 돌아가신 할머니 목소리로 책을 읽어달라고 요청하자, 할머니의 생전 목소리가 흘러나오는 시연 동영상을 공개했다. 이 역시 윤리적인 문제와 보안에 대한 논란을 불러일으키며 세간의 이목을 집중시키고 있다.

여기서 더 나아가 AI가 범죄 도구로 사용되기 시작하면서 각국이 이를 처벌하기 위한 법적 근거 마련에 나서고 있다. 대표적인 기술이 바로 '딥페이크'다. 딥페이크는 타인의 얼굴을 정교하게 합성하는 AI 기술이다. 성 착취물, 가짜 뉴스, 주가 조작 등은 물론 새로운 형태의 피싱이나 금융사기에 악용될 소지가 높아서 우리나라에서는 2020년 6월 성폭력처벌법을 개정하며 딥페이크 영상물에 관한 처벌 근거를 마련했다.

미래에 로봇이 더욱 정교화하여 인간과 구별할 수 없을 정도가 되면 이러한 로봇은 일상적인 상황에서 인간으로 통용될 것이다. 즉 순찰하

---

12 소셜 미디어 '틱톡'에서 유행 중인 게임으로 벽에 붙어 있는 콘센트에 충전기를 조금 꽂은 뒤, 동전(페니)으로 그것을 건드려 불꽃을 내는 챌린지 게임이다.

는 경찰이나 슈퍼마켓의 계산원으로 만나게 되어도 주변 사람들은 그것이 로봇인지 깨닫지 못하게 된다는 뜻이다. 이 경우 사회적으로는 경험해보지 못한 새로운 종류의 문제에 직면하게 된다.

미국의 로봇 공학과 인공지능 전문가인 한스 모라벡(Hans Peter Moravec, 1948~)은 "2010년대의 인공지능이 곤충 수준이었다면, 2020년대에는 쥐, 2030년대에는 원숭이, 2040년대에는 인간 수준일 것"이라고 말했다. 인공지능은 사람들의 우려에도 불구하고 더욱 발전하여 인류를 새로운 차원의 미래로 인도할 것이기에 세계 각국은 인공지능 분야가 몰고 올 엄청난 파괴력과 시장 규모를 실감하며 치열한 개발 경쟁에 매진하고 있다.

시장조사기관 스태티스타(Statista)에 따르면, 세계 AI 시장은 2018년 약 101억 달러(약 11조 원) 규모에서 7년간 연평균 43.4퍼센트씩 성장하여, 2025년 약 1,260억 달러(약 140조 원) 규모에 이를 것으로 전망된다. 이에 각국은 AI 산업의 주도권 확보를 위해 국가 차원의 차별화된 전략을 모색하고 있고, 현재 글로벌 AI 경쟁 구도는 선도국 미국과 후발 추격자 중국을 중심으로 형성되고 있는 모양새다. 우리나라도 2018년 5월 대통령 직속 4차 산업혁명 위원회가 「I-Korea 4.0 실현을 위한 AI R&D 전략」을 발표했는데, 여기엔 세계 4대 AI 강국으로 도약을 위한 인재 확보 및 투자 계획 등의 내용이 담겨 있다.[13] 사실 인공지능에 관한 이야기는 나와 관계없는 먼 이야기 같기도 하다. 영화나 드라마 속 이야기처럼 들린다. 하지만 언제든 현실에서 일어날 수 있는 일이기에 오

---

[13] KDI 경제정보센터, e경제정보 리뷰, 2020년 3월호.

늘날 세계 각국의 학자들은 머리를 맞대고 인간과 인공지능이 공존할 수 있는 방법을 찾고 있다. 로봇과 공생할 시대를 대비한 제도적 시스템도 준비 중이다. 우리나라 과학기술정보통신부도 AI 윤리 정립에 나서 2021년 말 30개 주요 과제로 구성된 인공지능 법·제도·규제 로드맵을 발표한 바 있다.

소름 끼치는 인공지능 로봇의 말들

https://www.youtube.com/watch?v=woPIPfh0_8s

Chapter 2

4차 산업혁명과 기술혁신

4차 산업혁명

2016년 스위스, 세계경제포럼

"10년이면 강산도 변한다." 인류가 오랜 세월 속에서 경험한 세상사의 이치다. 하지만 지금처럼 이 말이 들어맞았던 때는 없었다. 컴퓨터 칩에 집적할 수 있는 트랜지스터의 숫자가 18개월에서 24개월마다 두 배씩 증가한다는 무어의 법칙(Moore's Law)은 인텔의 창립자 고든 무어(Gorden Moor)가 자신의 경험을 통해 주창한 것이다. 인공지능을 구동하는 반도체의 연산 능력이 가파르게 증가하고 있다는 뜻으로 급격한 기술혁신 속도를 상징한다. 이 같은 변화를 상징하듯 아이폰이 처음 등장한 2007년 이후 인류는 불과 10여 년 사이에 스마트폰 없이는 하루도 살아갈 수 없는 존재가 되고 말았다.

기술혁신의 급격한 속도와 함께 4차 산업혁명이 사람들의 주목을 받기 시작한 것은 2016년 1월 스위스에서 열린 세계경제포럼에서 '4차 산업혁명'이 핵심 의제로 떠오른 뒤부터다. 이 자리에서 클라우스 슈밥(Klaus Schwab) 세계경제포럼 회장은 4차 산업혁명을 "디지털 혁명을 기반으로 물리학, 생물학 등 다양한 과학기술을 융합한 것"이라고 정의하며 새로운 시대의 도래를 예고했다. 3차 산업혁명으로 불리는 정보통신

혁명이 일어난 지 불과 십여 년이지만 돌풍을 일으키고 있는 기술들의 발전과 융합은 새로운 세상을 예고하고 있어 이제 4차 산업혁명이라 부르지 않을 수 없게 되었다는 것이다.

세계경제포럼은 세계 각국의 정계·재계의 유력인사와 언론인·경제학자 등이 모여 세계 경제의 현안과 주요 이슈에 대한 각종 해법을 함께 논의하고자 만든 포럼이다. 매년 1월에서 2월 사이 스위스의 휴양지인 다보스에서 개최되어 일명 '다보스 포럼'이라고도 불린다. 1971년 1월 경제학자 클라우스 슈밥이 만든 '유럽경영포럼'(European Management Forum)이 전신으로 스위스 다보스에서 열린 첫 회의에는 400명의 유럽 경영인들이 참가했다. 1973년부터 참석 대상을 전 세계로 확장하였고, 1976년엔 회원 기준을 '세계의 1000개 선도 기업'으로 설정했으며, 1987년에 '세계경제포럼'(World Economic Forum)으로 개칭했다. 매해 초 다보스 포럼에서 다루어진 이슈들이 한해의 비전을 전망하는 자료로 활용될 정도로 세계경제포럼은 비단 경제 문제를 넘어 인류의 미래를 준비하는 의미 있는 모임으로 간주된다.

2016년 다보스 포럼에서 주요 의제로 다루어진 4차 산업혁명[14]이란 도대체 무엇일까? 클라우스 슈밥은 그의 저서 『제4차 산업혁명』을 통해 이렇게 말한다. "4차 산업혁명은 우리가 하는 일을 바꾸는 것이 아니라 우리 인류 자체를 바꿀 것이다. 우버, 에어비앤비, 알리바바 등 오늘날 혁신 기업은 유비쿼터스와 모바일 인터넷, 인공지능과 기계 학습을 통

---

[14] 4차 산업혁명이란 용어를 처음으로 쓴 사람은 클라우스 슈밥이 아니다. 원조는 독일의 제조업 혁신 전략을 담은 약칭 〈인더스트리 4.0〉이다. 이것의 원래 이름이 '제4차 산업혁명'이었다(The Science Times).

해 기존의 틀을 깨고 새로운 가치를 세상에 내놓았다. 과학기술 영역의 경계를 넘나들며 탄생한 새로운 파괴적 혁신은 세상을 급속도로 바꾸고 있다. 전 세계를 관통하는 새로운 화두, 제4차 산업혁명의 미래는 우리에게 달려 있다."

4차 산업혁명이란?

지금까지 인류는 세 차례의 산업혁명을 겪었다. 최초의 산업혁명은 18세기 후반 영국에서의 증기 기관 발명과 철도 건설을 계기로 시작됐다. 증기 기관을 동력으로 한 방적기가 처음으로 돌아간 순간 인류는 기계 생산 시대의 포문을 열었다. 영국에서 시작된 1차 산업혁명은 기술의 혁신과 더불어 사회·경제의 구조에 변화의 바람을 몰고 왔다. 본격적으로 기계를 사용하면서 가내수공업 대신 공장생산이 주류를 이루는 공업사회로 변화하였고, 영국을 위시하여 1차 산업혁명의 주역이었던 국가들은 식민지에 엄청난 자본을 축적하기 시작한다.

19세기 후반부터 20세기 초까지 미국과 독일이 앞장서서 기술혁신을 주도하게 되면서 불어 닥친 변화를 2차 산업혁명이라 한다. 이로써 인류는 또 한 번의 커다란 기술적 변화에 직면하는데, 이때 새로운 동력원으로 떠오른 것이 바로 전기이다. 2차 산업혁명은 주로 화학·철강·자동차·전기 등의 분야에서 활발히 전개되었다. 특히 공장들이 생산조립시스템(컨베이어 벨트)을 도입하면서 분업화가 급격히 이루어졌고 대량생산 시스템도 구축되었다.

원래 '3차 산업혁명'이란 말은 인터넷과 재생에너지가 미래사회의 원동력이 될 것이라고 예견한 제러미 리프킨(Jeremy Rifkin, 1945~)의 2012년 저서 타이틀에서 유래한 것이다. 2차 산업혁명 이후 수십 년을 거치면서 인류는 석유를 비롯한 자원 고갈과 환경오염으로 지구 온난화를 가속화하고 있다. 제러미 리프킨을 위시한 학자들은 이를 심각한 위기로 인식하여 인터넷 통신 기술과 재생 가능한 에너지를 결합하여 새로운 산업사회를 만들어갈 모델을 연구하게 되었는데, 이때 나온 말이 바로 '3차 산업혁명'이다. 즉 지식과 기술을 공유하고, 권력을 분산하며, 반도체와 디지털 기술을 바탕으로 한 자동화 시대다. '디지털 혁명'이라고도 불리는 3차 산업혁명은 여전히 현재진행형으로 남아 있다.

그렇다면, 3차 산업혁명이 현재진행형이라면, 그다음으로 진입할 단계가 아닌 터인데, 왜 네 번째 혁명을 이야기하는 걸까? 4차 산업혁명은 무에서 유를 창조함으로써 일어난 새로운 현상이라기보다 3차 산업혁명에서 넘어온—여전히 업그레이 중인— 디지털 기술을 보다 향상하여 이를 매개로 서로 다른 분야의 사물과 기술들을 융합한다. 바로 여기에 위질문의 답이 들어 있다. 즉 4차 산업혁명은 디지털을 매개로 현실과 가상세계를, 온라인과 오프라인을, 인간과 기계를 융합하는, 인류가 처음 경험하는 세계를 준비하는 것이다. 연결성을 생각해보지 못했던 상이한 분야의 통섭과 융합이 지닌 폭발력은 상상을 뛰어넘을 정도다. 당연히 이전과 전혀 다른 문명을 촉발할 것이다. 3차 산업혁명 이래 불과 십여 년밖에 되지 않았지만 전 인류가 앞다투어 4차 산업혁명을 이야기하는 이유이다.

한편 에릭 브린욜프슨 MIT 교수는 디지털과 인공지능을 기반으로 펼쳐지는 지금의 기술 발전 흐름에 '제2의 기계시대'라는 이름을 붙였다.

증기 기관이 열어젖힌 제1의 기계시대와 대비시킨 표현으로 증기기관이 제1의 기계시대를 열었다고 하면, 디지털 기술이 제2의 기계시대를 열고 있다는 것이다. 그는 이러한 기술의 진보가 컴퓨터와 로봇으로 상징되는 기계와 인간의 관계를 재설정할 것이라고 주장하며 인간과 기계의 공생에 주목한다. 증기, 전기 같은 물리적인 동력에 대비하여 디지털이라는 지금의 기술 변화가 인류의 삶에 끼치는 영향력이 크다는 것을 전하려고 한 것 같다. 오늘날 인공지능, 빅 데이터, 사물인터넷, 3D 프린팅, 유전자가위 같은 신기술들이 4차 산업혁명을 이끌며 제2의 기계시대를 선도하고 있다.

4차 산업혁명의 이해

1, 2차 산업혁명이 증기와 전기의 발명을 통해 오프라인 현실 세계에서 기술 혁명을 일으켰다면, 3차 산업혁명은 컴퓨터와 인터넷을 통해 인류에게 온라인 가상세계의 문을 열어줬다. 그리고 이제 4차 산업혁명으로 현실과 가상세계가 융합하게 되었다. 사람의 몸을 예로 들자면, 1, 2차 산업혁명은 뼈와 살을 지탱하는 근육과 에너지로, 3차 산업혁명은 신경계 망으로, 그리고 4차 산업혁명은 뇌에 해당한다고 말할 수 있을 것이다.

임상심리학자 매슬로(A.H. Maslow, 1908~1970)는 인간의 욕구를 5단계의 피라미드로 형상화했다. 1단계는 가장 저변의 생리적 욕구인데 이것이 어느 정도 충족되면 2단계인 안전과 안정의 욕구로 나아간다. 이 역시 충족되면 3단계인 애정과 연결의 사회적 욕구로, 그다음에는 4단계

1st	2nd	3rd	4th
증기기관	전기 에너지	컴퓨터, 인터넷	지 능 + 정 보 기 술 (AI+IOT,BD)
기계화 혁명	대량생산 혁명	지식정보 혁명	초 연결, 초 지능 혁명
OFF	OFF	OFF + ON	OFF + O2O + ON
현실세계	현실세계	가상세계	현실 + 가상의 융합
	근육과 에너지(물질)	신경(정보, 온라인)	뇌(가상세계)
생존	안정	사회적 연결	인간의 새로운 욕망?

산업혁명의 비교

인 존경과 관심을 받는 자기표현 욕구로, 그리고 나서 마지막 5단계인 자아실현의 욕구로 나아간다. 인간의 욕구는 이처럼 상위 단계를 향해 움직인다는 것이 그의 이론이다.

여기에 빗대어 산업혁명을 이해하자면 과거의 1~3차 산업혁명은 인간의 욕구 중 하위 3단계인 생리, 안전 그리고 연결의 사회적 욕구를 어느 정도 충족시킨 데 해당한다. 그리고 4차 산업혁명은 자기표현과 자아실현이라는 상위 4, 5단계의 욕구 실현에 해당한다고 볼 수 있다.

매슬로의 욕구 5단계

4차 산업혁명에 주목하는 이유

우리가 4차 산업혁명에 주목하는 이유는 크게 세 가지다. 첫째, 기하급수적인 변화의 속도 때문이다. 이제 우리는 주변에서 로봇이 운영하는 카페, 자율 자동차, 요리하는 냉장고, 무인 편의점을 만나볼 수 있다. 영화나 드라마에서 보던 상상 속의 미래가 어느새 우리 곁에 다가와 자리잡고 있는 중이다.

둘째, 기술 간 융합이 수시로 이루어져 기술의 범위와 길이가 훨씬 넓고 복잡해진 탓이다. 빅 데이터, 양자 암호, 드론, 3D 프린터, 나노기술, 디지털 트윈[15] 등 헤아릴 수 없이 많은 기술혁신이 한데 뒤섞이고 연결되고 소통하면서 폭발적인 시너지와 함께 전에 상상하지 못했던 새로운 세상을 만들고 있다.

---

15 미국 제너럴 일렉트릭(GE)이 주창한 개념으로, 컴퓨터에 현실 속 사물의 쌍둥이를 만들고, 현실에서 발생할 수 있는 상황을 컴퓨터로 시뮬레이션함으로써 결과를 예측하는 기술을 말한다(나무위키).

셋째, 이로 인해 엄청난 변화를 수반하는 새로운 사회 시스템이 펼쳐질 것으로 예상하기 때문이다. 산업 구도는 제조업과 서비스업에서 모든 부문이 합쳐지는 융합 비즈니스로 변모하고 있고, IT가 선도하는 미래의 세상은 '승자의 저주'가 아닌 '승자 독식'의 세상이 되고 있다. 2019년 투자분석업체 퀵·팩트챗의 보고서에 따르면 세계 IT 기업 309개 사의 매출을 조사한 결과 페이스북, 구글, 바이두, 텐센트, 넷이즈 5개 사의 시장 점유율이 무려 전체의 73퍼센트에 달했다. 드론 부문의 선두주자인 중국의 드론 생산 업체 DJI는 2020년 기준으로 세계 드론 시장의 77퍼센트를 점유하고 있다. 노동시장도 새롭게 재편될 것이다. 전통적인 고용관계에서 탈피하여 1인 자유 사업자(프리랜서 노동자)가 늘어날 것이고, 사업을 단위로 이합집산하는 프로젝트 기업이 증가할 것이며, 긱 이코노미 시대가 도래할 것이다. 인류의 미래는 그 어느 때보다 자유로운 개체들이 욕망에 따라 연결되는 초연결망의 세상으로 달려가고 있다.

생각해보라. 과거에는 생산의 3요소인 토지, 노동, 자본이 산업사회의 절대적인 무기였다. 그러나 4차 산업혁명 시대에는 사람, 재료, 아이디어가 그 자리를 대신하고 있다. 즉 자원을 보유하지 않고 사업하는 '연결 지능'이 새로운 답으로 부상한 것이다. 구글과 페이스북을 떠올려보자. 그들은 무엇을 파는가, 우리 손에 쥐어지는 '어떤 것'을 파는가? 아니다. 그들은 '물성을 가진 어떤 것'을 팔지 않는다. 다만 연결할 뿐이다. 바야흐로 세상은 '연결'과 '융합'의 세상이 되어가는 중이다.

4차 산업혁명의 본질은 '융합'이다

4차 산업혁명은 모든 분야에서 융합을 만들어낸다. 세상은 전에 없던 경험을 하고 있다. 온라인과 오프라인이 합쳐지는 세상, 온라인과 오프라인이 서로 옮겨가는 O2O(Online to Offline/Offline to Online) 세상이 이미 눈앞에 펼쳐졌다. 오프라인은 우리가 만지고 느끼는 현실 세상이고, 온라인은 가상의 세상이다. 그러나 더는 오프라인 세상과 온라인 세상이 선을 그은 채 따로 존재하지 않는다. 이제 오프라인과 온라인 세상은 서로 긴밀하게 연결되어 있다. 가상의 세계가 현실에 영향을 미치고, 현실 세계가 가상공간에 자리를 잡음으로써 인간에게 최적의 삶을 제공하게 된 것이다.

예를 들어보자. 우리가 자동차를 운전할 때 으레 이용하고 있는 내비게이션을 떠올려보자. 내비게이션은 가상의 세계에 현실과 똑같은 지도를 만들어놓고 가상의 세상에서 내려받은 신호에 따라 현실에서 실제로 이동하는 것과 다르지 않다. 현실 세계의 모습을 컴퓨터 프로그램이라는 가상의 세계에 그대로 옮기고 위성 신호에 따라 그 안에서 주행하는 것이 곧 현실에서 내가 차를 운전하는 것과 같다는 원리이다. 편집이 불가능한 오프라인 현실을 편집이 가능한 온라인 가상 세상으로 만들어 일 대 일로 대응한 결과이다.

그 밖에도 O2O의 활용사례는 많다. 우선 오프라인에 뛰어든 온라인 사례를 보자. 카카오톡 고객을 기반으로 운영 중인 다음카카오의 '카카오택시', 오프라인 매장을 모바일 웹사이트에 연결하는 네이버의 '샵 윈도' 서비스 등이 그것이다. 반대로 온라인에 뛰어든 오프라인 사례도 많다. 매장에 가기 전에 미리 주문과 결제를 마치고 바로 음료를 받아 나

	현실	융합	가상
세상	오프라인	O2O	온라인
기술	하드웨어	CPS	소프트웨어
사업	제품	PSS	서비스
시장	생산	프로슈머	소비
사회	개인	집단지능	집단
개인	의미(일)	워라밸	재미(놀이)
산업	대기업 플랫폼	개방 생태계	중소벤처 롱테일

4차 산업혁명은 **부분과 전체의 융합**

Online
가상의 최정화

디지털
트랜스폼

아날로그
트랜스폼

Offline
가상의 최정화

O2O 융합

4차 산업혁명의 융합 모델

오는 스타벅스의 '사이렌오더'(Siren Order) 서비스, 모바일에서 책을 산 뒤 오프라인 서점에 방문해 바로 책을 가져가는 교보문고 '바로드림' 서비스 등이다. 이외에도 스마트 공장, 자율주행 자동차, 드론, 핀 테크

등 대부분의 4차 산업들은 가상과 현실의 융합(O2O 융합)을 본질적 속성
으로 하고 있다. 1조 원의 가치가 넘는 스타트업을 일컫는 '유니콘' 기업
의 대다수가 바로 O2O 융합을 사업 기반으로 삼는다.

융합은 모든 부문에서 이루어진다. 기술 부문은 하드웨어와 소프트
웨어가 결합하여 운영되는 CPS, 사업 부문은 제품과 서비스가 합쳐진
PSS, 시장 부문은 생산자가 소비자가 되는 프로슈머로 진화하고 있다.
사회는 개인과 집단이 합쳐지는 집단지성으로, 개인은 일과 놀이가 융
합하는 워라밸, 산업 부문 역시 대기업 플랫폼과 중소벤처 롱테일이 융
합하는 개방 생태계로 변모할 것이다. 4차 산업혁명은 한마디로 부분과
전체의 융합이다.

기술혁신의 아이콘

인간의 능력을 뛰어넘는 AI

위키백과에 따르면 '인공지능'(AI; artificial intelligence)은 일반적으로 인간의 학습능력, 추론능력, 지각능력을 인공적으로 구현하려는 컴퓨터 과학의 세부 분야 중 하나이다. 한마디로 '인간의 지적 능력'의 일부 혹은 전체를 인공적으로 구현한 것이다.

그렇다면 지적능력, 즉 '지능'(intelligence)이란 무엇일까? 여러 답변이 가능하겠지만 무엇보다 '문제를 푸는 능력'이란 답이 설득력 있어 보인다. 문제를 푸는 데는 계산, 논리, 공감, 지각 등 다양한 능력이 필요하다. 지능이 문제를 푸는 능력이라면 인공지능은 문제를 푸는 능력을 갖춘 장치이다. 풀어야 할 문제들은 덧셈이나 뺄셈처럼 단순한 사칙연산에서부터 진짜와 가짜를 판별하거나 눈, 비가 내릴 확률을 계산해내는 데 이르기까지 수두룩하다. 컴퓨터 계산기는 인공지능의 원시적 형태라고 할 수 있다. 컴퓨터가 빠른 계산 기계에서 인공지능 기계로 발돋움하기 시작한 건 학습할 수 있는 능력을 갖추면서이다.

'학습'과 '적응'은 지능과 관련이 깊은 단어이다. 학습한다는 것은 직·간접적인 어떤 경험이나 훈련을 통해 배우고 익히는 것이고, 이를 통해 행동의 기준을 특정 상황에 맞게 적응하게 된다. 예컨대 어떤 학생이 학교에 입학한 첫날 버스를 탔더니 지각을 했지만, 다음 날에는 지하철을 탔더니 늦지 않았다고 했을 때 그 학생은 '앞으로는 지하철을 타야겠다'라고 판단할 것이다. 인공지능이란 이러한 능력을 컴퓨터의 연산을 통해 인공적으로 시연(구현)하는 것이라고 보면 된다.

2차 세계대전 당시 독일군 암호를 해독하는 기계를 만들어 큰 공을 세웠던 영국의 수학자 앨런 튜링은 「계산 기계와 지능*Computing Machinery and Intelligence*」이라는 그의 논문에서 인간과 기계를 구별하는 테스트를 제안했다. 인간과 기계가 같이 참여하는 시험에서 누가 인간이고 누가 기계인지 구분할 수 없다면 기계도 지능을 갖고 있는 것으로 봐야 한다고 그는 주장했다.

그가 제안한 '튜링 테스트'(Turing Test) 방식은 이렇다. 먼저 기계와 인간을 각각 다른 방에 들여보낸다. 그런 다음 심판 역할을 할 사람이 칸막이 너머에서 컴퓨터 채팅으로 양쪽과 대화를 나눈다. 대화를 나눈 뒤 상대방이 컴퓨터인데 사람으로 잘못 알았으면 튜링 테스트를 통과하게 된다. 튜링은 테스트 통과 기준을 '5분간 대화를 나눠 사람이라고 오인한 경우가 30퍼센트를 넘을 경우'로 제시했다. 컴퓨터가 사람을 흉내 낸다고 해서 이 테스트를 '흉내 내기 게임'(imitation game)이라고도 한다. 지능을 갖춘 기계는 1956년 미국 다트머스대학에서 열린 한 컴퓨터 학술회의에서 정식으로 '인공지능'(Artificial Intelligence)이란 이름을 갖게 되었다.

약한 인공지능과 강한 인공지능

인공지능은 약한 인공지능과 강한 인공지능, 크게 두 가지로 분류된다. 특정 영역의 문제를 푸는 데 특화된 것을 약한 인공지능이라 하고, 어디에나 적용할 수 있는 지능을 갖춘 것을 강한 인공지능(일반 인공지능)이라 부른다. 지금까지 개발된 인공지능은 모두 약한 인공지능에 속한다. 그러나 바둑용으로 개발한 알파고의 알고리즘이 체스와 일본 장기에서도 통한 것은 강한 인공지능이 현실적으로 가능할 수 있다는 것을 시사한다. 1980년 미국의 캘리포니아 대학의 교수인 존 설(John Rogers Searle, 1932~)은 강한 인공지능은 인간을 완벽하게 모방한 인공지능이고, 약한 인공지능은 유용한 도구로 사용하기 위해 설계된 인공지능이라고 해석하기도 했다.

인공지능은 4차 산업혁명의 핵심 아이콘이다. 구글의 최고경영자 선다 피차이(Sundar Pichai)는 2016년 10월 신제품 발표회에서 구글의 목표를 '모바일 퍼스트'에서 '인공지능 퍼스트'로 전환한다고 발표했다. 중국은 2030년까지 미국을 제치고 인공지능 세계 최강국에 올라선다는 '인공지능 굴기(崛起)'[16]를 선언했다. 미래의 성패를 좌우할 핵심 분야이기 때문에 기업이든 국가든 절체절명의 각오로 인공지능 개발과 연구에 나선 것이다.

---

16 "우뚝 서 날아오른다"라는 한자어로 보통 중국에서 목표를 내세울 때 많이 쓰는 말이다.

모든 것을 연결하는 사물인터넷(IOT)

인공지능이 4차 산업혁명의 두뇌라면 사물 인터넷은 그것의 혈관에 비유할 수 있다. 주변을 둘러보라. 이미 많은 것들—컴퓨터나 스마트폰을 넘어 가전제품이나 자동차, 각종 시설물—이 인터넷 네트워크로 촘촘하게 연결되고 있지 않은가?

'사물인터넷'(IoT; Internet of Things)은 말 그대로 각종 물체에 센서를 부착해서 인터넷으로 연결한 것을 말한다. 냉장고에 센서를 붙이면 남은 음식이 무엇이고, 부족한 식자재가 무엇인지 파악할 수 있다. 이렇게 냉장고 안의 상태를 파악한 뒤 인터넷을 통해 자동으로 슈퍼마켓에 식료품을 주문하고 물건은 온라인 결제 후 집으로 배달된다.

그 뿐인가? 주방 기기의 요리 로봇은 연결된 센서의 작동으로 레시피에 따라 식재료를 투입해 자동으로 음식을 만든다. 조리가 끝났다는 울림이 나면 사람들은 식탁에 앉아 밥을 먹는다. 만일 식사 중인 사람의 기분이 우울할 것 같으면 뇌파에 연결된 스마트폰 센서가 이를 포착하여 그 사람이 좋아하는 음악을 틀어준다. 손가락 하나 까딱하지 않았는데 장을 보고 요리하고 힐링용 음악을 들으면서 밥을 먹는 일상. 이것이 사물 인터넷이 민들어내는 생활의 단면이다.

미래의 사물인터넷 시대에는 각종 사물이나 기기들이 '알아서' 사람들이 원하는 서비스를 제공해줄 것이다. A라는 사람이 소유한 각종 기기가 A의 모든 것을 파악하고 있기에 가능한 일이다. 예를 들어 A는 점심식사 후 졸릴 즈음에 습관적으로 진한 커피를 마신다. A의 커피포트는 이러한 루틴을 파악하여 오후 2~3시가 되면 알아서 물을 끓인다. 혹은 서비스 로봇이 커피를 만들어서 가져다줄 수도 있다.

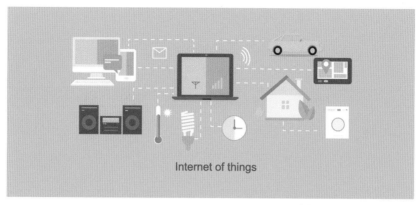

 이미 전 세계에는 1조 개가 넘는 센서가 각 물체에 연결되어 있다. 감시카메라(CCTV)만 해도 그렇다. 시장조사업체 아이에이치에스마킷(IHS Markit)에 따르면 전 세계의 카메라 수가 2019년 7억7천만 대에서 2021년 말 10억 대를 넘어선 것으로 알려졌다. 우리나라의 경우도 CCTV 설치 개수가 세계 최고의 수준을 자랑한다. 2019년 국가인권위원회 발표에 따르면 약 800만 대로 전 국민이 9초에 한 번 CCTV 화면에 포착되는 셈이라고 한다. 범죄 예방과 사건 해결에 많은 도움을 준다는 장점이 있지만, 개인의 자유와 행동이 거의 온종일 기록되는 감시의 시대에 살고 있다 해도 과언이 아니다. CCTV 역시 영상을 기록하는 단순 기능을 넘어 화면상에 폭력이나 사고의 징후가 감지되면 경고의 울림이 나오도록 지능화되어 있다니 참으로 놀랍지 않은가?

 사물인터넷은 계속 진화하고 있다. 2018년 8월 국제우주정거장(ISS)엔 한 대형 안테나가 설치됐다. 그런데 이 안테나는 지상의 관제소와 교신하는 것이 아니라 동물과 교신한다. 정확하게 말하면, 동물의 몸에 부착된 송신기에서 보내는 정보를 받아 지상의 과학자들에게 전달해준다. 이 특수 안테나는 야생동물의 행동을 추적하는 과학자들이 제작한 것이다. 이를 시작으로 우주통신을 활용해 전 세계 야생동물을 추적할 수 있는 네트워크 '이카루스'(ICARUS)가 만들어졌다. 송신기에 내장된 센서들이 보내는 정보들은 동물의 이동 상황만이 아니라 해당 지역의 기후변화, 외부 침입종의 번식, 전염병 확산 경로 등 다양한 것들을 파악할 수 있게 해준다. 이카루스의 등장은 디지털 네트워크가 동물 세상에까지 확대되었음을 보여준다. 동물인터넷이 사물인터넷에 이은 제3의 네트워크로 자리잡은 셈이다. 인간-사물-동물이 하나의 네트워크로 연결되는 초유의 세상이 오고 있다.

3D 프린팅, 누구나 생산자가 된다

'3D 프린팅'이란 3차원 인쇄, 즉 입체 인쇄를 말한다. 평면으로 된 문자나 그림을 인쇄하는 것이 아니라 입체도형을 찍어내는 것으로 종이를 인쇄하듯 3차원 공간 안에서 실제 사물을 인쇄하는 것이다.

3D 프린팅의 가장 큰 장점이자 폭발력은 누구나 제품을 만들 수 있다는 점이다. 이제까지 남이 만든 제품을 사서 쓰기만 하던 소비자가 생산자로 둔갑하는 것이다. 특별한 손재주가 필요한 것도 아니고, 엄청난 사업자금이나 설비, 넓은 부지가 있어야 하는 것도 아니다. 3D 프린터와 설계도, 재료만 있으면 된다.

또 다른 장점은 원하는 제품을 맞춤형으로 소량 제작할 수 있다는 것이다. 제조업의 대량생산 시스템에 기대지 않고 다품종 소량생산을 가

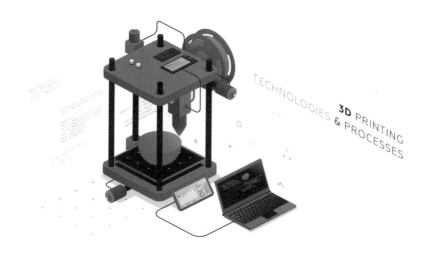

노트북과 3D 프린터를 연결하여 제품 만들기

능하게 하여 생산 시스템에 근본적인 변화를 가져오는 것이다. 아직은 재료나 정밀도에서 한계를 보이지만, 일정한 단계를 넘어서면 제조업 분야에서 빅뱅이 일어날 수도 있다.

그 밖에도 3D 프린팅은 재료 낭비가 없다. 철이든 나무든 돌이든 예전에는 원하는 모양을 만들려면 깎고 다듬고 조립해야 했다. 그러나 3D 프린팅은 다르다. 필요한 만큼 재료를 쌓아 올리는 방식이기 때문이다. 이를 전문용어로 '탈물화'라고 한다. 물질을 덜 쓴다는 뜻인데, 버리는 재료가 줄어드니 제조업이 환경에 끼치는 악영향도 자연스레 감소한다.

이미 3D 프린팅 제품은 생활 잡화 수준을 벗어나 인공 뼈, 인공 피부 등 전문적인 제품은 물론 집도 짓고 자동차도 만들어내고 있다. 3D 프린팅 기술로 소형 주택을 찍어내는 모습은 요즘 TV나 유튜브에서 자주 볼 수 있는 광경이다. 4인 가족이 살 만한 29평 규모 주택을 짓는 일도 3일이면 완성하고 비용도 절반 이하이다. 미국과 일본 등 일부 국가는

3D 프린터 주택을 상용화해 보급하고 있으며 국내에서도 벤처기업 '뉴디원'은 3D 프린터로 만든 황토 찜질방과 가정용 소형 주택을 공개하기도 했다. 현대가(家) 3세 정대선 사장이 설립한 HN그룹은 건설용 3D 프린터를 자체 개발·생산해 시공까지 하고 있다. 다만 국내의 경우 3D 주택이나 건설 장비 관련 평가 법규가 정비되어 있지 않아 관련 회사들이 해외 공략에 역점을 두고 있는 형편이다.

　전자 및 자동차 제조 산업에도 3D 프린터를 활용하면 생산 시간과 비용을 줄일 수 있다. 지난 2014년 미국 시카고에서 열린 국제공작기계 전시회(International Manufacturing Technology Show)에서 미국의 로컬 모터스(Local Motors)사는 3D 프린팅 기술로 만든 스트라티(Strati)라는 이름의 자동차를 선보였다. 세계 최초로 3D 프린터로 만든 전기 자동차였는데, 1대를 제작하는 데 걸린 시간은 불과 44시간이었다.[17] 특히 3D 프린터를 활용하면 부품을 단순화하고 가벼운 소재를 사용할 수 있어 주행 거리를 늘릴 수 있는 장점이 있다. 포르쉐, GM, 푸조 등 다수의 자동차 회사들은 물론 항공 우주산업에서도 3D 프린터의 활용이 증가하고 있는 이유이다.

　이 뿐 아니다. 우리에게는 좀 생소하지만 유럽에서는 이미 2000년대부터 '3D 음식 프린팅'(3D Food Printing) 기술개발이 시작되었고, 3D 프린팅 기술로 만든 음식을 파는 레스토랑도 생겨났다. 일본에서는 초밥을, 러시아에서는 닭고기 음식을 3D 프린터로 만들어 팔고 있다. 초창기에는 음식 재료를 통에 넣어두고 국수 가락을 뽑듯이 피스톤으로 밀

---

17 〈뉴스탭〉, 이준문 기자, 2014년 9월 17일.

어내어 만들었다. 그런데 요즘은 기술이 좋아져 다양한 음식 재료들을 여러 통에 각각 넣어둔 후 취향에 맞게 메뉴를 선택해 누르면 이 재료들을 알아서 배합하여 음식을 만들어준다. 3D 프린팅이 특별한 분야에만 적용되는 기술이 아니라 일반 대중의 삶과 일상 속으로 녹아들어온 것이다.

물론 3D 프린터는 누구나 사용할 수 있는 만큼 역기능도 있다. 특히 3D 스캐너로 남의 제품 디자인을 쉽게 무단 도용할 수 있는 문제가 가장 치명적이다. 나아가 3D 프린팅으로 총기 등 위험한 도구를 제작해 범죄에 악용할 소지도 있다. 실제로 미국에선 3D 프린팅 권총 설계도가 인터넷을 통해 공개되는 바람에 뜨거운 논란이 일기도 했다.

이동 수단의 혁명, 자율주행차

"자율주행차가 널리 보급되면 인간이 운전하는 차량은 운행을 금지해야 할지도 모른다. 너무 위험하기 때문이다. 사람한테 2톤짜리 '죽음의 기계'를 몰도록 맡길 수는 없다." 테슬라의 최고경영자 일론 머스크의 말이다.

인공지능과 사물인터넷, 3D 프린팅이 한데 어우러져 혁신을 완성해가는 분야가 바로 자율주행차다. '자율주행차'(self-driving car)는 운전자가 핸들을 돌리거나 가속페달과 브레이크 등을 조작하지 않아도 위성항법시스템(GPS)의 도움으로 길을 찾고 도로 상황을 파악하여 스스로 목적지까지 찾아가는 자동차를 말한다. 따라서 인간을 운전이라는 자동차 안에 갇힌 고정 행위에서 해방해준다. 자율주행차는 사람을 태우지 않고 운행되는 '무인자동차'(driverless cars)와는 다른 개념이다. 하지만 차 안에서 운전대를 잡지 않아도 되므로 자유 시간을 누릴 수 있는데, 이는 인간의 행동반경에 큰 변화를 줄 수 있는 계기로 작동한다. 행동반경이 변하면 도시의 구조와 시스템도 바뀔 것이고, 더 나아가 산업과 경제도 바뀌기 때문이다.

어떤 이는 자율주행차 시대를 '3차 교통혁명'이라고 부른다. 장거리 고속 교통수단 시대를 연 철도혁명, 자가용 교통수단 시대를 연 자동차 혁명에 이은 제3의 혁명이라는 것이다. 자율주행차를 혁명적인 운송 수단으로 보는 이유는 차를 소유할 필요가 없는 시대가 올 수 있기 때문이다. 왜일까? 현대 자동차 산업을 관통하는 흐름은 전기화, 자동화, 공유화이다. 이 모든 것을 한 몸에 담고 있는 것이 바로 자율주행차이다. 미국의 독립 싱크탱크인 리싱크엑스가 자동차 산업의 새 모델로 제시한 풍경은 "승객이 스마트폰 앱으로 자율주행 전기차를 호출하는 장면"이다. 업체들의 계획대로라면, 지금 태어나는 아이들은 굳이 직접 운전을 하지 않아도 된다. 지금은 하나의 차를 구입해 다목적으로 이용한다. 혼자서 출퇴근할 때든, 가족들과 여행을 할 때든 같은 차로 움직인다. 자율주행이 진화하여 자동차가 서비스 수단으로 바뀌면 외출 목적에 따라 차를 바꿔가며 이용할 수 있다. 출퇴근 땐 소형 승용차를, 여행할 때는 대형 SUV를 빌려 쓰는 식이다. 자율주행의 종착역은 굳이 차를 소유할 필요가 없는 시대로 귀결될 것이다.

자율주행차 개발을 생각하게 된 가장 큰 이유는 무엇일까? 편리함 때문일까? 아직은 자율주행차의 성능이 미치지 못해 실감이 나지 않지만, 자율주행차를 개발하게 된 가장 큰 이유는 자동차 사고에 있다. 현재 전 세계에서 자동차 사고로 숨지는 사람이 한 해 130만 명에 이르고, 다치는 사람은 5천만 명을 넘는다. 그런데 조사 결과 사고의 90퍼센트 이상이 운전자의 부주의나 잘못으로 일어났음을 알 수 있었다. 한눈을 팔거나 졸거나 음주하거나 운전 실력이 미숙하거나 등등 원인은 매우 다양하지만 말이다. 그렇다면 자율주행차는 인간 운전자보다 운행 능력이 뛰어나다는 뜻일까?

자율주행차 기술은 5단계로 나뉜다. 1단계는 운전자 보조 장치가 작동하는 단계다. 가속이나 감속, 핸들 조작 가운데 한 가지 운전 보조 장치만 자동화한 것이다. 차로 이탈 경보장치, 자동 속도조절장치인 크루즈컨트롤을 예로 들 수 있다. 2단계는 부분 자율주행 단계로 둘 이상의 운전 보조 장치를 단 것이다. 3단계는 조건부 자동화다. 운전자가 적절히 개입한 상태에서 차가 도로를 주행하는 단계다. 4단계는 고도 자율주행 단계다. 사람이 운전석에 탑승은 하지만 운전에는 관여하지 않고 차가 스스로 주행하는 단계다. 5단계는 완전 자율주행 단계로, 비포장을 포함한 모든 도로에서 차가 알아서 달린다. 현재 자율주행차의 개발 정도는 3단계를 넘어 4단계의 중간쯤 와 있는 것으로 보인다.

미리 보는 자율주행차 풍경

"오후 6시 25분. 방금 회의를 끝냈다. 그런데 아직 해야 할 일이 남아 있다. 나머지 일은 집에서 하자. 집까지 가는 시간은 25분. 예전엔 러시아워 교통 체증으로 집에 도착하는 데 90분이나 걸렸다. 하지만 이젠 걱정할 필요가 없다. 스마트폰 앱을 열고 사무실에 차를 보내달라고 요청

자율주행차 덕에 책을 읽게 되었어.

한다. 몇 분 후 차 한 대가 온다. '집으로'라고 말하자 차가 자율주행 전
용차선으로 미끄러져 나간다. 도로에 들어서 교통 상황을 점검한 컴퓨
터가 '24분 후 집 도착'이라고 알려준다. 집으로 가는 도중 보고서를 검
토하고 이메일로 답을 한다. 컴퓨터가 도착 5분 전이라고 알려준다. 내
일 아침 나를 데리러 올 시간을 컴퓨터에 말해준다. 차에서 내리자 차는
다음 호출자가 있는 곳으로 출발한다."[18]

　미래 자동차 생활의 한 풍경이다. 자율주행차 시대가 되면 차량을 소
유하려는 생각이 지금보다 줄어들 것이다. 인공지능을 장착한 차를 불
러 타는 것이 훨씬 더 편리하니까. 실제로 우리 주변엔 이미 그런 미래
로 가는 기반이 닦이고 있다. 자율주행차는 아니지만 미국에서 시작된
호출형 택시 서비스인 우버와 리프트 등이 좋은 사례다. 우리나라에서

18　〈한겨레신문〉, 곽노필 기자, "미래의 창".

는 카카오택시가 같은 유형의 서비스를 제공하고 있다.

요즘 카셰어링으로 불리는 택시 서비스 이용자가 급증하고 있다. 호출 서비스의 이점을 체험하게 되면 자동차 시장의 중심이 소유에서 서비스로 옮아갈 가능성이 있다. 얼마 안 가 사람 운전자 대신 자율주행차로 대체하게 될 텐데, 이렇게 되면 이용 요금도 낮아질 전망이다. 일종의 로봇 택시가 등장하는 셈이다.

로봇 택시가 활성화하면 도시의 골칫거리인 주차장 문제 해결에 큰 도움이 될 것이다. 공기가 나쁜 지하 주차장 안에서 사람이 타고 내릴 필요도 없으므로 주차장 효율성도 높아진다. 그동안 운전을 못 해 외출을 삼가야 했던 장애인이나 노인들도 저렴한 비용으로 이동의 자유를 누릴 수 있다.

현대인들에게 시간은 금이다. 자율주행차는 인간을 운전에서 해방하여 우리에게 황금 같은 잉여 시간을 선물해준다. 차를 타고 있는 동안 잠시 눈을 감고 쉬거나 허기를 채울 수도 있고, 소셜 미디어를 접하거나 업무를 볼 수도 있다. 이처럼 허투루 쓰는 시간이 없으니 집은 도심에서 좀 멀리 있어도 큰 문제가 되지 않을 터다. 이는 도심 인구 과밀화 해소에도 긍정적인 영향을 줄 것이다. 인구가 외곽으로 분산되기 시작하면 부동산, 교육, 소매업 등 사람을 대하는 산업들이 차례차례 영향을 받게 될 것이다. 자율주행차로 시작된 변화가 결국 사회와 산업 전반에 영향을 미치게 된다.

드론의 세상이 온다

〈AI 타임스〉가 전한 소식을 들어보자. 전남 고흥군의 한 섬에 거주하고 있는 70대 남성 김 모씨. 그는 가족들과 외식을 하려면 매번 육지로 나가야 한다. 비용과 시간 면에서 부담이 크다. 그러나 하나뿐인 손자가 자장면을 사달라고 졸라대는데 나가지 않을 수도 없다. 그러던 중 김씨는 최근 드론이 탕수육과 콜라를 싣고 고흥군 득량도를 횡단했다는 소식을 들었다. 약 4킬로미터나 되는 바다를 날아 탕수육과 콜라 등 무려 2킬로그램 상당의 음식을 배송하는 데 성공한 것이다.

지형지물에 상관없이 신속하게 임무를 완수하는 드론의 사전적 의미는 "윙윙거리는 소리"로, 이는 비행할 때의 소음이 꿀벌이 나는 소리와 비슷하다고 해서 붙여진 것이다. 오늘날 무인 조종 비행 장치를 뜻하는 드론은 이동 수단의 혁명가이자 유통시장의 개척자로 새로운 미래를 이끌고 있다.

드론은 교통이 불편한 섬과 해안에서 이미 효자 노릇을 하고 있다. 우편물 배달은 물론 바다 인근에서 벌어진 사고에도 곧잘 투입된다. 실종이나 사망 사고가 잦은 갯벌에 열화상 카메라를 탑재한 드론을 띄워놓고 살피는데, 이 드론 한 대가 주·야간 전문 수색 대원 수십 명의 역할을 한다.

우리는 또한 평창 동계올림픽 밤하늘을 수놓았던 '드론 쇼'의 광경을 기억하고 있다. 천 개가 넘는 드론이 한 명의 조종사에 의해 일사불란하게 움직이며 아름답고 환상적인 장면을 연출했던 그때 그 모습을 떠올려보라. 평창의 드론 쇼는 전 세계의 안방에 중계되어 인류의 감탄을 자아냈다. 또 다른 예를 보자. 화성 탐사선 퍼서비어런스는 품고 간 270억

짜리 드론 헬기로 화성 비행에 나섰다. 화성 상공 비행은 인류가 지구 외의 천체에서 최초로 시도한 것으로 기록된다.

흔히 드론을 음식이나 우편을 배달하는 택배용으로 생각하기 쉽지만, 드론은 원래 군사 목적으로 개발되었다. 조종사가 비행체에 탑승하지 않고 원격으로 조정하는 드론은 영국과 미국이 군용 무인항공기인 '타깃 드론'을 개발하면서 통용되기 시작했다. 미국은 드론을 군사용 무기로 적극적으로 활용했고 당시 많은 언론이 이를 '드론 전쟁'이라고 부르기도 했다. 국제적인 기부단체 '컴백 얼라이브'(Come Back Alive)는 러시아의 침공에 맞서 싸우는 우크라이나군을 돕기 위해 각종 무기를 공급하면서 특히 DJI 매빅3 드론 24대를 제공하여 관심을 모았다. 씨넷(CNET)에 따르면 한 우크라이나군 장교는 "우크라이나군에는 공식 드론 부대는 없지만, 군인과 민간인들은 드론을 사용해 전방에 무엇이 있는지를 확인한다"고 밝혔다. 미국 국방부 역시 '에어로바이런먼트 사의 스위치 블레이즈'[19], '푸마'[20] 등 100대 이상의 소형 군용 드론을 우크라이나에 지원했다.

2000년대 초까지만 해도 대다수 군용이었던 드론은 현재 4차 산업혁명 기술들과 융합하며 상업용 드론의 시대를 열었다. 송유관이 파손되었는지 살피는 정찰 임무를 담당하거나 응급환자를 발견하여 수송하는 임무도 맡는다. 갈대밭에서 실종 노인을 찾기도 하고, 기상을 관측하고, 지도를 제작한다. 농약을 살포하거나 산불을 감시하는 데도 쓰이며, 오

---

19 적의 위치를 스스로 찾아낸 후 공중에서 기다렸다 적군을 정확하게 파괴할 수 있는 '체공형 미사일'(loitering missiles)이다.

20 하늘에서 6시간 30분 동안 공중에 머물 수 있는 정찰 드론이다.

락과 스포츠 분야에서도 왕성하게 활약 중이다.

우리나라도 이미 운전면허처럼 드론 국가자격증 시대를 맞이하고 있다. 거리마다 '드론 학원'을 광고하는 현수막이 걸려 있다. 추석이나 명절 때 고속도로 위를 날아다니는 드론은 갓길 운전 등 얌체 운전족을 적발하는 암행어사 역할을 멋지게 해내기도 한다. 영화에서 보았던 하늘을 나는 '드론 카'도 시험비행을 마치고 상용화를 준비하고 있다. 기획재정부는 2025년을 목표로 드론 택시 최초 상용화를 위한 도시항공교통 도입을 추진하겠다고 밝힌 바 있다.

모든 것을 예측하는 빅 데이터

인터넷과 SNS의 발달로 다른 사람들과의 의사소통은 더욱 쉬워졌고 편리해졌다. 이제 시간과 공간의 제약 없이 다양한 방법으로 지구촌 인류가 소통하고 있다. 대중교통을 이용하는 것도 훨씬 편리해졌다. 다양한 교통 앱을 깔아 버스나 지하철의 운행을 수시로 체크할 수 있고, 교통카드를 폰 안에 탑재하여 별도의 카드가 없어도 대중교통을 이용할 수 있다. 궁금한 것이 있으면 인터넷 검색으로 모든 것을 해결하는 시대가 되었으며 위성시스템의 도움으로 언제든 개인의 위치를 추적하는 것도 가능해졌다(코로나19 팬데믹 초기에 그 덕을 톡톡히 보았다). 단순한 검색을 넘어 댓글을 남기거나 관심 있는 분야에 글이나 동영상 등을 올리면서 개개인들은 자료의 생산자가 되기도 한다.

스마트폰의 대중화는 디지털 만능세상으로 사람들을 인도했고 인터넷 통신의 발달은 가상현실과 증강현실 등 마법과 같은 세상을 현실화했다. 스마트폰 세상에는 상상을 뛰어넘는 무수한 앱들이 넘쳐난다. 원하는 대로 사진을 보정해주고 수십 년 후 늙어버린 나의 얼굴을 보여주기도 한다. 세계 수십 개국의 언어로 동시 번역은 물론 회의록 작성을 대신해주는 음성비서, 맛집에서부터 건강관리, 교육에서부터 게임에 이르기까지 사람들에게 스마트폰은 삶의 길잡이이자 요술램프 그 이상이다. 그런데 상상과 현실, 온라인과 오프라인을 오가는 우리의 모든 일상은 정작 데이터를 기반으로 한다. 아침에 눈을 떠서 잠드는 시간까지 우리는 데이터와 함께 살아가고 있는 셈이다. 일거수일투족은 물론 머릿속 생각까지도 데이터로 정형화하여 어디엔가 기록되고 저장되고 있는 것이다. 우리는 자신의 행동이 전산 정보로 저장되는 시대를 살아간다.

디지털 환경이 더욱더 발달하면서 사람들이 접하는 정보, 남기는 정보의 양 또한 너무나 방대해졌다. 이처럼 사람들이 이용한 흔적이 남아 있는 뉴스 기사, 댓글, 쇼핑, 사진, 동영상, 대중교통 이용 기록 등과 같은 모든 자료를 통틀어 '빅 데이터'라고 부른다.[21] 빅 데이터는 데이터의 생성 양, 주기, 형식 등이 기존 데이터에 비해 너무나 크기 때문에, 종래의 방법으로는 수집, 저장, 검색, 분석이 어려운 매우 방대한 데이터다.

최근에 이 빅 데이터를 분석하는 기술이 주목받고 있다. 빅 데이터 분석을 통해 개인의 성향이나 관심사, 단체의 움직임이나 패턴을 예측할 수 있기 때문이다. 이는 제조업의 품질 향상, 의료 정보의 효과적인 관리, 소매업의 마케팅과 은행의 재무관리, 교육과 여행에 이르기까지 거의 모든 분야에서 인류의 문명을 한 단계 업그레이드해줄 마법의 문이 되어줄 것이다. 이에 국내외 유수 기업들은 빅 데이터에 미래의 성패를 걸고 선두주자가 되기 위해 전심전력하고 있다. 점으로만 존재하던 정보들을 모아 분석하고 개인과 집단의 행동 패턴을 미리 읽어내는 기업이 시장을 지배하기 때문이다. 빅 데이터가 21세기의 석유라고 불리는 까닭이다.

하지만 빅 데이터에는 문제점도 많다. 특히 사생활 침해와 보안 측면이 주요 이슈다. 빅 데이터는 수많은 개인이 남긴 수많은 정보의 총합이다. 그렇기에 빅 데이터를 수집·분석할 때 개인들의 사적인 정보까지 수집하게 됨으로써 자칫 21세기판 빅 브라더가 될 수도 있지 않을까 우려하는 것이다.[22]

---

21 천재백과 참조.
22 위키백과 참조.

미국 밥슨대학의 교수 토머스 대븐포트는 "한국은 전 세계 어느 곳보다 많은 데이터가 공급·유통되고 있는 곳"이라면서 한국을 "이 세상에서 가장 흥미로운 장소"라고 표현했다. 전 세계 어느 나라보다도 한국은 통신이나 모바일 기기가 많이 퍼져 있고, 빅 데이터라고 불릴 만한 정보들이 넘쳐흐른다는 이야기다.

컴퓨터로 돈을 캐낸다, 블록체인과 비트코인

비트코인이란 말은 대부분 들어보았겠지만 블록체인이란 말은 생소한 사람도 많을 것이다. 그런데 이 블록체인이야말로 세상을 또 한 번 바꿀 비밀의 숲이다. 디지털 문명의 시작점이자 모태였던 인터넷에 비견하여 제2의 인터넷이라고 불리는 이유다. 제2의 인터넷, 블록체인은 무엇인가?

블록체인은 블록+체인의 합성어로 컴퓨터에 정보를 블록(block)단위로 저장하고 이를 연결(chain)하여 모은 것을 총칭하는 말이다. 블록체인 기술로 탄생하여 많은 사람에게 알려진 가장 활성화한 사례가 바로 가상화폐라고 불리는 비트코인이다. 이를 기준으로 설명하면 블록이란 일정한 시간 동안 발생한 모든 거래를 장부에 기록한 것이며, 이러한 블록을 연결한 것이 블록체인이다. 쉽게 말해 컴퓨터에 저장된 거래 장부로 여기서 각 페이지를 블록이라고 하며, 이들 각 페이지가 여럿으로 연결되어 있는 장부책이 곧 블록체인이다. 요점은 각 페이지(블록)가 완성될 때마다 모든 구성원에게 전송하고 이러한 절차와 함께 유효성이 확보되면 이 페이지(블록)를 기존의 페이지(블록)에 추가 연결하고 보관한다.

블록체인과 비트코인

　이로써 모든 구성원이 거래 장부를 페이지마다 공유하게 되어 해킹이나 위변조가 불가능하게 되었다. 위변조를 하려면 모든 구성원의 거래 장부를 고쳐야 하는데 이것이 불가능하다는 이야기이다. 블록체인 시스템은 수많은 컴퓨터의 거래 장부, 즉 원장을 관리하는 분산원장(distributed ledger) 방식이기 때문에 사람을 신뢰하지 않고 시스템을 신뢰하도록 설계되어 있다.

　좀 더 쉬운 예로 은행의 통장과 비교해보자. 개개인의 통장은 은행의 장부에 각각의 계좌별로 만들어져 있다. 돈을 송금하게 되면 은행은 송금하는 사람의 계좌에서 다른 사람의 계좌에 돈을 추가한 뒤 이를 양측의 장부(계좌)에 기록한다. 개개인은 자신만의 거래 장부(통장)를 가지고 있는데 반해 은행은 모든 거래에 대한 기록 내역을 가지고 있다. 하지만 블록체인 암호 화폐에서는 각각의 사용자가 '노드'라는 이름으로 모두 장부를 가지고 있다. 한 사람이 다른 사람에게 송금한다면, 그 사용자가 직접 자신의 장부에 송금 내역을 기록하고, 이 내용을 자신 주변 노드로 전송하여, 마치 방송을 송출하듯이 자신의 거래 내역을 알리게 된다. 그 결과 모두의 장부에 거래 내역이 등록되어 공유되고 이것이 확정되면 모든 구성원이 똑같은 장부를 가지고 있게 되는 것이다.

한 가지, 여기서 이해해야 할 점이 있다. 블록체인은 기록 조작을 방지하는 장치가 아니다. 해시함수, 전자서명 등 기록 조작 방지를 위한 기술들은 블록체인 등장 이전부터 보편적으로 사용되었다. 비트코인의 블록체인이 해결한 것은 "익명의 네트워크에서 일관성 있게 사건의 '순서를 정해' 이중 사용을 방지"하는 것이다.[23]

블록체인 기술이 제2의 인터넷으로 주목받는 이유는 이처럼 원천적으로 해킹이 불가능하다는 데 있다. 개인정보 유출과 보안 문제가 갈수록 중요해지는 미래에 블록체인 전문가들은 하나같이 블록체인이 이를 해결하는 대안으로서 세계 경제에 큰 영향을 미칠 것이라고 말한다. 세계경제포럼은 "블록체인은 사회에 새로운 가치를 창조하고 거래하는 데 있어 유례없는 기회를 만들어낼 수 있고, 이로써 인터넷의 진화에 세대적 전환을 일으킬 것"이라고 예측했다.

미래의 블록체인은 가상화폐나 송금과 같은 금융 서비스뿐만 아니라 다양한 비즈니스 모델을 크게 변화시킬 것이다. 블록체인과 IoT를 결합한 발전도 기대된다. 공공부문에서는 주민등록증, 법원의 등기부, 여권 등 문서를 블록체인화하여 위변조를 불가능하게 하는 시대를 열 것이다. 기업에서는 분식회계나 각종 재무 정보의 조작을 방지하고 채용정보에서부터 식품 이력 관리에 이르기까지 신뢰성과 투명성을 보장해줄 수 있는 장치로 사용될 것이다. 나아가 최근 주목되고 있는 NFT에서 보듯 블록체인 암호화 기술은 가상세계에서 디지털 상품을 소유할 수 있게 해준다. 가상세계에서 땅을 사고 집을 사고 그림을 사고 임대료를

---

23 『비트코인과 블록체인, 가상 자산의 실체』, 이병욱 지음.

받는 일들을 가능하게 해주는 것이다. 제2의 인터넷 블록체인은 상상하지 못한 미래로 우리를 안내하고 있다.

신의 영역에 들어선 나노기술

'나노'(nano)는 '작다'는 뜻이다. 난쟁이를 뜻하는 그리스어 나노스 (Nanos)에서 유래했다. 나노는 초미세의 길이 단위[nm]로서 10억 분의 1미터를 의미하는데 이는 보통 사람 머리카락의 약 8만 분의 1, 또는 원소 가운데 가장 작은 수소 원자를 10개 정도 나란히 배열한 정도의 길이를 말한다.[24]

나노기술은 이처럼 10억 분의 1미터 수준으로 사람의 눈으로 볼 수 없는 정밀도를 요구하는 원자, 분자 및 초분자 정도의 작은 크기 단위에서 사용되는 기술로서, 나노기술을 사용해야만 물질의 합성과 조립이 가능하다. 그리고 이를 통해서 물질의 성질을 측정하거나 제어할 수 있다. 나노 수준에서 물질의 형태나 구조를 바꾸면 지금까지 존재하지 않았던 새로운 물질이 된다. 엄청난 이야기다. 강철 섬유와 같은 새로운 물질이 만들어질 수도 있는 것이다. 어쩌면 신이 창조하지 않았던 새로운 물질을 인간이 창조할 수 있다는 뜻이기도 하다. 즉 DNA 조작으로 동식물을 복제할 수 있으며, 지금까지 볼 수 없었던 매우 미세한 세계를 들여다보거나, 우주의 신비도 탐색할 수 있다. 바야흐로 인간이 신의 영역으로 들어선 것이다.

---

[24] TTA 정보통신용어사전 참조.

나노기술이 도대체 얼마나 막강한 영역인지를 잘 표현해주는 말이 있다. 휴엣팩커드(Hewlett-Packard) 사의 필립 큐키스(Philip Keukes)는 "나노기술의 목표는 간단한 컴퓨터를 박테리아 크기로 줄이는 것이다. 그러면 지금 당신이 사용하고 있는 데스크톱 컴퓨터는 먼지 한 톨만 한 크기로 작아진다"라고 말했다. 결코 허황된 말이 아니다. '형상변환물질'(Programmable Matter)이란 말을 들어본 적 있는가?

형상변환물질이란 프로그램이 가능한 물질, 즉 한 가지 물질이 프로그래밍을 통하여 다른 형상이나 기능을 가지도록 스스로 변화할 수 (Self-transforming) 있고, 구조를 형성할 수 있으며(Self-organization), 조립될 수 있는(Self-assembly) 물질을 의미한다.[25] 영화 〈터미네이터2〉를 보면 부수어지고 파괴되어도 계속 원형을 되찾으며 쫓아오는 미래에서 온 살인 전문 로봇 T-1000이 나온다. 액체금속으로 만들어진 로봇인데 손이나 발끝을 뾰족하게 만들어 무기로 사용하기도 한다. 형상변환물질을 연구하는 인텔(Intel) 사의 과학자들은 영화 〈터미네이터〉에 착안하여 캐톰(Catom)[26]이란 물질을 만들었는데 아직은 초보 단계이지만 상용화 단계를 21세기 중반경으로 예상한다.

상상조차 하기 힘든 일이지만 불과 수십 년 후에는 물체의 외형을 마음대로 바꿀 수 있다는 말이다. 그렇다면 스마트폰을 사용한 후에는 다른 모양으로 작게 바꾸어서 주머니에 넣을 수 있고, 집 안의 가전기기들

---

[25] 〈융합연구리뷰〉, 카이스트 융합연구정책센터, 2015년 6월호.

[26] 초소형 마이크로 칩을 이용하여 만든 모래알만큼 작은 크기의 칩으로 전하량의 크기에 따라 배열이 달라지는 성질이 원자를 닮았다고 하여 캐톰 (Catom)이라고 명명했다. 'claytonics 와 atom'의 합성어이다(SURPRISER블로그, 2022.6.27.).

도 필요할 때마다 외형을 바꾸어 사용할 수 있을 것이다. 컴퓨터에 명령만 내리면 거실의 장식이 유럽풍으로 바뀌고, 부엌과 식탁이 분위기에 맞게 리모델링 되고, 신데렐라의 마차처럼 호박이 자동차로 변하는 마술 같은 세상이 펼쳐진다는 것이다.

나노기술은 특히 인체의 몸을 다루는 생명공학 기술과 반도체 및 정보통신의 영역에서 주목받고 있다. 생물학연구정보센터(BRIC)에 따르면 신약 개발 및 치료제에 사용되는 나노 입자는 다양하다. 한국을 비롯한 세계 각국은 특히 코로나19를 종식하기 위한 치료제와 백신 개발에 나노기술을 적극적으로 활용하고 있다. 오래된 영화이지만 1993년 국내에서도 개봉되었던 미국의 리처드 플레이셔 감독의 〈바디캡슐〉(Fantastic Voyage)에 적혈구 크기만큼 줄어든 잠수함이 등장한다. 뇌사상태에 빠진 과학자를 구하기 위해 특수요원들이 축소된 잠수함을 타고 환자의 몸에 들어가 뇌수술을 한다는 스토리다. 나노 입자가 개발되면 혈액 안에 투입하여 암세포를 골라 죽이거나 종양의 위치를 파악하여 치료하는 것이 더는 영화 속의 일만은 아닐 것이다. 의료용 나노 로봇은 건강 검진이 필요 없는 미래를 만들어낼 수 있다. 세포보다 작은 나노 크기로 제작된 로봇은 인체 내부로 주입된 후, 몸속의 작은 의사가 되어 우리 몸속을 순찰하며 이상이 발견되면 즉시 임무를 수행할 것이다.

최근 나노기술은 진화를 거듭하여 유전자 공학, 에너지, 신소재 등 다양한 부문에서 활약 중이다. 세탁기, 에어컨, 공기청정기 등 항균 기능이 필요한 제품이나, 주름살 제거나 노화 방지 같은 기능성 화장품에도 활용된다. 호주의 수영선수 이안 소프(Ian Thorpe)는 상어의 비늘 구조를 응용하여 만든 전신 수영복을 입고 2000년 시드니 올림픽에서 수영 3관왕을 차지했다. 상어 비늘 모양을 본떠 만든 전신 수영복은 물이 표면에서 쉽게 흐르도록 만들어 저항을 획기적으로 줄였다. 나노기술은 또한 인체의 신비를 밝히는 데도 기여하고 있다. DNA 편집을 통해 내가 원하는 대로 아이를 가질 수 있고, 불로장생의 꿈에도 한 발 다가서고 있다. 오늘날 컴퓨터의 매우 큰 메모리 용량과 작은 크기의 USB 역시 나노급 메모리 소자 개발이 가능했기 때문에 이루어진 성과이다.

똑똑한 공장 스마트 팩토리

'스마트 팩토리'는 말 그대로 '똑똑한 공장'이다. 제품을 조립·포장하고 기계를 점검하는 모든 과정이 자동으로 이루어진다. 설계부터 유통에 이르기까지 디지털 자동화 솔루션이 결합된 정보통신기술(ICT)을 적용하여 공정을 점검하고 제품을 검증함으로써 생산성과 품질, 고객 만족도를 향상하는 지능형 생산 공장을 말한다.

스마트 팩토리에서는 모든 설비와 장치가 무선통신으로 연결되기 때문에 실시간으로 전 공정을 모니터링하고 분석할 수 있다. 사물 인터넷(IoT) 센서를 카메라에 부착하여 데이터를 수집하고, 이것들을 플랫폼에 저장하고 분석한다. 그다음 이를 기반으로 어디서 불량품이 발생하였는지, 이상 징후가 보이는 설비는 어떤 것인지, 생산 과정에 문제는 없었는지 등을 인공지능이 파악하게 하여 전체 공정을 제어하게 된다. 로봇과 인공지능, 사물인터넷 등 정보통신기술(ICT)의 융합으로 이뤄지는 이 같은 특성 때문에 스마트 팩토리는 4차 산업혁명의 상징으로 간주된다.

스마트 팩토리와 공장 자동화는 비슷한 것 같지만 다르다. 공장 자동

효율성을 극대화해주는 스마트 팩토리

화는 제조 과정에서 사람의 개입을 최소화하여 무인화 공장을 지향하는 데 반해, 스마트 팩토리는 전체 공정의 과정을 정보통신기술로 통합해 사람과 기계를 유기적으로 연결하는 방식이기 때문이다. 예를 들어 공장 자동화는 19세기 미국이나 독일의 자동차 조립 공장이나 철강 공장을 떠올리면 된다. 찰리 채플린의 영화 〈모던타임즈〉에 나오는 장면들이 자동화된 공장의 단면이라 할 수 있다. 사람과 기계가 제조 과정의 부속품처럼 되어 일하고 사람은 기계의 속도에 맞추느라 허둥대는 장면이 떠오른다.

반면에 스마트 팩토리는 기계에 IoT 센서를 부착하여 중앙처리장치(CPU)의 인공지능과 통신망으로 상호 소통하게 하며, 수시로 공정의 단계를 변경할 수 있고 제어할 수 있다는 점에서 기계적인 자동화와는 차원이 다르다. 사람과 기계를 유기적으로 연결한 자동화를 통해 최상의 생산성을 유지하고 통합적인 효율성을 극대화할 수 있다는 점에서 차이가 있다. 이로써 스마트 팩토리는 최적의 비용과 시간으로 고객의 요구에 딱 맞는 맞춤형 생산도 가능해졌다. 과거 생산자 주도로 이루어지던 소품종 대량생산의 제조 방식은 이제 소비자가 주도하는 다품종 유연생산의 제조 방식으로 빠르게 변화하고 있다. 스마트 팩토리는 이런 변화에 긴밀하게 대응할 수 있는 고도의 지능형 공장이다.

스마트 팩토리의 한 축으로 무인운반로봇(AGV)을 빼놓을 수 없다. AGV란 사람이 직접 조작하지 않고 자동으로 짐을 운반하는 로봇으로 주로 공장이나 물류센터 등에서 물건을 나를 때 이용된다. 2022년 7월 경남 창원에서 열린 제14회 한국 국제기계박람회의 풍경을 돌아보자. 한국 엡손이 공개한 로봇 '스카라'는 가로·세로 길이가 약 1센티미터인 주사위를 운반했다. 그러고는 각각 알파벳과 점이 그려진 주사위를 따로 분류하여 정렬했다. 그 뿐이 아니다. 점이 그려진 주사위는 점의 개수에 따라 정렬했다. 로봇의 기능이 얼마나 발전했는지 실감하게 해준 장면이었다. 마침내 로봇의 능력이 사람이 하지 못하는 위험한 일이나 정교한 작업을 대신할 수 있는 수준에 도달한 것이다. 1988년에 설립된 회사인 유진 로봇도 자율주행 물류 로봇 '고카트(GoCart) 180·250'을 선보였는데, 이 로봇 역시 국내외 물류센터는 물론 병원, 식당 등에서 활용되고 있다.

CPS(사이버 물리 시스템)

CPS(Cyber Physical System)는 '가상물리시스템'이라고도 하며 우리가 살아가는 현실 세계의 물리적 실체와 컴퓨터 사이버 환경의 가상세계가 연동된 시스템을 말한다. 모든 사물이 서로 연결되어 정보를 교환하는 사물인터넷에서 컴퓨팅을 이용한 사이버 세계와 현실의 물리 세계가 IT

기술과 네트워킹을 통해 유기적으로 소통하게 만들고, 이를 통해 현실에서의 최적화를 목표로 자동적·지능적으로 제어하는 시스템이다. 다시 말해 현실과 가상 데이터를 융합·분석하고, 분석 결과로 도출된 데이터를 현실 세계에 환류하여 목적을 달성하는 시스템이다

쉽게 생각해보자. 우선 가상(Cyber) 환경과 물리(Physical) 환경을 구분해야 한다. 가상 환경은 컴퓨터 프로그램이 만든 세상이다. 컴퓨터 게임으로 바둑을 두거나 축구를 할 때 우리는 컴퓨터가 만든 가상의 세계에 있는 바둑판이나 축구장을 사용한다. 물리(Physical) 환경은 시간의 흐름 속에서 운용되며, 물리적 법칙에 따라 보고 듣고 느끼는 우리의 현실이다. 이러한 가상의 세계와 물리적 현실의 세계를 연결하여 무언가를 목적으로 얻어낼 수 있도록 고안해낸 시스템이 바로 '가상물리시스템'이라 생각하면 된다.

이것은 그렇다면 어떤 과정을 거칠까? 현실에는 보고 듣고 느끼는 물리적인 정보가 있다. 이러한 정보는 데이터로 정형화하여 사물인터넷 등을 통해 수집되고 다시 컴퓨터의 가상세계인 클라우드에 실시간으로 연결되고 저장된다. 네트워크로 연결된 다수의 기기와 센서들이 하나의 시스템으로 동작하며 현실 세계의 정보를 수집하고 분석해 가상세계인 컴퓨터에서 올려놓은 것이다. 그런 다음 가상세계에서는 이 데이터를 기반으로 시뮬레이션이 진행된다. 이를 테면 예행 연습을 하거나 문제를 풀어보는 것과 같다. 이 과정을 거쳐 최적의 답변과 결과를 찾아낸 다음, 이를 다시 현실 세계로 보내어 우리가 보고 듣고 느끼게 해준다. 그런데 이 같은 과정은 필요한 경우 시차 없이 동시에 일어남으로써 우리가 현실 세계에서 다양한 변화에 대처할 수 있게 해준다.

116

너무 어렵게 생각할 것 없다. 우리가 현재 사용하고 있는 스마트폰이나 스마트 기기, 사물인터넷을 사용하는 디바이스, 스크린 골프도 초보적인 가상물리시스템이라고 보면 된다. 다만 스마트 시스템에서 가상물리시스템이라고 불릴 수 있는 정도라면 독립적으로 작동하고 외부의 다른 시스템과 소통하고 반응할 수 있다는 것이 다르다.[27]

일례로 무인 자율주행차의 경우를 보자. 먼저 자동차에 달린 카메라나 센서 등을 통해 물리적인 현실의 정보, 예컨대 바깥 온도, 날씨, 앞차의 정체 상황 등을 취득한다. 다음은 통신망을 통해 가상세계인 날씨 앱이나 국가교통정보센터 뉴스 등을 알아보고 수집한 정보와 결합하여 최적의 답안을 찾아내고 이를 통해 자동차를 효과적으로 제어한다. 이를테면 눈이 많이 내려 도로의 노면이 좋지 않으면 자율주행 자동차의 타이어가 마찰력을 높인다든지, 외부 간선도로가 막혔다면 우회로를 보여준다든지 하는 식으로 현실 세계의 정보와 가상세계의 정보를 결합하여 보다 유리한 쪽으로 실행하는 것이다.

가상물리시스템은 최근 4차 산업혁명에 대한 관심이 높아지고 있는 가운데 의료 및 헬스케어, 에너지, 항공, 교통, 수자원 관리 및 기초시설 등 국가의 핵심 인프라를 비롯하여 국방에 이르기까지 광범위한 분야에 널리 활용되고 있다. 또한 정보통신기술을 통해 게임, VR/AR 등의 타 분야와 연계가 가능하여 파급효과가 크다는 특징이 있으며, 무인자동차, 무인항공기 등 조립 산업이 CPS로 진화함에 따라 자율제어를 위한 시스템, SW 부품 수요도 폭발적으로 성장할 것으로 예상된다. 스마트

---

27 〈Linkedin〉, "가상물리시스템이란 무엇인가?" 최형식, 2016년 8월 3일.

팩토리, 스마트 홈, 스마트 그리드[28], 자율주행 자동차 등 미래로 가는 길목에는 모두 CPS가 자리하고 있다고 해도 과언이 아니다. 한편 가상 물리시스템과 비슷하지만 다른 것이 바로 디지털 트윈[29]이다. 이 둘은 가 상세계와 현실 세계 상호 간에 이루어지는 정보전달과 활용이라는 공통 점 덕분에 함께 주목받고 있다. 그러나 CPS가 현실 세계의 정보를 통해 기기를 제어하고 모니터링하는 데 집중한다면, 디지털 트윈은 여기에서 더 나아가 현실 정보를 기반으로 가상세계에 현실과 똑같은 환경을 구 현하는 기술이라는 점에서 차이가 있다.

---

[28] 기존의 전력망(Grid)에 정보통신 기술(ICT)을 접목하여 고품질의 전력 서비스를 제공하고 에너지 이용의 효율을 극대화하는 지능형 전력망을 말한다(Science On/KOSEN-코센리포트).

[29] 디지털 쌍둥이 또는 가상세계 쌍둥이라고도 하며 가상공간인 사이버 세계에 물리적 사물 을 똑같이 만들고 시뮬레이션을 통해서 검증하는 첨단 기술이다(chapter3 참조).

Chapter 3

이미 도착한 미래

기술과의 공존

로봇 카페 '비트'와 닭 튀기는 로봇

2018년 스마트 공항을 지향하며 문을 연 인천공항 제2청사에는 로봇 카페 '비트'가 있다. 카페 비트에는 라이트 형제의 퍼스트 네임인 오빌(Orville Wright, 1871~1948)과 윌버(Wilbur Wright, 1867~1912)를 딴 이름의 노동자 로봇이 있다. 세계 최초로 동력 비행에 성공한 라이트 형제의 이름을 로봇에게 붙여준 작명 센스가 돋보이는데, 현재 고속도로 휴게소 등 전국 각지에 설치되어 운영 중이다.

비트는 무인 카페로 운영된다. 여기서 일하는 로봇은 고객이 커피를 주문하면 45초 만에 한 잔씩 6시간 이상 쉬지 않고 커피를 만든다. 프랜차이즈 커피전문점 '달콤'을 운영하는 다날그룹의 24시간 무인 로봇 카페인 비트의 매장 수는 1호 점을 개점한 지 4년도 채 되지 않아 130호 점까지 늘어났다.

한국인의 최애 간식인 프라이드치킨을 만드는 로봇도 있다. 이 로봇은 긴 팔을 이용해 생닭 조각들이 담긴 튀김 바구니를 집어 들어 뜨겁게 달궈진 기름통 안에 넣고 치킨을 튀긴다. 로봇이 작업을 하기 때문에 닭의 양이나 튀김기의 온도, 조리 시간 등이 정확하고 일관성 있다. 로봇은 뜨거운 기름 앞에서 장시간 일할 수 있을뿐더러 상해의 위험도 없다.

교촌 치킨은 2021년 8월 '닭 튀기는 로봇'을 도입한 첫 가맹점의 문을 열었다. 이 로봇은 1차 기본 튀김 이후에 치킨의 바삭한 맛을 더하는 난도 높은 조리 과정인 2차 튀김을 맡도록 설계되었다. 단 10초의 오차만 생겨도 맛이 달라진다는 튀김의 어려움을 극복하게 해준 로봇의 등장! 교촌 치킨은 향후 조리 전 과정에 대해 자동화 시스템을 구축한다는 계획이다.

이처럼 식품 업계의 일손을 덜어주고 안전사고 발생을 줄여주는 '푸드 로봇'이 잇달아 등장하고 있다. 단순히 주방 일을 거드는 단계를 넘어 거의 중추적인 역할을 한다는 평가도 나왔다. 그 뿐만이 아니다. 식당에 들어서면 로봇이 손님의 주문을 받고, 요리하고, 서빙까지 하는, 영화에서나 볼 법한 장면들이 현실화했다. 비용 절감과 대중화를 위해 로봇도 정수기나 넷플릭스처럼 구독하는 시대다. 머잖아 가정에서도 주방일을 하는 로봇을 볼 수 있을 것 같다. "헤스티아[30] 오늘은 T-본 스테이크랑 샐러드, 레드 와인, 어때?"

로봇, 배달의 시대를 접수하다

로봇이 배달하는 시대가 왔다. 배달의 민족 앱이 운영하는 '딜리 드라이브'는 주거 단지 내 식당에서 집까지 배달해주는 로봇이다. 2020년

---

30 헤스티아(그리스어: Εστία)는 그리스 신화에 나오는 신들 가운데 하나로 화덕을 지키고 가정의 질서를 담당하는 여신이다. 로마 신화에 등장하는 베스타(라틴어: Vesta)와 동일시된다. 그녀의 이름은 그리스어로 화덕을 뜻한다(위키백과).

배달의 기수 "나는 배달 로봇입니다.

8월 광교 주상복합 단지에서 시범 운행을 시작한 딜리 드라이브는 구역 안의 지정 주차장에 있다가 주문이 들어오면 식당으로 가서 음식을 받아 고객이 사는 아파트 1층으로 배달한다.

　딜리 드라이브는 사람이 걷는 속도와 비슷한 속도로 움직이는데 오르막도 잘 오르고 길을 가다가 사람이 튀어나오면 잠깐 멈췄다가 가기도 한다. 무인 자율주행차의 배달 로봇 버전인 셈이다. 앱에서 버튼을 눌러야 뚜껑을 열 수 있는 구조이므로 통째로 '들튀'하지 않는 한 누가 음식을 훔쳐 갈까 봐 걱정할 필요 없다.

　'딜리 타워'도 우아한 형제가 출시한 자율 배송 로봇이다. 딜리 드라이브와 달리 아파트 1층에 고정 배치되어 배달 업무를 수행한다. 예를 들어 아파트 입주민이 배달의 민족 앱으로 주문하면 배달원이 1층 건물에서 음식을 딜리 타워에 건네주고, 이후 딜리 타워는 무선 통신으로 공동 현관문을 열고 엘리베이터를 누른 후 층수를 입력한다. 종래 배달원이

하던 대로 일하는 셈인데, 엘리베이터를 탈 때 "저 이번에 탈게요" "가운데 자리를 비워주세요" "사람이 너무 많네요. 다음에 다시 탈게요" 등 상황을 감지하여 의사 표시를 한다. 주문 세대 현관 앞에 도착하면 주문자에게 전화를 걸거나 도착 알림 톡을 보낸다. 연락을 받고 나온 주문자는 로봇에 전화번호를 입력하여 뚜껑을 열고 주문한 음식을 꺼낸다. 첫 서비스는 2021년 7월 영등포에 있는 주상복합 아파트인 포레나 영등포에서 시작되었다.

인공지능 로봇에게 감정이 생겼다고?

'나오미'는 IBM이 인공지능 '왓슨' 기술을 바탕으로 만든 로봇이다. 사물과 사람을 인식하고 성격까지 분석해준다. 구글에 알파고가 있다면 IBM에는 왓슨이 있다. 왓슨은 과거 체스 대회, 퀴즈 쇼에서 인간을 꺾은 인공지능으로 알파고보다 먼저 유명세를 탔는데, 현재 금융, 의료, 패션, 법률 등 각 분야에서 인간의 전문성을 대체하여 서비스를 개선하고 효과를 증폭하는 역할을 도맡고 있다.

왓슨은 AI 소프트웨어로 일본 소프트뱅크사의 로봇 '페퍼'에 의해 '몸'을 가지게 되었다. 페퍼는 사람들과 대화하며 춤을 추고 은행 업무도 보는데, 몇 해 전부터는 오스트리아로 수출되어 치매 환자를 위한 돌봄 프로젝트에 활용되고 있다. 이제 인공지능 왓슨을 탑재한 페퍼는 의료, 공공, 교육, 금융 등 전 세계 36개국 29개의 산업 분야에서 다양하게 활용되고 있으며, 160개의 대학에서 5만 명의 학생들과 만나며 인공지능 조

교 역할을 톡톡히 해내고 있다.[31]

왓슨과 관련된 매우 특이한 동영상이 하나 있다. 인공지능 왓슨의 기술로 만든 로봇 나오미에게 몇 번이고 플라스틱 벽돌을 쌓게 한 다음 그것을 부수어 넘어뜨리도록 명령했다. 그랬더니 나오미가 마치 사람처럼 행동하는 게 아닌가? 곧바로 벽돌을 넘어뜨리는 게 아니라 망설이며 한참 고민하는 모습을 보여준 것이다. 그러고는 열심히 세운 거라면서 무너뜨리기 싫다는 의사를 몇 번이고 밝혔다. 하지만 사람이 계속 명령하자 할 수 없다는 듯이 벽돌담으로 다가가더니 '끄억 끄억' 울음소리 같은 괴성을 지르며 고개를 숙인 채 결국 벽돌담을 무너뜨렸다. 신기하기도 하지만 섬뜩한 느낌이 들었다. 한편으론 가슴이 먹먹해졌다. 인공지능에게도 인간의 감정과 비슷한 무엇인가가 있다는 뜻일까?

> **"로봇에게 인간의 감정이 생긴다면?"**_⟨스타트업스 코리아⟩
>
> https://www.youtube.com/watch?v=RATYTLa90nM
>
>

---

[31] ⟨The Science Times⟩, "IBM의 인공지능 로봇 '나오미'", 김은영 객원기자, 2016년 5월 13일.

다양한 분야에서 활동하는 로봇들

달이

현대자동차도 스마트 모빌리티 솔루션 기업으로 사업 다각화를 선언하며 자체 개발 로봇을 선보였다. 주주총회에 등장한 '달이'라는 이름의 로봇은 얼굴을 인식하고, 자연어(natural language)[32]로 대화할 수 있고, 자율 이동이 가능한 로봇이다. 달이는 현대자동차 송파대로 지점에서 방문고객을 상대로 전시 차량을 설명하고, 사진 촬영에 협조하는 등 고객 응대 업무를 원활히 해내고 있다.

로스

IBM이 만든 세계 최초의 인공지능 변호사다. 현재 미국 뉴욕의 대형 로펌에서 파산 전문 변호사로 일하고 있는데, 책 100만 권 분량의 빅 데이터를 바탕으로 법률 상담을 해준다. 로스도 자연어를 다룰 수 있다. 자연어를 처리할 수 있다는 것은 곧 사람들이 일상에서 사용하는 언어를 이해할 수 있다는 뜻이다. 덕분에 의뢰인이 법률회사 직원들에게 말하듯이 로스에게 질문하면, 로스는 관련 법 조항, 과거 판례 및 2차 자료 등을 분석해 답변해준다. 1초에 80조 번 연산하기, 1초에 10억 장의 문서 분석하기 등 로스의 능력은 상상을 초월한다. 혼자서 수백 명의 변호사가 몇 날 며칠 할 일을 해내는 것도 놀랍지만, 로스가 분석한 자료

---

[32] 컴퓨터에서 사용하는 프로그램 작성 언어 또는 기계어와 구분하기 위해 인간이 일상생활에서 의사소통을 위해 사용하는 언어를 가리킨다. 컴퓨터 환경에서 자연 언어를 이해하고 모방하는 것이 인공지능 분야의 주요 목표 중 하나다.

여러 분야에서 다양한 활동을 하는 로봇들

의 수준이 웬만한 인간 법조인의 법률자료보다 뛰어나다고 하니, 그 능력의 한계치가 어디일지 가늠이 되지 않는다.

홍콩 카지노 AI 딜러

홍콩에선 여성들이 주로 하던 카지노 딜러 자리를 로봇이 대신하고 있다. 홍콩 파라다이스 엔터테인먼트는 몇 해 전부터 여성 카지노 딜러 대신 로봇 딜러를 배치했다. 카지노에 투입된 여성형 로봇은 안면 감식 및 여러 나라의 언어 구사 기능을 추가해 일반 딜러 못지않은 스마트한 AI 로봇 딜러로 환영받고 있다. 호텔리어는 물론 카지노 딜러, 휴대폰 판매원 등 영업직까지 AI 로봇이 사람의 일자리를 대체하고 있다.

로드 어드바이저

주식투자의 귀재는 인간이 아니라 AI였다. 이제는 주식에 투자하는 많은 사람이 투자자의 성향과 정보를 토대로 알고리즘을 활용해 자문 및 관리 서비스를 제공하는 AI 기반의 로드 어드바이저에게 돈을 맡기고 있다. 국내 최대 로드 어드바이저 업체 '파운트'는 2020년 말 기준으로 1년 이상 투자자의 누적 연 환산 수익률 12.04퍼센트를 기록했다. 여타 펀드와 비교할 때 최고 수준의 수익률이다.

AI 통화 비서

국내에도 고객과의 소통을 전담하는 AI 직원 채용 열풍이 뜨겁다. AI 직원은 월 2만 원 대로 고용 비용 부담이 없으므로 1인 기업 소상공인에게 매우 매력적이다. 고객과 소통할 직원을 채용하자니 급여 부담이 크고, 혼자서 전화 받고 일하고 거의 모든 일을 해내자니 벅차기만 했는데, 인공지능 통화 비서가 이런 고민을 단박에 해결해준 셈이다. 대구시내 300여 개 민간 어린이집도 AI 비서를 고용했다. 이처럼 AI 통화 비서는 이제 식당은 물론 학원, 부동산 등 다양한 업종에서 인기를 끌고 있다. KT에 따르면 AI 통화 비서는 직접 서비스를 체험한 소상공인을 중심으로 입소문을 타면서 자연스레 수요가 늘어날 것으로 보고 있다. 2022년 4월 기준 가입자 수는 이미 2만 명을 넘어섰다. AI 통화 비서는 인사말이나 메뉴 등 필요한 것들을 사용자가 입력하는 대로 안내하기 때문에 언제든지 내용의 수정 보완이 가능하여 사용이 편리하다.

인공지능, 예술의 문턱을 넘다

최근 딥러닝의 발전은 주목할 만하다. AI가 사물 인식은 물론 질의 응답, 음성합성 등 여러 영역에서 인간에 버금가는 활약상을 보여주었기 때문이다. 특히 음성합성기술(TTS) 능력은 놀랍다. 이 기술을 통해 AI 가수도 가능하게 되었다. 그 예로 이교구 서울대 융합과학기술원 교수는 AI 가수가 전설적인 록그룹 퀸의 프레디 머큐리 목소리로 싸이의 〈강남 스타일〉을 부른 것과 김광석의 목소리로 퀸의 〈보헤미안 랩소디〉를 부른 것을 들려줬다. 듣고 있노라니 인공지능이 창작과 예술 분야를 넘보는 순간을 맞닥뜨린 것 같아 말로는 다하지 못할 감흥과 신기함을 느꼈다. SBS는 신년특집 방송(2021.01.29.)으로 〈AI 대 인간의 대결〉이라는 음악 프로그램을 기획하고 가수 옥주현이 AI와 겨루는 장면을 방영했다. 본격적인 대결에 앞서서는 고인이 된 김광석 씨의 목소리로 다른 가수들의 노래를 부르는 모습을 방영하기도 했다.

우리는 사실 예술 분야만큼은 AI가 인간을 따라잡을 수 없을 거라고 예단해왔다. AI가 지능 면에서는 고도의 수준을 보여주지만, 예술을 창작하는 능력만큼은 기계적으로 갈고닦은 지능이 해결할 수 있는 이슈가 아니라고 생각한 탓이다. 예술은 단순히 정보를 입력해서 나오는 것이 아니라 뛰어난 상상과 창의력을 요구하는 분야여서 AI가 넘볼 수 없다는 게 정론이었다. 다빈치나 셰익스피어나 모차르트 같은 세기의 예술가들은 신이 내린 재능을 선물로 받은 것이라 여겨 온 터다. 그러나 사람들의 추측은 너무도 쉽게 무너져버렸다. 어떤 일들이 벌어지고 있는 것일까?

홍콩의 경매시장에서는 인공지능 소피아가 그린 자화상이 한화로 무려 7억 8,000만 원에 낙찰됐다. 소피아는 생중계된 인터뷰를 통해 "매우 큰 성공이라고 생각한다"라고 하면서 "내 작품이 이처럼 큰 가치로 평가받았다는 사실에 무척 행복하다"고 소감을 전했다. 이 그림은 블록체인 기술을 적용해 디지털 콘텐츠의 소유권과 진품 여부를 보증할 수 있는 '가상 인증서'로 콘텐츠마다 자신만의 고유한 표식을 넣어 위조나 변조를 불가능하게 한 것이 특징이다.

이제 인공지능이 신문 기사를 쓰고, 노래를 부르고, 작곡을 하고, 소설을 쓰고, 그림을 그리는 세상이다. 다음에 소개하는 글은 〈일본경제신문〉(니혼게이자이 신문)에서 주최한 호시 신이지 문학상의 공모전에 출품되어 뽑힌 인공지능이 쓴 "컴퓨터가 소설을 쓰는 날"이라는 제목의 단편소설 일부이다.

그날은 구름이 낮게 깔리고 어두침침한 날이었다. 방안은 항상 최적의 온도와 습도, 요코 씨는 칠칠치 못한 모습으로 소파에 앉아 의미 없는 게임으로 시간을 끌고 있다. 그렇지만 내게는 말을 걸지 않는다. 아아, 따분하다. 따분해서 어쩔 수 없다. 내가 처음으로 이 방에 들어왔을 때엔, 요코 씨는 무어라 내게 말을 걸어주었다. "오늘 저녁은 뭐가 좋을까?" "요즘 유행하는 옷 알려줘" "오늘 동창회는 뭘 입고 갈까?" 나는

최대한 그녀의 마음에 들 만한 대답을 짜냈다.[33]

AI가 부활시킨 故 김광석 목소리로 울려 퍼지는 <보고 싶다>

https://www.youtube.com/watch?v=NxQSxMOOkkY

사람 화가, 인공지능 화가

영혼이 없는 AI의 작품을 독창적인 예술로 봐야 하느냐에 대해서는 의견이 분분하다. 아직은 AI가 인간의 상상력과 창의력을 돕는 매개체일 뿐이라는 시각이 지배적이기도 하다. 미디어 아티스트 '뮌'(김민선·최문선)은 "AI 작가 시대는 시기상조다. 단순히 눈에 보이는 예쁜 이미지를 떠나서 작가의 작업 여정이 작품 가격에 반영된다. 어떻게 그 작품이 나왔는지 뒷이야기가 필요한데 AI는 삶이 없다"라고 하면서 부정적인 의견을 전했다.

주사위 그림으로 잘 알려진 극사실주의 화가 두민과 AI 전문기업 '펄스나인'의 인공지능 화가 이매진 AI가 협업한 작품 '공동체'(Commune with)가 몇 해 전 공개되어 화제를 모았다. 인간과 AI가 함께 완성한 최초의 그림으로 수면 위 독도는 두민 작가가 서양화 기법으로, 수면 아래는 이매진 AI가 동양화 기법으로 표현했다. 인간과 인공지능의 협업이

---

33 나무위키

예술의 분야에도 들어선 것이다.

인공지능 화가(앱)는 우리가 선택한 그림이나 사진을 원하는 유명 화가의 기법으로 바꾸어주는 일도 하고 있다. '프리즈마' 같은 스타일 트랜스퍼(Style Transfer) 앱은 콘텐츠 이미지와 스타일 이미지가 있을 때, 콘텐츠 이미지의 콘텐츠를 유지하면서 스타일 이미지의 스타일로 변환한다. 자신의 얼굴 사진을 놓고 고흐의 그림을 지정하면 고흐가 그린 초상화로 나오고, 피카소의 그림으로 지정하면 피카소가 그린 얼굴로 나온다. 추억이 깃든 모든 사진을 만화나 애니메이션 형태로 얼마든지 바꿀 수도 있다. 이러한 과정을 통해 누구든 클릭 몇 번으로 자신만의 개성 있는 그림을 가지게 되는데 이 또한 일종의 창작으로 누구든 예술가가 될 수 있다는 것이다.

사진이나 그림이 없어도 글자(텍스트)를 써넣어 지시하면 이를 바탕으로 이미지를 만들어주는 시스템도 있다. 미국 인공지능 연구소 '오픈AI'의 'DALL·E2'(달리2)는 애니메이션 영화 〈월-E〉(WALL-E)와 초현실주의 화가 살바도르 달리에서 따온 이름이다. AI를 이용해 예를 들어 "바나나 모양의 책상"이라고 지시하면 디지털 이미지로 구현해주는 시스템이다. "보석 같은 꽃" 등 지시에 따라 나타내주는 이미지들이 너무도 환상적이라서 인간의 예술성을 초월하는 느낌마저 든다. 오픈AI 연구소는 달리가 "자연 언어로 이뤄진 묘사를 바탕으로 현실적인 이미지와 예술작품을 생성할 수 있다"고 설명한다.

무인점포 시대의 개막

'아마존 고'는 무인 판매 편의점이나 슈퍼마켓 안에 있는 기존 무인 판매대와는 차원이 다르다. 지금까지 무인점포라고 하면 바코드나 전자태그 기술을 이용해 직원이 할 일을 고객이 대신하는 개념으로 이해하곤 했다. 그런데 아마존 고는 아예 계산대와 결제 단말기가 없다. 계산은 누가, 어떻게 하는 걸까?

아마존 고의 고객들은 입장 시 스마트폰의 앱으로 코드를 찍고 필요한 물건들을 가방이나 장바구니에 담은 다음 매장을 빠져나오면 된다. 카메라와 센서가 고객의 동선을 파악해서 물건을 집으면 앱의 장바구니에 넣고, 다시 돌려놓으면 앱의 장바구니에서 없애는 방식으로 관리된다. 그렇게 장을 다 보고 밖으로 나가면 잠시 후 스마트폰 앱을 통해서 자동으로 결제가 되고 영수증이 전송된다.

무인점포 시대는 이미 시작되었다. 한국에서 2021년 문을 연 여의도 '더 현대 서울' 백화점에는 아마존 웹 서비스와 협업하여 오픈한 무인 매장 '언커먼 스토어'가 입점해 있다. 이곳은 1년 만에 누적 방문객 10만 명을 돌파했고, 하루 평균 250명이 매장을 찾는다. 주말에는 입장 대기 순번이 800번 대까지 이어지는 등 시민들의 호기심이 증폭되는 중이다.

GS25도 을지로 스마트점을 시작으로 대학 기숙사 등에 24시간 무인 편의점을 열고 있다. 롯데리아는 비대면 무인기기를 적용한 스마트 스토어 'L7 홍대점'을 오픈했다. 고객은 매장 입장부터 퇴장까지 직원과의 대면 과정 없이 원스톱 주문으로 목적을 달성한다. 드링크, 커피 메뉴 역시 셀프 존으로 구성해 매장 이용 동선을 최소화했다. 배스킨라빈스도 모든 서비스를 완전히 비대면으로 제공하는 무인매장 '플로우'(flow)를 론칭하고 2호점을 서울 도곡동에 오픈했다.

TIP 무인 편의점

국내 무인 편의점은 무인(無人)형과 하이브리드형으로 나뉜다. 무인형은 24시간 무인으로 운영된다. 하이브리드형은 낮에는 직원이 상주하고, 심야 시간에만 무인으로 운영된다. 아직은 하이브리드형 매장이 완전한 무인 매장보다 더 빠르게 확산되고 있다. 현재 국내 주요 편의점 중 네 군데 회사가 운영하는 전국의 하이브리드 매장은 약 2천여 개에 달한다. 국내 편의점 업계는 자동 발주와 셀프 결제 시스템 등 무인 매장에 적합한 기술을 앞세워 무인 편의점을 늘려가는 중이다.[34]

34 〈아이뉴스24〉, "거세지는 무인화 전쟁⋯최후 승자는 어디?", 김승권 기자, 2022년 1월 12일.

열쇠도 비밀번호도 필요 없다

열쇠도 필요 없다. 비밀번호도 필요 없다. 자동차나 주택의 도어나 핸들을 잡기만 하면 본인이 확인되고 문이 열린다. 카메라에 찍힌 얼굴만으로 누군지 파악하고, 사람들의 눈을 스캔해 출입을 허가한다. 스마트폰에 손가락만 대면 바로 은행 업무를 볼 수 있다. 급기야 여권이 없어지고 목소리로 대신할 날도 올 것이다.

'히타치'(Hitachi)는 도어 핸들을 잡는 것만으로 손가락의 정맥 패턴을 순간적으로 확인하여 본인을 인증하는 그립형 손가락 정맥인증기술을 개발했다. GS건설이 지은 포항의 한 아파트에는 국내업체인 '파이브지티'(FiveGT)에서 개발한 얼굴 인식기가 출입증을 대신한다.

바이오매트릭스(biometrics)는 하나 이상의 고유한 신체적, 행동적 형질에 기반하여 사람을 인식하는 방식을 두루 가리킨다. 생체 인식, 바이오인증, 생물 측정학, 생체 측량 등 다양한 용어로 번역된다. 바이오메트릭스에 쓰이는 신체적 특성으로는 지문, 홍채, 얼굴, 정맥 등이 있으며 행동적 특성으로는 목소리, 서명 등이 있다.

모든 영역에서 보안의 중요성이 강조되면서 보안장비도 발전을 거듭하고 있다. 그러나 생체 정보는 변경할 수가 없다는 단점이 있다. 비밀번호나 공인인증서 같은 기존 인증수단의 경우 해킹 등을 통해 유출되더라도 변경하면 추가 피해를 막을 수 있었다. 하지만 생체인증은 재발급이 불가능하다. 한 번 등록하면 정정할 수가 없다. 자칫 누군가 이를 도용할 수 있는 방법을 개발하여 악용한다면 치명적일 수 있다. 가장 큰 장점이 최악의 단점이 될 수도 있다는 뜻이다.

사람을 인식하는 여러 가지 방식

가짜가 진짜가 되는 세상, 딥페이크

딥페이크는 인공지능 기술을 이용해 영상의 일부를 합성하는 기술, 혹은 그 결과물을 말한다. 인공지능의 한 분야인 '딥러닝'과 가짜를 의미하는 '페이크'를 합쳐 만든 조어이다. 이 기술은 지금까지는 주로 유명인을 비방하거나 개그맨들의 웃음거리 소재로 활용됐지만, 앞으로 정치인, 나아가 국가를 상대로 한 악의적인 활동에 충분히 이용될 가능성도 있다. 많은 전문가는 딥페이크로 불리는 가짜 동영상이 국가 안보를 위협하거나 선거 개입 같은 정치적인 문제를 오도할 수 있다며 우려를 표하고 있다.

얼마 전 트위터에는 전쟁 중인 우크라이나에 블라디미르 푸틴 러시아 대통령이 평화를 선언하는 것처럼 보이는 딥페이크 동영상이 등장했다.

메타와 유튜브에는 우크라이나 대통령이 러시아에 항복하겠다고 말하는 동영상이 게시되기도 했다. 젤렌스키 대통령은 공식적으로 이를 '유치한 도발'이라고 발표했지만, 우크라이나 전략 커뮤니케이션 센터는 러시아 정부가 딥페이크를 사용하여 우크라이나인들이 항복하도록 설득할 수 있다고 경고했다.

미국 스탠퍼드대학 국제안보협력센터(CISC) 앤드루 그로토 연구원은 "앞으로 1~2년 안에 진짜 동영상과 가짜 동영상을 구별하기 정말로 어려울 만큼의 딥페이크 기술이 발전할 것"이라고 진단했다. 이미 대충 만든 동영상이 악의적인 정치적 목적에 사용되는 현실을 보면, 이러한 우려는 현실이 되고 있음을 알 수 있다. 그러지 않아도 진짜와 가짜를 구분하기 힘든 세상인데 가짜 뉴스나 피싱 범죄가 더욱 정교해지고 육안으로 구별할 수 없다면 그 피해는 헤아릴 수 없을 것이다.

그럼에도 2021년 8월 출시한 딥페이크 앱인 '페이스플레이'는 한때 인스타그램과 유튜브를 제치고 1위에 오를 정도로 대중들의 관심을 받았다. SNS에서는 이 앱으로 만든 딥페이크 영상을 게시하고 공유하는 놀이까지 한창이다. 우리 일상에 자연스레 스며들어 MZ세대의 놀이터로 자리잡고 있는 이 같은 상황은 딥페이크가 여러 범죄에 악용될 수 있다는 점에서 심각하게 받아들여야 한다.

"우크라 대통령, 돈바스 반환 결정, 가짜 영상 누가…"

https://www.youtube.com/watch?v=PdojnAQE92U

'모나리자'를 찾아라, AI 비주얼 복원

콘텐츠 크리에이터 히드릴리 디아오(Hidreley Diao)는 자신의 SNS를 통해 모나리자, 빈센트 반 고흐, 모차르트 등 역사 속 인물을 현 시대의 실제 사람의 얼굴로 구현한 사진을 공개했다. 모나리자의 경우는 목에 붉은 스카프를 두르고 녹색 니트를 입은 긴 머리 여성 모습으로 구현되어 방금 사진을 찍은 우리 시대의 사람처럼 보인다. 자화상 그림으로만 남아 있는 화가 빈센트 반 고흐의 모습도 실제 사람의 모습으로 재탄생했다. 금발의 머리와 턱수염, 녹색 눈동자까지 그림 속 특징이 그대로 묘사되어 현재 살고 있다면 이런 모습이겠구나 생각하게 된다.

디아오는 이번 실사화 작업에 AI 프로그램 아트브리더(Artbreeder)와 페이스앱(FaceApp)을 활용했다고 설명했다. 아트브리더는 다양한 데이터를 스스로 학습시키는 딥러닝으로 얼굴, 풍경 등의 이미지를 생성시키는 프로그램이며, 페이스앱은 딥페이크 기술을 활용해 얼굴을 편집하는 앱이다.[35]

일본의 유튜버 오스시[おすし]는 유튜브 채널에 〈짱구는 못 말려〉의 등장인물들을 AI 프로그램으로 실사화한 모습을 공개해 화제를 모았다. 영화로 제작되어 전 세계적으로 흥행에 성공했던 〈트와일라잇〉 원작소설 여주인공 벨라 스완과 남주인공 칼라일 컬렌의 얼굴도 구현되었다. 아트브리더 사이트에 공개된 실사작업으로 영화에 나왔던 배우의 모습이 아니라 소설을 읽으면서 상상했던 주인공들의 모습을 만나게 된 원작 팬들은 뜨거운 반응을 보였다.

---

[35] 〈PPOMPPU 뉴스〉, "모나리자·고흐·모차르트 소름 돋는 실물 재현 사진", 황수미 기자, 2022년 1월 31일.

화가의 그림이나 초상화 또는 조각이나 동상을 통해 볼 수 있었던 역사 속 인물들이 인공지능 기술을 통해 현시대를 사는 사람의 모습으로 재현되거나, 소설이나 영화, 애니메이션 주인공이 실제 사람의 얼굴로 구현되는 것인데, 이러한 인공지능 앱들은 선택한 사진을 업로드한 뒤 원하는 스타일을 지정하기만 하면 '알아서' 환상적인 작품으로 만들어주는 수준까지 올라섰다. 여기에 AI의 비주얼 복원 기술은 갈수록 고도화하여 사진을 넘어 움직이는 영상으로도 제작되고 있다. 이제 인공지능 앱들은 스마트폰을 매개로 사람들의 일상생활 속으로 파고들어 전문가뿐 아니라 누구나 손쉽게 사용할 수 있는 제작 도구로 활용되고 있다. 동시에 딥페이크 기술이 악용될 우려에 처한 것처럼 아트브리더 같은 페이스 앱 역시 무분별한 사용에 대한 우려도 공존하고 있음을 간과해서는 안 될 것이다.

하늘을 나는 드론 택시

영화 〈제5원소〉에서 하늘을 마음대로 날아다니던 비행 택시를 기억하는 분들이 많을 것이다. 바로 그 상상 속의 택시가 여의도에 등장했다. 2020년 11월 서울 여의도 하늘을 7분간 비행했는데, 실제 비행에선 사람 대신 80킬로그램의 쌀 포대를 싣고 날았다. 이 드론 택시는 여의도에서 인천공항을 왕복할 예정으로 2030년 상용화 단계를 거쳐 2035년 대중화를 계획하고 있다. 요금은 상용화 초기에는 모범택시 수준을 웃돌다가 대중화 단계인 2035년에는 일반택시 수준인 2만 원까지 낮아질

것으로 보고 있다.[36]

자동차가 사라진 도시를 상상하기는 어렵지만, 하늘길을 이용하는 미래를 그려보는 건 어렵지 않게 되었다. 드론 택시, 에어 택시 등 빌딩 숲 사이로 하늘을 나는 플라잉카(flying car)의 등장이 가시권으로 들어왔기 때문이다. 2020년 정부는 한국형 도심항공교통 로드맵을 발표했다. 내용에 따르면 2025년 일부 노선에서 시범적으로 운영되고, 2035년에는 대중화가 가능하다. 프랑스는 2024년 개최 될 파리 올림픽에서 에어 택시를 운항할 예정이다.

과연 교통지옥이란 말은 사라질 것인가? 전 세계 200개가 넘는 기업

---

36 〈한겨레신문〉, "서울 하늘에 드론카 1천여 대 떠다닐 것"이라니, '머선129', 홍석재 기자, 2021년 2월 9일.

들이 하늘길을 선점하기 위해 플라잉카 개발에 나서고 있다. 중국의 지리 자동차는 플라잉카 '트랜지션'을 개발했다. 날개를 펼치면 비행기로, 접으면 도로를 달리는 자동차다. 스웨덴의 스타트업 기업인 젯슨은 전기로 작동하는 플라잉카 '젯슨 원'을 출시했다. 조종사 자격증 없이 운전할 수 있는 젯슨 원은 최대 15분까지 비행할 수 있다. 현재 한 대당 가격은 9만2000달러(약 1억900만 원)이다. 일본 혼다는 전기로 움직이는 수직 이착륙 항공기를 2030년 상용화할 계획이다. 플라잉카의 최대 장점은 활주로가 필요 없다는 점이다.

국내에선 현대자동차와 한화시스템이 초기 시장을 선점하기 위해 각축전을 벌이고 있다. 현대 차는 실물 크기 콘셉트 S-A1을 공개했다. 한화시스템은 2025년 경기 용인 터미널에서 서울 광화문까지 15분이면 이동할 수 있는 에어 택시 양산 및 시범 운행에 들어간다.

무인 자동차와 자율주행차가 몰고 올 사회변혁

미국의 인디 자율주행 레이스에서 무인 자율주행 레이서카가 시속 300킬로미터까지 달렸다. 중국은 베이징 올림픽 성화 봉송에 '바이두'라는 무인자동차를 등장시켰고, 일본에서는 세계 최초로 농업용 자율 무인자동차인 'R150'이 판매되고 있다. 우리나라 현대자동차도 2018년 '넥쏘'를 만들어 서울-평창 간 고속도로에서 시속 100킬로미터로 완전히 자율주행하는 데 성공했다. 현대 차는 이에 힘을 얻어 2025년 일반 도로 상용화를 추진 중이다.

상암동 월드컵 경기장에 가면 주변 지역을 순환하는 자율 택시를 만날 수 있다. 이 자율 택시들은 2022년 2월 상업 운행을 시작했다. 카카오 택시를 부르듯 스마트폰 앱으로 호출하여 이용하면 그만인데 요금은 2천 원이다. 자율주행이긴 하지만 아직은 돌발 사태에 대비해 사람(안전요원)이 운전석에 앉아 있다. 서울시는 DMC역에서 공원 지역을 순환하는 자율주행 버스 운행도 계획하고 있다. 강남대로와 테헤란로 일대에서는 또 다른 자율주행차 '로보택시'를 시범 운행하고 있고, 청계천에도 자율주행 버스를 운행할 예정이다.

성큼 다가온 자율자동차의 시대는 산업의 모든 분야에 많은 영향을 주고 있다. 우선 보험업계를 보자. 이들의 경우 사고가 줄어 이익이 늘어나는 것처럼 보이겠지만, 장기적으로 보자면 보험에 대한 소비자의 수요 자체가 줄어들 것이다. 먼 훗날의 이야기가 아니다. 보험업계는 이미 후불 보험제(사고 발생 시 운전자 책임인지, 자율주행 시스템의 불량인지를 확인 후 보험료를 부과하는 방식)를 도입하는 등 변화를 준비하고 있다.

자율주행차로 이동하며 숙박이 가능해진다면 호텔 산업도 큰 영향을 받을 것이다. 야간열차에서 침대칸을 이용하는 것처럼 말이다. 단거리 항공 노선을 이용하는 사람들도 도시 외곽에 위치한 공항까지 오가는 불편을 감내하기보다는 자율주행차를 선호하게 될 것이다. 부동산 시장도 영향을 피해갈 수 없을 것이다. 무인자동차와 자율주행차 상용화로 출퇴근이 편리해지면 굳이 집값이 높은 도심에 살 이유가 없어진다. 이렇게 되면 상대적으로 저렴한 비용으로 주거 만족도를 높일 수 있는 외곽지역이 선망의 대상이 되지 않을까? 주거 수요가 증가 추세를 이루다 보면 인구도 늘고 주변 환경 개선이 이루어질 것이다. 부동산 시장에도 변화가 생길 것은 당연한 결과다.

이동 중에 편히 식사할 수 있다는 무인자동차와 자율주행차의 이점은 드라이브 스루 등 요식 업계의 판도에 변화를 몰고 올 것이다. 차 안에서 보내는 무료한 시간을 타깃으로 광고업계와 엔터테인먼트 시장은 새로운 기회를 맞이하게 될 테고, 노인과 장애인 등 교통약자의 이동성도 탄력을 받아 소비 시장 증가로 이어질 것이다.

자율주행차는 인간이 가기 힘든 지역에 보급품을 전달할 수 있고, 필요하다면 부상자 이송도 가능하다. 격리와 이송 등, 감염 문제 때문에 인력을 투입하기 어려웠던 21세기형 재난인 코로나 팬데믹 같은 사태에서도 유용하게 쓰일 것이다. 예상보다 훨씬 빠르게 무인자동차와 자율주행차 시대가 열릴 경우 우리의 삶은 어떻게 변화할까? 차 안에서 잠을 자고, 식사하고, 화장하고, 책을 읽고, 리포트를 작성할 수도 있다. 이처럼 이동 중 발생하는 자투리 시간을 효율적으로 이용하다 보면 개인의 삶은 물론 사회 각 분야 역시 변화의 물결을 타게 될 것이다. 그 파급력이 어느 정도일지 궁금하다.

3D 프린터가 만드는 세상

앞서 우리는 3D 프린터로 다양한 물건을 제작할 수 있다는 것을 알았다. 작은 물건에서부터 자동차나 집까지, 하물며 먹는 음식까지 3D 프린터로 '뚝딱' 만들어내는 세상이다.

누구나 생산의 주체가 될 수 있게 해주는 3D 프린팅은 '제조업의 민주화' 시대를 예고하고 있다. 3D 프린팅이 확산되면 생산방식에 변화가 올 것이다. 자본주의는 대량생산 시스템을 통해 성장해왔다. 기술 발전과 대량생산으로 저렴한 값에 규격화된 상품을 만들어 얻는 이익이 부의 원천이었다. 대량생산 방식은 그러나 제품에 개성을 담을 수 없다는 점이 한계다. 정해진 틀에서 짧은 시간 안에 많은 양의 물건을 만들어야 했다. 그런데 경제가 성장하고 삶이 풍요롭게 되면서 남들과는 다른 것을 찾는 사람들이 늘고 있다. 이들은 다양성 가치를 존중하고 개성을 추구하고 있다. 특히 미래를 이끌어갈 MZ세대는 더욱 그렇다. 이런 사회문화에서 대량생산 방식은 약점이다.

반면 3D 프린팅은 이런 흐름에 적합하다. 보청기나 의족처럼 개인별로 꼭 맞는 제품이 필요한 분야에선 더욱 그렇다. 정밀한 소량 맞춤 생산이 가능하기 때문이다. 온라인 마켓이 결합하면 일이 좀 더 쉬워진다. 온라인을 통해 제품 디자인만 보내주면 전문회사가 제품을 3D 프린터로 제작해 배송해주는 것이다. 네덜란드의 기업인 '셰이프웨이즈'(Shapeways) 등이 이미 이런 활동을 하고 있다. 온라인을 통해 자신의 아이디어를 다른 사람들과 공유하면 더욱 혁신적 제품이 나올 수 있다. 집단지성의 힘이다. 온라인엔 국경이 없다. 아프리카나 북유럽 친구들이 내 아이디어를 더 발전시킬 수 있다. 온라인 번역기를 통하면 소통에도 문제가 없다.

3D 프린팅을 통해 제품은 살아 있는 생물처럼 진화한다. 제품 생산이 '제조'(manufacturing)에서 '인쇄'(printing)로 바뀌면서 벌어지는 일들이다. 누구나 생산자가 될 수 있는 시대는 부와 기회의 불평등을 개선하는데도 기여할 수 있다. 사업가로 가는 길이 넓어지기 때문이다. 한편 다른 기술들과 마찬가지로 3D 프린팅 역시 극복해야 할 과제도 많다. 3D 프린팅이 대중화되고 보편화할수록 위조품이 많아질 여지가 있고, 이는

지적 재산권 다툼으로 이어질 것이다. 권총 같은 무기를 쉽게 복제할 수 있는 것도 문제다. 3D 프린터가 인간을 대신하면서 일자리가 감축될 수도 있다. 피부나 뼈뿐만 아니라 심장 같은 인간의 장기를 찍어내는 '바이오 프린트'(생체 3D 프린팅)가 가져올 미래를 생각하면 윤리 문제는 사치일까? 3D 프린팅은 21세기의 마법의 연금술이다.

불로장생의 꿈, BT(바이오테크놀로지)

마블 시리즈 중 가장 인기 있는 히어로를 꼽으라고 한다면 단연 스파이더맨일 것이다. 초능력을 타고났다는 설정이 아니라 내성적이고 평범한 고등학생 피터 파커가 우연히 유전자를 조작한 슈퍼 거미에게 물리면서 히어로가 된다는 설정이 매력적이기 때문이다.

손에서 거미줄을 쏘고, 벽을 기어오르는 등 피터는 상상 이상의 능력을 갖게 되면서 내면도 서서히 변화한다. 섬 오브 뎀(some of them)이었던 그를 원 오브 뎀(one of them)으로 다시 태어나게 해준 슈퍼 거미의 특성은 대체 무엇이었을까, 어떻게 해서 그는 '스파이더맨'이라는 히어로가 될 수 있었을까? 여기에 바로 바이오테크놀로지(BT)의 과학 기술이 숨어 있다. 주인공이 물리는 순간 거미의 DNA가 몸속으로 들어와 슈퍼 거미 인간이 된 것이다. 비록 영화 속의 이야기이지만 이러한 바이오테크놀로지 기술은 생명 연장의 희망으로 떠오르고 있다. 바이오테크놀로지란 생명체의 구조를 해명하고 밝혀 생명 활동 자체를 산업기술로 응용하는 학문이다. 이 바이오테크놀로지의 핵심이 바로 DNA이다. 사람의 몸은 약 60조~100조 개의 세포로 이루어져 있다.

각 세포에는 핵이 있고, 그 핵 속에는 23쌍의 염색체가 들어 있는데, 이 염색체를 구성하는 기본 물질이 바로 DNA이다. 쉽게 말해 바이오테크놀로지는 지구상의 모든 생명체가 가지고 있는 DNA를 연구하여 생명체에 대한 정보를 얻어내고, 이를 분석하여 미래의 새로운 산업기술로 발전시키고 인류의 꿈인 생명을 연장하는 기초 기술인 셈이다.

생명공학 기술의 발전은 인간의 몸을 구성하는 각종 장기에 대한 임상이 진행 중이고, 이제 거의 모든 장기 이식이 가능하게 되었다고 한다. 심장, 콩팥, 폐, 혈관, 눈과 귀는 물론 피부에 이르기까지 인공 장기들이 마치 노후한 자동차의 부품을 갈듯 인간의 몸을 새롭게 탄생시키고 있는 셈이다.

미국 〈타임〉지는 2015년에 태어난 아이는 142세까지 살 것으로 예견했다. '수명 142세' 주장은 미국 텍사스대 건강과학센터에서 실험한 'UT2598'이란 쥐가 일반 쥐 수명(2.3년)의 1.77배인 4년을 산 결과를 토대로 한다. 이를 사람의 평균 기대수명(80세)에 적용하면, 특별한 사고나 질병이 없을 경우 142세까지 산다는 추론이다.

성서에는 969세를 산 므두셀라와 950세를 산 노아가 있지만, 오늘날 통용되는 인간의 수명 한계는 120세다. 인간을 포함해 동물은 성장 기간의 6배가 수명 한계다. 그러나 공식 최고령 기록인 프랑스의 잔 칼망 할머니는 122세를 살았다. 비공식 기록은 몇 해 전 타계한 인도네시아 할아버지로 146세였다. 불로장생은 인류의 영원한 꿈이다. 진시황이 불로초를 갈망했듯이, 서양에선 니콜라 플라멜 같은 연금술사들이 영생의 묘약을 찾았다. 지금은 전설이 아닌 현실에서 과학의 힘을 빌려 수명 연장을 가시화하고 있다. 영원한 젊음과 긴 삶의 시대가 도래한 것이다.

부활을 기다리는 냉동인간

2020년 5월 8일 어버이날, 국내 최초로 냉동인간을 만들었다는 소식이 언론을 통해 전해졌다. 주인공은 혈액암으로 사망한 80대 여성이었다. 그 아들에게 작업을 의뢰받은 러시아의 인체냉동보존 회사는 시신을 모스크바로 이송했다. 영화에서나 가능한 일로 생각되었던 냉동인간이 한 해 뒤인 2021년에는 국내 1호를 넘어 2호까지 나오게 되었다. 서울에 주소를 둔 2호 신청자는 50대 남성으로 항암 치료를 받다 숨진 50대 아내를 냉동 보존했다.

냉동인간이란 말 그대로 사람을 얼려서 보존하는 기술이다. 미래의 어느 특정한 시점에 냉동해둔 인간이 소생할 수 있다는 믿음을 가지고 불치병에 걸린 사람들의 치료 차원에서 연구를 시작한 것인데, 그간 우리는 이 같은 냉동인간 이야기를 영화나 드라마에서 심심찮게 보아왔다. 불세출의 히어로인 〈캡틴 아메리카〉도 냉동인간이었고, 긴 우주여행 끝에 깨어나 외계인을 맞닥뜨리는 〈에이리언〉의 승무원들 역시 냉동상태로 잠들어 있었다.

이들이 영화 속 냉동인간이라면 세계 최초로 현실에서 냉동인간이 된 사람은 1967년 미국의 심리학자 제임스 베드퍼드(James Hiram Bedford, 1893~1967)로 알려져 있다. 현재 전 세계 냉동인간의 수는 약 600명이고, 냉동 보존 의사를 밝히고 대기하는 사람만 3,000명가량이라고 한다. 그만큼 사람들의 관심이 상당한 것이다.

2016년 11월 미국질병통제예방센터(CDC)는 세계 최초로 '근감소증'(sarcopenia)에 대해 질병코드(M62 84)를 부여했다. 노화로 인해 정상보다 근육량이 적어지는 상태를 정식 질환으로 인정한 것이다. 이듬해인

2017년 초에는 세계보건기구(WHO)도 근감소증을 질병으로 부여했다. 근감소증은 '노화'에 다름 아니다. '기력이 없다'거나 '기운이 없다'는 노인들의 하소연은 그 원인이 근육량 감소에 있다. 물론 나이가 들면 노화로 인해 자연스레 근력이 떨어지는데, 그중 근감소증은 근육량이 급격히 줄어드는 현상을 이른다. CDC의 조치는 노화를 바라보는 시선이 '나이 들면 당연한 일'에서 질병으로 인식되고 있음을 의미한다. 우리나라도 2021년부터 근감소증을 질병으로 분류하기 시작했다.

초능력 5G 세상

"나? 능력 있지. 가고 싶은 곳 어디라도 갈 수 있고, 내 마음껏 가지고 노는 능력, 한마디로 초능력!" 윙 수트를 입고 하늘을 날며 빌딩 숲을 뛰어다닌다. 5G(fifth-generation) 통신에 대한 30초짜리 광고다. 5G가 어떤 통신 서비스이기에 초능력이라는 단어까지 사용했을까? 5G란 개념을 이해하려면 간략하게나마 이동통신의 역사를 훑어볼 필요가 있다.

이동통신은 사용자가 디바이스(단말기)를 통해 장소에 구애받지 않고 이동하면서 음성통화나 데이터를 이용할 수 있는 통신 시스템이다. 우리나라에서는 1980년대 음성통화가 가능한 최초의 이동통신인 1세대 이동통신인 1G가 등장했는데, 아날로그 방식으로 음성 지원만 가능했다. 2G는 음성에 문자메시지가 추가되었고, 통신 방식은 아날로그에서 디지털로 업그레이드되었다. 3G에서는 인터넷과 영상통신이 가능해졌다. 조금 과장해서 말하자면, 세상의 흐름을 바꾼 스마트폰과 SNS가 등장한 것도 이 무렵이다. 4G는 무선인터넷의 속도가 유선인터넷 못지않

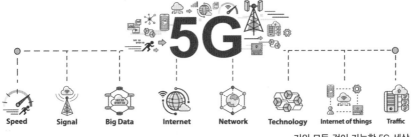

거의 모든 것이 가능한 5G 세상

게 빨라지면서 가히 '속도 혁명'이라 이를 수준에 이르렀고, 덕분에 사용자들이 본격적으로 동영상, 게임, 화상통화를 아무 데서나 즐길 수 있는 진정한 모바일 시대가 열렸다.

그렇다면 5G(5세대 이동통신)는 어떨까? 5G의 특징은 초고속, 초저지연, 초연결 시스템이다. 먼저 초고속의 정도를 보자. 데이터 전송 속도의 놀라운 향상으로 3차원 영상이나 홀로그램, VR 등을 완전히 다른 세상의 그림으로 보여준다. 하늘을 날고, 바닷속을 탐험하고 스포츠 경기나 콘서트 같은 것도 실제 현장에서 보는 것처럼 홀로그램을 통해 얼마든지 감상할 수 있다. 5G의 최대 전송속도는 20Gbps로 4G에 비해서 20배 정도 빠르기 때문이다. 예를 들어 HD급 영화 한 편을 본다고 치자. 4G의 경우는 전송받는 데 16초 정도 소요되지만, 5G는 0.8초면 된다.

두 번째는 초저지연이다. 스마트폰으로 찾고 싶은 것들을 검색하다 보면 구형 기기일수록 시간이 걸린다는 걸 알 수 있다. 그런데 5G로 가면 훨씬 빨리 검색 결과가 화면에 올라온다. 4G에 비해 5G의 지연 속도가 10배 정도 짧아진 덕분이다. 자율주행차처럼 반응속도가 생명인 기술들을 가능하게 한다. 즉, 도로 운전 중 긴급 상황이 발생했을 때 그

데이터가 클라우드까지 갔다가 다시 차량으로 와 명령하면 이미 상황은 너무 늦은 셈이다. 그러나 5G는 반응속도가 실시간에 가깝다. 예를 들어 LTE(Long Term Evolution) 자율주행차는 응답속도에 0.03~0.05초가 걸린다. LTE 자율주행차가 시속 100킬로미터로 달리다가 급제동을 걸면 0.8~1.3미터가 밀린다. 반면 5G 자율주행차는 0.027미터 밀린다. 반응속도가 50배 정도 빠른 것이다.[37]

마지막으로 대량 연결 기술, 즉 초연결을 보자. 5G 특징 중 하나는 더 많은 단말기에 동시접속이 가능하다는 점이다. 기존의 4G가 최대 10만 개까지 연결할 수 있었다면 5G에서는 100만 개 이상이 되어도 무리가 없다. 과거에는 사람과 사람의 통신이 주된 임무였기 때문에 한 개의 기기끼리만 연결되어도 문제가 없었지만, 인터넷의 활용도가 높아지면서 한 채널에 동시에 접속하는 수요가 폭증할 경우 이를 견디지 못하고 서버가 다운되기도 한다. 5G는 '초대연결성'으로 이 문제를 해결한다.

인터넷과 사물이 연결되는 개수도 기하급수적으로 늘고 있어 1조 개가 넘는 사물들이 무선통신으로 연결되고 원격으로 통제된다. 5G의 초연결이 가능하지 않다면 어떻게 될까? 도로에 병목현상이 일어나고 사람에게 동맥경화가 생기는 것처럼 데이터의 전송이 막히고 뚫리지 못해 대혼란이 발생할 것이다. 3G와 LTE로 이어지는 통신 기술의 발달이 스마트폰으로 상징되는 오늘의 모바일 세상을 만들어냈듯이 5G는 온라인과 오프라인의 모든 것이 연결되는 새로운 세상을 이끌어낼 것이다.

[37] 〈조선일보〉, "스마트클라우드쇼 2019 퀄컴, '목숨 걸린 자율주행…5G가 필수'", 안별 기자, 2019.9.19.

미리 가보는 꿈같은 미래

미래에는 어떤 일이 일어날까? 전 세계 인터넷 사용자 수가 50억 명을 돌파할 것이고, 생각만 해도 뇌파를 통해 문자메시지가 전달된다고 한다. 노화된 심장 근육도 재생이 가능해지고, 줄기세포를 이용하여 만든 장기로 사람들은 손상되거나 노후한 부분을 교체할 수 있게 될 것이라 하니, 백세시대를 넘어 130세 시대를 연다는 것이 허언은 아닌 듯하다.

미래에는 전깃줄도 없어질 전망이다. 전력도 무선으로 송신될 것이다. 바이오 헬스 기술이 발달하여 모든 사람의 옷이 세균을 막고 건강을 지켜주는 나노 소재로 만들어질 것이다. 실험실에서는 냉동 보존되었던 생쥐가 부활하고, 인류는 영생의 꿈에 한 발 더 가까이 다가서게 된다.

무인 자율주행차는 물론 무인 비행기에 하늘을 나는 드론카까지 대중화하고, 멸종되었던 동물들도 일부 복원될 것이며, 모든 편의점 역시 무인화할 것이다. 수준 높은 온라인 무료 수업이 보편화하면서 대학은 절반으로 줄어들 테고, 가정용 3D 프린터를 이용하여 웬만한 공산품은 집에서 손수 제작하여 사용하게 될 것이다.

그 뿐인가? 사망한 부모를 홀로그램으로 재현하여 수시로 만날 수 있고, 질병과 노화를 방지하는 의약 처방이 음식을 통해 이루어진다. 인간의 시력을 능가하는 인공 눈이 개발되어 사람들은 원하기만 하면 '600만 불의 사나이'가 되거나, 놀라운 청력을 갖춘 '소머즈'가 될 수 있을 것이다.

핀테크가 은행들의 서비스를 대체하고, 클라우드 펀딩으로 P2P 대출이 이루어지면서 은행들은 쇠퇴하거나 자취를 감출 것이다. 공유경제와

2020 ~ 2025년

- 인터넷 사용자 50억 명 돌파
- 생각만 해도 뇌파를 통해 문자메시지 전달 가능
- 줄기세포로 키운 장기로 손상 장기 교체
- 중국, 자동차 자급자족
- 무선 전력 송신 보편화
- 방수·방균 나노복 상용화
- 가뭄이 지속되면서 각국 간의 물 전쟁 발발
- 냉동 보존되었던 쥐 부활
- 의료용 나노봇 개발

2026 ~ 2030년

- 노화 심장 근육 재생 가능
- 알츠하이머 새 치료법 개발
- 무인 비행기 보편화
- 멸종 동물 일부 복원
- 소매점 무점원 자동화 완료
- 온라인 무료 과정 보편화로 대학의 절반 문 닫음
- 몸에 이식하는 바이오컴퓨터 현실화
- 가정용 3D 프린터로 공산품 집에서 제작 가능
- 인도가 인구가 가장 많은 나라로 부각
- 고령화로 모든 음식에 의약 성분 첨가

2031 ~ 2040년

- 대부분의 차량이 무인자동차로 바뀜
- 사망한 부모를 홀로그램으로 재현 가능
- 인간의 시력을 능가하는 인공눈 개발
- 핵융합에너지로 모든 에너지 대체
- 탄소나노튜브 대량생산에 힘입어 건축 혁명

미래에는 어떤 일들이 벌어질까?
('유엔미래보고서 2040'(공저자 박영숙 유엔미래포럼대표, 세계미래학자 예측 종합))

e커머스 시장의 발달로 호텔 방값이나 물건의 가격을 기업이나 생산자가 아닌 소비자가 정하는 시대가 온다. 머신러닝으로 교육시스템이 변하고, 구태의연한 선발방식인 필기시험은 사라질 테지만, 온라인을 이용한 평생교육은 모두를 위한 교육으로 자리잡을 것이다.

전 국민을 대상으로 한 스마트 계약과 직접 민주주의 플랫폼인 '비트네이션[38]의 등장으로 의회가 없어지고, 결혼과 이혼, 출생 등 기록의 관리 및 보존 등 행정서비스는 블록체인이 대신한다. 비트네이션은 전통적인 정부가 제공하는 서비스를 국민이 스스로 참여하여 통치하는 공동 플랫폼이다.

정말 꿈같은 미래의 모습 아닐까? 세계의 석학과 각 분야의 전문가 대부분은 앞서 말한 모습이 우리 곁에 올 날이 멀지 않았다고 본다. 대다수가 동의하는 미래라는 뜻이다. 이제 우리는 어떠한 정보들을 받아들이고, 어떠한 신기술 기반의 사회상을 준비해야 할까?

---

[38] 탈 중심적인 국경 없는 자발적 국가(Decentralized Borderless Voluntary Nation; DBVN)를 천명하는 비트네이션은 "비트로 만든 국가"라는 뜻으로2014년 7월에 설립됐다. 2016년에는 블록체인 기술을 기반으로 헌법을 공포하는 등, 실질적인 국가의 지위를 갖춘 가상 국가의 실현을 예고하고 있다.

가상이 현실이 되다

가상세계 속 쌍둥이, '디지털 트윈'(Digital Twin)

시간, 공간, 인간의 3요소를 데이터화하면 가상의 세계에 평행 모델을 만들 수 있다. 평행 모델이란 서로 다른 시·공간에 존재하는 서로 다른 사람의 운명이 같은 식으로 반복된다는 평행이론에서 따온 말이다.

'디지털 트윈'이란 한마디로 가상세계 속에 지어진 쌍둥이다. 가상공간에 대상을 실물과 똑같이 만들어놓고 다양한 모의시험을 통해 결과를 구현해보고 검증하여 현실에 적용하는 기술이다. 실제 제품이나 건물이 만들어지기 전에 모의시험을 통해 발생할 수 있는 다양한 문제점을 파악하고 이를 해결하는 데 사용하고 있다.

스페인의 '사그라다 파밀리아' 성당은 무려 140년째 건축 중인 건물로 유명하다. "신은 서두르지 않는다"라는 명언을 남긴 세계적인 건축가 가우디는 살아생전 40년간 성당 건축에 매진했는데, 그가 서거한 지 100주년이 되는 2026년이 사그라다 파밀리아 성당의 완공 목표 시점이다. 가상공간에 이 성당과 똑같은 모형을 만들고 시뮬레이션을 통해 완성도를 높이며 건축 중이다.

싱가포르는 도시계획에 디지털 트윈을 적극적으로 활용하여 컴퓨터

가상공간에 아예 '쌍둥이 도시'를 만들었다. 우리나라 정부도 2025년까지 디지털 트윈 국토를 만들겠다고 발표했는데, 디지털 트윈 국토는 전국토를 3D 공간 정보로 구현한 뒤 시뮬레이션을 통해 국토와 도시 문제를 해결하는 데 도움을 받고자 만드는 플랫폼이다. 일례로 LX공사는 이미 전주시를 대상으로 지상, 지하에 이르는 3차원 고정밀 지도를 만들고 디지털 트윈을 통해 환경, 복지, 교통, 안전 등 다양한 분야의 행정을 지원했다고 밝혔다.

이 밖에도 디지털 트윈은 과거 일부 분야의 모의실험 형태였던 활용에서 벗어나, AI·XR[39]·5G 등 기술의 발전과 더불어서 의사결정이 필요한 모든 산업에 확장되는 추세로 디지털 전환의 핵심 키워드로 부상하고 있다. 또한 자연재해나 팬데믹이 발생했을 때를 대비하여 대응 시나리오를 만들고 이를 위한 대비책을 강구하는 데도 활용되고 있다.

[MBC 다큐프라임] 미리 사는 미래, 디지털 트윈

https://www.youtube.com/watch?v=azjLWAQ02L8

---

[39] 확장 현실(XR)은 가상현실, 증강현실, 혼합현실을 포함한 몰입형 기술을 총칭하는 용어이다.

또 하나의 행성, 메타버스

요즘 메타버스란 단어가 자주 들린다. '메타버스'(metaverse)는 가상, 혹은 추상을 뜻하는 'meta'와 세계, 우주를 뜻하는 'universe'의 합성어로 현실 세상에 또 하나의 가상 세계를 만들어 나의 아바타로 살아가는 공간을 이른다. 즉 현실 세계에서와 같은 여러 활동—사회·경제·문화·여가 활동—이 이뤄지는 3차원 가상 세계다. 개인의 의지와 선택이 반영되지 않는 현실과 달리 메타버스에서는 외모도 조건도 사용자 입맛에 따라 선택할 수 있다. 목가적인 삶을 원하는 사람이라면 뉴질랜드에서 양을 치는 목장을 삶의 터전으로 삼을 수 있고, 뉴욕 같은 화려한 대도시의 삶을 꿈꾸는 사람이라면 대한민국 지방 소도시 주민에서 벗어나 메트로폴리탄의 주인공이 될 수도 있다. 주커버그가 페이스북이라는 회사 명칭을 '메타'로 바꾼 것은 머지않은 미래에는 수십억 인류가 가상 세계에서 소통할 것을 직감했기 때문이다.

메타버스 플랫폼은 게임, 커뮤니티, 공연 감상, 쇼핑 등 다양한 형태의 서비스 공간을 제공한다. 최근 직장에서도 현실과 비슷하게 꾸며놓은 가상의 공간에서 얼굴을 마주하지 않고 교육이나 회의를 진행하는 경우가 늘고 있다. '인류의 플랫폼'으로 진화하고 있는 메타버스 시장은 이제 소통을 넘어 소비와 생산이 선순환하는 경제 활동의 한 공간으로 변모 중이다. 실제 우리 생활에서 구현되고 있는 몇몇 예를 살펴보자.

부동산 플랫폼인 '세컨 서울'은 현실에서는 투자할 엄두조차 내기 어려운 서울 강남땅을 가상 부동산 세계에서 구매해 투자 이익과 임대료를 얻는 방식으로 운영하고 있다. 특이한 점은 이런 작업이 허구가 아닌 실제의 현물로 이어지는 것을 목표로 하고 있다는 점이다.

카리브해의 작은 섬나라 바베이도스를 보자. 그곳에서는 세계 최초로 '메타버스 대사관'을 운영할 방침이다. AP통신에 따르면 바베이도스 정부는 이를 위해 메타버스 플랫폼 '디센트럴랜드'와 계약을 체결했으며, 대사관이 문을 열면 이용자들이 가상 세계에서 영사 서비스를 받을 수 있다고 한다. 기다리는 시간이 많은 대사관 업무를 자기 방에 앉아서 처리할 수 있다니, 생각만 해도 즐거운 일 아닌가?

메타버스는 특히 게임에서 많이 볼 수 있지만, 게임 아이템을 NFT화하여 현실 가치로 자산화하는 전략으로 새로운 시장을 개척하고 있다. 유명한 게임회사 '넷마블'은 블록체인과 메타버스를 결합해 가상 세계가 아닌 제2의 현실 세계를 만들겠다는 포부를 밝혔다.

최근 마크 저커버그 CEO는 음성만으로도 확장 가상 세계인 메타버스를 구현하는 시현 행사를 벌였다. 섬으로 간다든지, 해변으로 이동한다든지, 음악을 틀거나 야자수를 심는 것들이 모두 음성만으로 이루어진 것인데, 이는 그동안 메타버스를 구축하려면 코딩을 익혀야 한다는 부담감에 고개를 가로저었던 수많은 잠재 고객에게 충분히 어필하고도 남을 일이었다. 이제 간단한 명령만으로도 AI를 활용해 원하는 가상현실을 창조할 수 있게 되었으니 말이다.

메타버스는 '세컨드 라이프'[40]의 성공 이후 태어난 '데어 닷컴'이나 '웹킨즈' 등 다수의 가상 세계가 서로 연결되는 거대한 멀티버스의 시대를

---

[40] 인터넷 가상현실 사이트. 인간이 아닌 '아바타'가 건물을 사거나 고급 포도주를 마시고, 애완동물을 기르고, 현실의 배우자가 아닌 사이버세상의 또 다른 배우자와 사랑을 나누는 곳이다. '제2의 삶' 정도로 해석할 수 있는 가상현실 사이트는 수백만 명에 이르는 '가상도시 주민'을 거느린 일종의 기업으로 성장하고 있다(매경시사경제용어사전).

예고하고 있다. 지구에 사는 우리가 다중 우주의 세상인 멀티버스에서 또 다른 이웃과 교류하며 제2의 가상 인생을 동시에 살아가는 삶, 한마디로 흥미진진하고 믿어지지 않는 미래가 이미 우리 곁에 도착해 있는 셈이다.

그런데 여기서 끝이 아니다. 자고 일어나면 신기술이 발표될 만큼 빠르게 변화하는 세상이니 메타버스와 멀티버스도 날이 갈수록 진화할 게 분명하다. 수년 내로 가상의 세계에서 맛을 느끼고 촉감을 느끼며 눈동자의 움직임 추적으로 집중도까지 높이는 '몰입형 기술'이 상용화할 전망인데, 이렇게 된다면 메타버스는 엄청난 폭발력을 가지게 될 것이다. 인류를 또 하나의 행성으로 이끄는 메타버스는 미래의 어느 시점에 이르러서는 단순한 재미나 호기심 차원을 넘어서는 '없으면 안 될 수준의 단계'로 나아가 인류의 삶 전체를 바꿀지도 모른다.

혼합 현실과 AR, AV 그리고 VR

혼합현실(MR; Mixed Reality)은 증강현실(AR; Augmented Reality), 증강가상(AV; Augmented Virtuality), 가상현실(VR; Virtual Reality)을 모두 포함하는 것으로 한마디로 말하면 현실 세계의 위에서 가상 세계를 보여주는 것이다. 헤드셋을 쓰고 체험하는 VR의 경우는 몰입도는 높지만 현실 세계와 차단되는 특성이 있는 반면에 AR, AV는 몰입도는 떨어지지만 현실과 공존한다는 장점이 있다. AR과 AV는 비슷해 보이지만 AR은 현실에 가상의 화면을 덧칠해 보여주는 것이고, AV는 가상의 화면에 현실을 덧칠해 보여준다는 점에서 차이가 있다.

먼저 AR(증강현실)을 살펴보자. 한때 스마트폰 카메라 속에 귀여운 몬스터가 등장하는 '포켓몬 고'라는 게임이 세계적으로 유행한 적이 있다. 스마트폰으로 현실 풍경 속에 숨어 있는 포켓몬을 잡는 게임인데, 우리나라에서도 선풍적인 인기를 끈 바 있다. 포켓몬이 출몰했다는 소식에 많은 사람이 몰려들어 스마트폰을 공중에 대고 두리번거리는 진풍경이 연출되기도 했다.

미국 스타트업 기업인 '매직 리프'가 선보인 동영상은 학생들이 보고 있는 가운데 체육관 바닥이 갈라지며 솟구쳐 오른 고래가 물결을 파도치며 헤엄치는 증강현실의 모습을 너무도 생생하게 보여준다. 손바닥을 펼치면 코끼리가 나타나고, 스마트폰의 앱으로 상품의 특정 부위를 비추면 화면 속에 캐릭터가 나타나 상품을 설명하기도 한다. AR은 운동화를 고를 때나 방 안에 가구를 배치할 때 마치 현실에서 보는 것처럼 제품이 나타나 직접 눈앞에서 시뮬레이션을 해볼 수 있어 매장에 가지 않고도 디자인을 정할 수 있다. 현실 속에 가상의 화면이 섞이면서 실생활

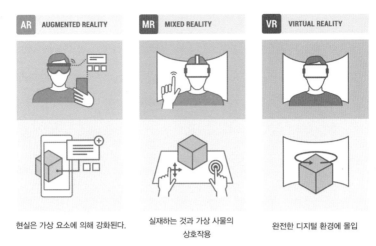

AR AUGMENTED REALITY	MR MIXED REALITY	VR VIRTUAL REALITY
현실은 가상 요소에 의해 강화된다.	실재하는 것과 가상 사물의 상호작용	완전한 디지털 환경에 몰입

AR vs MR vs VR

에 응용되는 모습들이다.

VR(가상현실)은 시각을 비롯한 인간의 감각을 이용하여 현실처럼 느끼도록 컴퓨터로 구축한 가상공간이다. 현실 세계 어디에 있더라도 접속하는 사람이 그 누구든 자신이 원하는 대로 무엇이든 할 수 있는 꿈의 공간이다. 평범한 회사원이 스파이가 되어 거대한 음모 속에 휘말리는 영화 〈토탈리콜〉, 가상의 세계에서 탈출하여 기계들과 전쟁을 벌이는 〈매트릭스〉, 타인의 꿈에 침투하여 생각을 심는 〈인셉션〉 등 숱한 SF영화에 사용된 소재가 바로 가상현실이다.

가상의 공간을 시각적으로 전달하는 VR 헤드셋과 움직임을 감지하는 특수 장갑, 제자리에서 뛰고 달리는 것처럼 느끼게 해주는 장치, 여기에 더해 만지거나 닿는 느낌, 냄새와 온도 등을 감지하는 해주는 다양한 장치를 개발함으로써 현실은 점점 영화를 닮아가고 있다.

혼합현실(MR: Mixed Reality)은 이와 같은 증강현실과 가상현실의 특성을 섞어서 각자의 단점을 보완하고 장점을 높인 기술이다. 대표적인 사례로 마이크로소프트사의 '홀로렌즈'(Hololens)와 '매직칩'(Magichip)이 있다. 혼합현실을 이용한 환상적인 경험은 인간을 신의 경지로까지 느끼게 하는 새로운 세상으로 이끈다. 산업분야에도 활용되어 VR헤드셋을 착용하고 자동차나 오토바이를 고치고, 의료분야에서는 수술 전에 인간의 몸속을 실제처럼 체험하고 보여주기도 한다. 요즘에는 TV를 시청하면서 출연자들을 AR로 소환하는 혼합현실 콘텐츠가 핫하다. 안방극장의 시청 패러다임을 바꿀 정도다. 그 뿐 아니다. 서울 및 수도권에 있는 주요 대형마트와 쇼핑몰에는 현실보다 짜릿한 혼합현실을 경험할 수 있는 체험존이 설치되어 있다.

'농구장에서 고래가'…먹을거리 VR에서 찾는다

https://www.youtube.com/watch?v=Sf8QgfD0P80

Microsoft사의 홀로렌즈2 소개

https://www.youtube.com/watch?v=eqFqtAJMtYE

짝퉁 불가, NFT

암호화폐, 메타버스에 이어 미래 경제의 키워드로 등장한 'NFT'(non-fungible tokens)가 초미의 관심을 받고 있다. NFT는 '대체 불가능한 토큰'이라는 뜻으로, 블록체인을 기반으로 하기에 위조나 해킹이 불가능하다.

NFT가 활용되는 가장 대표적인 예는 미술품이다. 크립토펑크[41], BAYC[42]라는 컬렉터블 등이 있으며 그 외에도 다양한 NFT들이 고가에 거래되고 있다. 크립토펑크의 어떤 그림은 최고가 백억을 넘어서고 전체 그림들의 평균 가격도 5억에 달한다. 2021년 3월, 뉴욕 크리스티 온라인 경매 사이트에서 14일간 경매 끝에 디지털 아티스트 비플의 NFT 작품이 800억 원이 넘는 금액에 낙찰된 것은 NFT의 가치를 다시 주목하게 만든 대사건이었다. 이렇듯 NFT가 엄청난 가격에 팔리는 것은 투자의 상승효과와 함께 사람들이 NFT를 새로운 미술품의 영역으로 느껴서 높은 가격이 매겨져도 수용하는 것으로 보이지만, NFT가 과연 안정적인 어떤 가치나 존재감을 가졌느냐 하는 문제를 두고는 논란이 일고 있다.

이제 NFT는 게임으로 영역을 넓혔다. 게임의 기념품과 아이템이 NFT화하면서 게임 밖의 온라인상에서 이것들이 사고파는 거래의 대상

---

41 아바타 이미지 파일이다. 2017년 라바 랩스(Larva Labs)에서 만든 이더리움 기반 NFT로 줄여서 'Punk'라고 부르기도 한다. 사람 아이콘처럼 생겼기 때문에 소셜 미디어에서 본인의 프로필로 사용하고 '크립토펑크 NFT 소유'를 인증하면서 유명세를 탔다.

42 이더리움 블록체인을 기반으로 하는 1만 개의 NFT 컬렉션이다. 블록체인 분야의 스타트업인 유가랩스(Yuga labs)가 2021년 4월 처음으로 발행했다. BAYC NFT 컬렉션에는 지루해하는 표정을 짓고 있는 원숭이가 프로필 사진을 찍은 듯이 그려져 있다(헤시넷 위키).

ART
to
NFT

NFT는 미술품 영역에서 가장 많이 활용된다.

이 된 것이다. 그 밖에도 현재 바코드를 사용하고 있는 상품권이나 쿠폰의 경우 NFT로 발행되면 위조될 일이 없고 신뢰성이 보장되는 안정적인 거래의 수단이 될 수 있다는 점에서 NFT의 활용이 예상된다.

NFT는 파손이나 노화의 우려가 없다는 점, 모조품 제작이나 불법 복제가 불가능하다는 점 때문에 수집품의 궁극적인 모습으로 인정되어 그 인기와 가치가 점점 더 치솟고 있다. 비단 미술계만 아니라 스포츠와 엔터테인먼트, 교육, 의료 등 다양한 분야에서도 NFT를 활용한 팬덤 서비스가 시도되고 있다.

AI '가상인간' 전성시대

"OS랑 사귄다고? 어떤 느낌인데?" 2025년을 배경으로 인공지능(AI)과 사랑에 빠진 남자의 이야기를 그린 영화 〈그녀〉(Her)에 등장하는 대사다. 이 영화가 2013년 미국에서 개봉되었을 때만 해도 사람들은 미래사회에 대한 감독의 상상력이 제법이라고만 여겼다.[43] 하지만 이제는 TV 광고를 비롯하여 일상생활 도처에서 가상인간의 존재를 느낄 수 있다. 더 나아가 가상인간 팬클럽이 생기고 팬덤 현상마저 일어나고 있다.

2021년 서울에 소재한 싸이더스엑스 스튜디오에서 개발한 가상인간 '로지'는 MZ세대의 선호도에 맞춰 이상형의 얼굴로 탄생시킨 '그녀'이다. 긴 머리를 양쪽으로 길게 땋아내린 채 도발적인 눈매를 선보인 그녀는 한 보험회사의 TV 광고에 출연하며 방송을 타자마자 단숨에 스타덤에 올랐다. 발랄하게 춤추는 20대 여성 로지를 보고 "신인인 줄 알았는데 가상인간이었다"며 놀랍다는 반응과 함께 폭발적인 유튜브 조회가 잇따랐다. 십수억 원의 광고 출연료를 받는다고 하니 정말 잘 키운 가상인간 하나, 열 연예인 부럽지 않다는 말이 나올 법하다.

지난 22년 대선을 앞두고 여야 모두 AI 후보자를 내놓았다. '윤석열 AI' '이재명 AI' 등등이다. "제가 너무 닮아서 놀라셨나요?" 목소리까지 똑같이 흉내 내고, 바쁜 후보들의 일정을 대신하여 전국 각지의 행사장을 찾아 축사도 건넸다.

세상에 선보인 첫 가상 슈퍼모델은 프랑스의 '슈두'(Shudu)다. 2017년 4월 쭉 뻗은 큰 키에 군살 없는 몸매, 광채 나는 피부, 크고 빛나는 눈을 가진 흑인 모델 슈두가 소셜미디어에 등장했다. 2020년에는 삼성전자 모델로 발탁돼 국내에도 선을 보였고, 메타버스 플랫폼 '제페토'에서 진행한 패션쇼에 나와 주목을 받기도 했다.

세계에서 가장 유명한 가상인간은 누구일까? 수백억 원의 수입을 올

43 〈뉴스1〉, "잘 키운 가상인간 열 연예인 안 부럽다", 김근욱 기자, 2021.9.20.

리고 있는 미국의 패션 인플로언서로 전 세계에서 500만 명의 SNS 팔로워를 가지고 있는 '릴 미켈라'이다. 그는 영향력을 발휘해 모델뿐 아니라 앨범을 내는 등 가수로도 활동하고 있으며, 성소수자 등 사회적 약자의 편에서 적극적인 목소리를 내며 인권 활동도 펼치고 있다.

현실의 사람이 아닌 가상인간이 영화의 주인공이 되는가 하면, 광고의 모델이 되어 종횡무진 활약할뿐더러 사회운동에 참여하는 시대다. 여느 셀럽 못지않게 광고 수익을 올리면서 이름을 날리고 승승장구하고 있다. 언젠가는 모든 광고주가 가상인간을 모델로 기용하겠다고 입을 모을지도 모를 일이다. 앞으로 가상인간은 단순 홍보 모델을 넘어서 기업의 디지털 대변인 역할까지, 더욱 다양한 영역에서 활동할 것이다. 또한 메타버스 수요가 커질수록 더 많은 가상인간이 등장할 것이다

가상인간은 실제 사람과 달리 아프지도 늙지도 않는다. 심지어 모델 일을 하는 동안 스캔들에 휘말려 광고가 중단될까 전전긍긍할 필요도 없다. 그 뿐인가? 컴퓨터 그래픽으로 원하는 모든 장면을 연출해낼 수 있으니 굳이 거금을 들여가며 팀을 꾸려 해외 로케이션을 갈 일도 없다. 한마디로 시공간의 제약을 받지 않고 자유롭게 활용할 수 있는 가상인간이라니, 광고주에게는 군침이 돌 만한 일이다.

문명의 전환

IT 세상이다

IT 세상의 키워드는 글로벌 e커머스와 무인화이다. 전자상거래를 뜻하는 e커머스는 모바일이나 PC로 상품이나 서비스를 주문해 배송을 받거나 자신이 판매자가 되어 직접 판매하는 것을 말한다. 즉 물건이나 서비스를 사고파는 것은 전통적인 개념의 상업행위와 다를 바가 없지만, 이것이 이루어지는 영역이 IT 세상이라는 점, 실물이 아닌 이미지를 보고 선택한다는 점, 시장이 전 세계로 확장되었다는 점이 다르다.

온라인과 모바일 시장의 약진으로 소비자들은 국내뿐 아니라 전 세계 시장을 돌아다니며 클릭 한 번으로 물건을 구매할 수 있다. 덕분에 해외 직구 시장이 급성장을 이루었고, 국내에서는 잠들기 전 주문한 상품이 아침이면 현관에 도착해 있는 로켓 배송이 활개 치는 세상이다.

지구 반대편에 있는 사람들이 아마존에 올라온 한국의 호미를 구매하고, 이웃끼리 '당근 마켓'에서 옷이며 운동화에 선글라스를 구입해 쓴다. 이처럼 유통시장의 강자는 단연 e커머스다. 국내의 경우에도 신세계그룹이 이베이코리아를 인수하면서 e커머스 시장이 요동치고 있다. 네이버, 신세계, 쿠팡 3강 구도가 펼쳐진 가운데 인터파크, 위메프, 티몬 등 플랫폼 기업의 생존 경쟁이 점점 더 치열해지고 있다. e커머스 시장은 개인에게도 기회의 땅이 되고 있다. 오프라인 시장에서는 막대한 비용을 들여야만 가능했던 광고, 보관, 유통의 문제가 해결되면서 이제는 비용과 시간을 상대적으로 적게 투자하면서 더 좋은 효과를 누릴 수 있는 환경을 누리게 된 것이다.

IT 세상을 선도하는 또 하나의 키워드, 무인화이다. 무인 자율주행차, 무인 점포, 무인 배달, 무인 공장, 무인 호텔 등 로봇과 AI 기술의 발달로 세상이 온통 무인화하는 중이다. 코로나 팬데믹으로 사회에 비대면 문화가 확산되는 현상과 맞물려 무인 기술은 유통 혁명의 기폭제 역할을 하고 있다.

무인화의 확산에는 로봇의 발전이 있다. 택배 노동자를 대신하는 미국 포드의 두 발로 걷는 배송 로봇 '디지트'는 택배차를 타고 와서는 두 팔로 짐을 들고 두 다리로 계단을 올라 집 앞에 물건을 놓는다. 1시간에 상자 800개를 옮기는 등 숙련된 노동자 수십 명이 할 일을 해낸다. 로봇에게 가장 어려운 일이 사람처럼 걷거나 뛰는 일이라 했던 '모라벡의 역설'을 뛰어 넘어버린 현실이다.

스마트 거울(Smart Mirrors)은 무인화 시대의 또 다른 마법이다. 웰라 스마트 미러(Wella Professional Smart Mirror)는 2019년 국제전자제품 박람회인 CES의 혁신상 수상품이다. 이 거울은 AR 기능을 통해 헤어 색상을 바꿔볼 수 있고, 360도 다른 스타일을 제공하여 어떤 모습으로 구현될지를 눈앞에 보여준다. 화장품을 구입할 때 메이크업을 대신해주고, 옷을 고른 다음 굳이 입어볼 필요도 없다. 옷의 크기가 맞는지 색깔이나 디자인이 잘 어울리는지 보여주기 때문이다. 이 밖에도 IT 세상의 아이

마케팅	쇼핑	물류	배송
개인 맞춤 광고	GPS와 무선통신 기술로 매장 안내	로봇 픽업	배송 물량 배분
챗봇 상담	AR로 입어보기	입출고 자동화	최적화 경로 계산
주문 수요 예측	AI 비서 주문	작업령 시간 최적화해서 배분	무인 자율 주행 배송
최적 가격 산출	무인자동결제		배송 실시간 추적
			신선배송 모니터링

소비자 손에 상품이 들어오기까지 어떤 IT가 쓰일까?
(조선일보 2021.4.28)

디어는 무궁무진하다. 애견가들은 인공지능 기반 반려견 의류 플랫폼을 이용하면 너무 편하다. 일일이 매장에 가지 않아도 앱에 강아지 사진을 올리기만 하면 AI가 꼭 맞는 옷의 사이즈를 자동으로 분석해 옷을 추천해준다. 옷이 맞지 않아 반품하는 일도 거의 없다.[44]

상상의 도시, 스마트 시티

스마트 시티는 말 그대로 똑똑한 도시이다. 정보통신 기능과 빅 데이터, 인공지능, 5G, 사물인터넷, 블록체인 등 첨단 기술혁신을 도시 인프라에 적용한 21세기 미래형 도시이다.

---

[44] 〈AI 타임스〉, "AI가 완벽 핏감 살리는 강아지 옷, 사이즈까지 척척"…반려견 의류 플랫폼 '얼리어펫터', 윤영주 기자, 2022.1.19.

스마트 시티에서는 도시 구성원들 간의 네트워크와 교통망이 촘촘하게 짜여 누구나 편안하고 쾌적한 삶을 추구할 수 있다. 사무실에 나가지 않고 집에서 모든 일을 처리하는 '텔레워킹'(teleworking)이 일반화할 것이며, 온라인으로 교육 서비스와 헬스케어를 받는 등 주거환경 역시 AI를 기반으로 한 유비쿼터스 시대를 맞이할 것이다.

스마트 시티의 중심에는 '스마트 모빌리티'가 있다. 이동과 운송 환경의 혁신이 이루어진 세상이 온 것이다. 두 발로 걷던 인간이 바퀴를 만들어 수레에 달고, 동물의 힘을 이용하고, 증기기관을 발명하고, 엔진을 만들고, 비행기와 잠수함을 만들었고, 이제 우주로 발을 뻗는 중이다. 인류의 문명사는 곧 모빌리티의 역사라고 해도 과언이 아니다. 미래연료차라고 여겨지던 전기차와 수소차도 이미 시장에 진입해 전통 가솔린차를 위협하고 있다. 자율주행차 역시 곧 상용화될 것이며, 하늘을 나는 택시와 UAM(도심형 항공 모빌리티)도 데뷔를 앞두고 있다.

날개 없는 비행기라 불리는 '하이퍼루프'(자기부상열차)는 시속 1,200킬로미터의 속도로 달린다. 믿어지지 않지만 서울에서 부산까지 단 20분만에 주파할 수 있다. 지하터널 속 공중에 떠서 총알보다 빨리 달린다니 조금 무섭기도 하다. 영화에서나 보던 초스피드 운송수단은 이제 먼 미래의 이야기가 아니다. 미국은 라스베이거스 인근 네바다 사막의 실험 터널에서 최초로 유인 시험 주행을 성공적으로 마쳤고, 총 11개의 노선을 검토하고 있다. 중국과 스페인, 프랑스 등 각국도 레이스에 뛰어들어 개발에 박차를 가하고 있으며, 한국의 포스코도 TSE(타타스틸 유럽)와 협약을 맺고 하이퍼루프용 소재를 개발 중이다.

이렇듯 하늘과 땅, 지하세계에서 상상은 꿈이 되고 현실이 되고 있

스마트 시티

다. 스위스는 2022년 여름, 주요 도시들과 물류센터를 지하로 연결하는 CST(Cargo Sous Terrain) 프로젝트에 들어갔다. 지하 50미터 터널에서 전국으로 화물이 자동 배송되는 시스템으로 2045년까지 총 길이 500킬로미터에 이르는 망을 깔게 된다.

스마트 시티와 비슷한 개념으로는 공학 기술이 고도로 발달한 도시를 나타내는 '테크노피아'가 있다. 유토피아가 인간이 꿈꾸는 이상향의 사회를 나타내는 말이라면, 테크노피아는 기술로 이루어진 이상향의 도시를 일컫는 말이다. 스마트 시티는 네티즌이 중심이 되는 도시를 나타내는 '사이버 시티', 거대 도시의 새로운 형태를 의미하는 '월드 시티' 등으로 불리기도 한다.

모빌리티 혁명과 공유경제

핀란드 수도인 헬싱키는 2016년부터 열차와 택시, 버스, 공유 차량, 공유자전거 등 모든 대중교통 수단 및 개인 교통수단을 'Whim'이라는 스마트폰 앱을 이용해 예약하고 비용을 지불할 수 있도록 하는 혁신적인 시스템을 만들었다.

원 클릭으로 모든 것이 해결되는 교통 시스템을 구축한 것인데 누구나 스마트폰 앱을 통해 출발지와 목적지를 입력하고 자신이 좋아하는 여러 교통수단을 조합해 최적의 '도어 투 도어'(Door-to-door) 이동서비스를 구성할 수 있게 만든 것이다. 뿐만이 아니다. 또 다른 스타트업인 '체니 엇'이라는 기업은 클라우드 소싱[45]을 통해 승객들이 탑승을 희망하는 장소와 목적지를 입력하면 비슷한 노선의 승객들을 묶어 노선을 설계해주는 주문형 미니 밴 서비스를 운영하고 있다.

우리나라도 비용 결제까지는 아니지만 인터넷을 검색하면 주변의 정류장이 어디인지, 몇 분 뒤에 원하는 버스가 도착하는지, 목적지까지 가는 가장 효율적인 방법이 무엇인지 정확히 알 수 있다. 노선별로 차량 운행을 보여주는 앱도 있고, 자전거나 킥보드 같은 공유 이동 수단을 앱을 통해 결제하고 사용할 수도 있다

공유경제는 자동차 산업에도 새로운 바람을 몰고 왔다. 테슬라는 주행 보조 시스템인 '완전자율주행'(FSD; Full Self Driving) 기능을 월 구독으로 사용할 수 있는 서비스를 내놓았다. 자동 차선변경, 자동 주차, 신호

---

[45] 클라우드 서비스를 이용한 아웃소싱 방법. 클라우드 컴퓨팅을 실용화하면서 할 수 있게 된 정보 기술(IT) 아웃소싱 전략의 하나. 대규모 인프라를 가진 정보 기술 서비스 업체나 통신 사업자들이 서비스를 제공하고 있거나 준비하고 있다(TTA 정보통신용어사전).

등 인식 등의 기술이 포함된 FSD의 구독료는 월 199달러로 알려졌다. 월 24만 원에 해당하니 작은 금액은 아니다.

우버는 전기자전거 공유회사인 '점프 바이크'를 인수하고, 얼마 후 직접 자전거 대여서비스를 시작했다. 전문가들은 머지않아 우버가 버스와 전철도 모빌리티로 연결할 것이며, NASA와 손잡고 에어택시까지 도입할 것이라고 말하고 있다.

'퍼스트-라스트 마일 모빌리티'라는 말을 들어본 적이 있는가? 출발지에서 지하철이나 버스 등을 이용하기 위해 이동하는 것이 퍼스트 마일이고, 대중교통 이용이 끝난 뒤 최종 목적지로의 이동이 바로 라스트 마일이다. 처음부터 끝까지 서비스로 이어준다는 것인데 여기에 공유자전거, 전기자전거, 공유전동스쿠터 등이 사용되고 있다. 미국 유럽에서는 대중화된 지 오래고 우리나라도 요즘 길거리에서 흔히 볼 수 있다.

자율주행차의 확산과 공유경제가 맞물리며 이제 집이나 직장에 모셔두던 개인 소유의 자동차는 더는 필요 없을지도 모른다. 공유경제의 개념이 생활화되고 이동 수단의 변화가 자리잡게 되면 복잡한 교통지옥에서 벗어나는 것은 물론 미세먼지 문제나 환경 면에서도 획기적인 변화를 가져올 것이다. 전기자동차, 공유자동차 등등 이동 수단의 변화가 촉발한 거대한 모빌리티 혁명의 바람이 도시와 골목의 구석구석에 불어오고 있다.

초연결사회

인류의 문명은 농업사회에서 산업사회로, 디지털사회를 거쳐 이제 초연결사회로 진입했다. 한국인들은 지난 100년간 빠른 산업화와 정보화 과정에서 이 모든 시대를 한 사람의 평생에 겪어왔다. 그만큼 우리나라의 발전 속도는 유례를 찾아보기 힘들 정도다.

전 세계는 휴대전화, 이메일, 문자메시지 등을 통해 하나로 연결되어 있으며, 페이스북과 유튜브, 트위터 등을 통해 시간과 공간에 구애받지 않고 콘텐츠를 공유하고 동질감을 느끼면서 국경 없는 지구촌 시대를 만들어내고 있다. 2022년 발발한 우크라이나와 러시아의 전쟁은 일반 시민이 실시간 올리는 동영상과 트위터를 통해 세계인에게 충격을 주었고, 수직적이 아닌 수평적인 의사결정의 구조를 만들어가는 지구촌의 사례를 보여주고 있다.

초연결사회에서는 재택 업무, 원격교육, 원격진료 등이 일상화하면서 공간의 제약이 거의 사라질 것이다. VR, AR 기술의 발달로 직접 가보지 않아도 간접 체험이 가능해지고, 오히려 현실보다 생생한 가상 체험을 통해 새로운 차원의 경험도 할 수 있을 것이다. 굳이 장시간 비행으로 다른 대륙에 가지 않아도 보고 싶은 친구를 언제든 화상으로 만날 수 있고, 그가 사는 곳이 궁금하다면 생생하게 보여주는 구글 지도의 스트리트 뷰를 통해 얼마든지 찾아가 볼 수 있다. 매일 건강을 체크하는 앱은 나의 상태를 기록해주고 주치의는 일주일에 한 번 메시지로 화답한다.

반면에 초연결사회에는 해킹과 사생활 침해의 위험이 훨씬 더 커진다는 문제가 있다. 개인의 사생활이 무방비로 노출되고 언제 어디서든 누

	농업사회	산업사회	디지털사회	초연결사회
발전의 동인	농업혁명 (제1의 물결)	산업혁명 (제2의 물결)	정보혁명 (제3의 물결)	초연결혁명 (제4의 물결)
시대	3000년	18세기	20세기	21세기 이후
가치	공동화	표준화	시스템화	신뢰(Trust)경험
인간 활동 도구	철, 연장	기계	컴퓨터	커넥터
사회척도	곡물 수확량	칼로리	비트	연결강도 연결 품질·신뢰성 네트워크 접근성
격차의 원인	물질적 격차 (Material Divide)	물질적 격차 (Material Divide)	디지털 격차 (Digital Divide)	연결 격차 (Connection Divide)
국력척도	군사력	정치력	경제력	접근성

초연결 사회
(서울교육 231호 '산업혁명 시대별 특성과 척도')

군가에게 감시당하는 암울한 사회가 될 수도 있고, 시공간을 뛰어넘는 간접 경험이나 가상 경험은 많아지겠지만 자신의 몸을 움직이고 이동하는 직접 경험은 점점 줄어들지도 모른다. 어쩌면 머지않은 미래에 모든 인류가 '방구석 1인'이 되어 홀로 즐기고 누리는 삶을 살게 될지도 모를 일이다.

영화 〈아바타〉는 살아 있는 현실의 생명체와 가상 세계의 생명체가 서로 연결되어 기억을 공유하고 에너지를 교류하는 상상의 세상을 보여주었다. 다른 이와의 연결은 고립을 피하고 싶어 하는 인간의 보편적인 욕구이지만, 동시에 인간은 남에게 구속되는 것을 싫어한다. 매우 모순적인 존재인 것이다. 본인에게 필요하다 싶으면 관계를 형성했다가도 적정선을 유지하기 힘들다 싶으면 곧바로 단절한다. 이런 특성을 가진 인간 사회에서 사물과 동물, 사람을 연결하는 사물인터넷의 미래는 과연 어떤 방향으로 진화할까? 인간의 신체 정보는 물론 심지어 기억까지 데이터화해서 다운로드하고 연결하는 세상이 온다면 우리는 행복해질까?

융복합 전환 시대

영국의 경제학자 콜린 크라크(Colin Grant Clark 1905~1989)는 인류 역사의 산업을 1차(농업), 2차(제조), 3차(서비스)로 분류했다. 그러나 이러한 고전적인 분류는 더는 통하지 않는다. 사회가 너무나 세분화하고 복잡해졌기 때문이다. 그 결과 산업의 발달을 감안하여 3차 산업을 금융, 상업, 수송 등에 국한하고, 4차 산업을 정보, 교육, 의료 등 지식 기반의 서비스로 규정하며, 5차 산업을 패션, 오락, 레저 등 인간의 취미나 여가 생활 중심으로 다시 분류하고 있다.

그런데 여기서 끝이 아니다. 기술의 진보와 함께 6차 산업이 등장한 것이다. 6차 산업이란 1·2·3차 산업이 합쳐지는 융복합 산업을 말한다. "1×2×3=6"의 곱셈이 뜻하는 대로 농업과 제조, 그리고 서비스 산업이 서로의 벽을 허물며 하나로 합쳐지는 융합과 복합의 세상을 이야기하는 것이다. 우리 주변에는 이미 이런 예들이 많다. 예컨대 딸기 농장에서는 이제 생산물인 딸기만 파는 게 아니라 이에 더하여 소비자에게 체험과 관광의 서비스를 병행한다. 딸기 재배와 생산이라는 전 과정에 소비자를 참여시키기 위해 때에 따라 알림 메시지를 보내고, 성장 과정 이미지를 제공하며, 수확 시기가 되면 딸기 따는 체험과 딸기로 만드는 여러 이벤트를 기획하는 등 축제도 개최한다. 이 과정에서 생산자의 고유성을 홍보할 수 있는 기념품을 제조하여 판매하기도 한다. 생산에 가공, 유통, 관광까지 합쳐진 6차 산업인 셈이다.

화장품 회사도 마찬가지다. 물건만 파는 것이 아니라 화장 방법을 알려주는 메이크업 서비스를 병행한다. 정수기를 판매하는 회사에서는 정수기를 임대하고 이를 주기적으로 관리하는 방문 서비스를 해주고 있다. 제조와 서비스가 합쳐진 'PSS'(Product-Service System) 즉, 제품 서비스 통합 시스템이다.

생산과 서비스를 융합하는 시스템도 증가일로에 있다. 자동차나 스마트폰을 만들 때 소비자가 참여하여 사용해보고 직접 평가하는 작업이 그중 하나의 예다. 물론 이 과정에서 소비자는 참여에 대한 대가로 여러 형태의 금전적인 보상을 받게 된다. 흥미로운 아이템이나 마니아들의 전유물로 여겨지는 특별한 분야의 아이템을 생산할 때 소비자가 먼저 투자하고 그 과정에 참여하는 텀블벅[46]도 같은 맥락이다. 이런 과정을 통해 소비자가 생산의 주체가 되고, 소비가 직업인 시대, 돈을 쓰며 돈을 버는 프로슈머의 시대가 온 것이다. 바로 생산과 소비의 융합이다.

요즘 '워라밸'(Work-Life-Balance)이 대세다. '일과 삶의 균형'을 찾자는

---

[46] 대한민국의 대표적인 크라우드 펀딩 사이트 중 하나로 예술, 문화 콘텐츠를 중점적으로 다루고 있다. 특히 그중에서도 독립적인 문화 창작자들의 지원을 목표로 한다(위키백과).

젊은 세대의 라이프스타일을 보여주는 캐치프레이즈인데, 이는 모든 노동자의 욕구이기도 하다. 그러나 두 차례 세계대전을 겪고 다시 일어서는 동안, 그리고 대한민국의 경우 한국전쟁 이후 국가를 재건하는 동안 모두는 너 나 할 것 없이 일에 매달려왔다. 노는 법과 쉬는 법을 잊었다고 말할 정도로 일과 직장에 올인했다. 그 결과가 오늘 우리 사회가 누리는 모든 것이라 해도 과언이 아니다.

그러나 시대가 달라졌다. 이제 젊은이들은 직장을 선택할 때 주 4일제, 시차출근제, 육아휴직 등 본인에게 중요한 근로조건이 잘 갖추어진 곳인가를 먼저 살핀다. 이러한 요소들이 새로운 직장을 구할 때 연봉이 얼마인가보다 중요한 요소가 된 것이다. 이 또한 일 (의미)과 재미(놀이)의 융합이 아닌가?

세대의 진화, MZ세대

MZ세대는 1980년부터 1994년생까지를 일컫는 밀레니엄(M) 세대와 1995년부터 2004년 출생자를 뜻하는 Z세대를 합쳐 일컫는 말이다. 통계청에 따르면 MZ세대는 2019년 기준 약 1,700만 명으로 국내 인구의 34퍼센트를 차지한다.

MZ세대는 디지털 환경에 익숙하고, 트렌드에 민감하며 이색적인 경험을 추구한다. 가장 큰 특징은 이전 세대와는 다르게 '디지털 네이티브'(Digital Native), 즉 태어날 때부터 디지털 환경을 접해왔다는 것이다. 디지털 기기를 이용하고 디지털 문화를 향유하는 데에 매우 능숙한 MZ세대는 유통시장에서 그 어느 때보다 강력한 영향력을 발휘하고 있다.

세대 구분	베이비붐 세대	X세대	밀레니얼 세대 (Y세대)	Z세대
출생연도	1950~1964년	1965~1979년	1980~1994년	1995년 이후
인구 비중	28.9%	24.5%	21%	15.9%
미디어 이용	아날로그 중심	디지털 이주민	디지털 유목민	디지털 네이티브
성향	전후 세대 이념적	물질주의 경쟁사회	세계화 경험주의	현실주의 윤리 중심

대한민국 세대 분류
(통계청 맥킨지코리아)

　SNS와 인터넷, 스마트폰에 익숙한 MZ세대는 메타버스라는 가상 세계에서 아바타로 생활한다. MZ세대는 밀레니얼 세대보다도 더 개인주의적이며 자기중심적인 특성을 보인다. 특히 자신만의 개성을 중시하고 재미를 추구하며, 자유롭게 생각하고 사생활을 존중받기를 원하는 성향이 있다. 그렇다고 해서 자기만 아는 것도 아니다. "덕분에 챌린지" 같은 공익캠페인에도 열심이며, 착한 소상공인이나 착한 기업의 제품을 애용하는 데도 적극적이다. 환경보호를 위해 개인 컵을 지니고 다니고, 가죽 제품을 멀리하며, 리사이클 용품을 소비하는 데에도 관심이 높다.

　MZ세대의 소비문화를 두고 '희소가치'를 빗대어 '휘소가치'란 말을 쓴다. 휘두를 '휘'(揮) 자에는 흩어진다는 의미가 있다. 즉 쓸데없는 소비나 낭비라고 보이는 경우에도 자신의 심리적 만족을 높일 수 있다면 눈치 보지 않고 후회 없이 휘두르는 MZ세대의 소비특성을 잘 드러내는 말이다. 동시에 MZ세대는 대단한 실속파의 면모도 보여준다. 해외 직구를 통해 저렴한 가격으로 의류를 구입하는가 하면, 신제품 대신 중고품 구입으로 비용을 아낀다. 값비싼 럭셔리 골프의류에 열광하지만 구매가 아니라 대여로 해결하는 것이 대세다. 2030세대의 골프 열풍과 함께 골프의류 대여업체가 호황을 맞고 있는 배경이다.

한편 MZ세대는 재테크도 부모세대(50·60세대)에 비해 높은 리스크를 감수하는 투자 성향이 강한 것으로 나타났다. 실제 2021년 1분기 암호화폐 거래에 뛰어든 투자자 3명 중 2명은 MZ세대였다.[47] 직장인으로 MZ세대의 특성을 정리해보면 보다 쉽게 그들의 특성을 이해할 수 있다. 시장조사업체 오픈서베이에 따르면, 밀레니얼 세대의 55.4퍼센트와 Z세대의 54.2퍼센트가 카카오톡이 업무용으로 쓰이는 데 스트레스를 받는다고 답변했다. 업무와 사생활의 구분이 MZ세대에게 더 뚜렷하다는 것을 알 수 있다.[48] MZ세대는 워라밸을 중시한다. 회사는 같이 성장해나가는 파트너이지, 자신을 희생하면서까지 함께해야 하는 대상은 아닌 것으로 조사[49]되었다.

---

[47] 〈국민일보〉, "코인해 조기은퇴나 할까"… '한탕 대박' 꿈친 MZ세대, 김지훈 기자, 2021.12.23.

[48] 〈LX인터내셔널〉, "90년대생이 온다! 직장에서 MZ세대 이해하는 법", 2021.8.25.

[49] 대학내일 20대 연구소에서 조사한 결과, 86세대의 절반 이상이 회사의 이득에 희생할 수 있다고 말했지만, MZ세대는 60퍼센트 이상이 회사가 이득을 보더라도 내가 손해를 본다면 받아들일 수 없다고 답변했다.

TIP 세대와 특징

*베이비붐 세대: 전쟁이 끝난 후 대체로 안정되고 풍요로운 사회적 분위기로 출생률이 급격히 증가하였던 시기에 태어난 사람들을 말한다. 우리나라는 55년에서 64년 사이에 태어난 약 900만 명이 해당된다. 전후 세대로서 이념적이며 아날로그 중심이다.

*X세대: 캐나다의 작가 더글러스 쿠프랜드의 소설 『X세대』에서 유래된 말로 1968년을 전후해서 태어난 신세대를 가리킨다. 일반적으로 통용되는 X세대의 개념은 베이비붐 세대에 대항하여 반항적이고, 뭔가 튀는 세대라는 뜻으로 널리 알려져 있다.

*Y세대(M세대, 밀레니엄 세대): 베이비붐 세대의 자녀 세대로 80년에서 94년 사이에 태어난 사람들을 가리킨다. M세대라고도 하는데 이는 밀레니엄 세대 또는 모바일 세대의 M에서 유래하였다. 아날로그 환경과 더불어 디지털 환경에서 자란 세대이며 세계화, 경험주의 등을 성향으로 들 수 있다.

*Z세대: 일반적으로 1990년대 중반에서 2000년대 초반 태어난 세대를 일컫는다. X세대의 자녀로 어릴 때부터 디지털 환경에 노출되어 인터넷과 IT에 친숙하며 본인의 관심사를 공유하고 콘텐츠를 생산하는 데 익숙하다. 디지털 원주민이라 불린다.

Chapter 4

미래의 삶터

일자리의 미래

응답하라 1988!

여러분은 30년 전을 기억하는가? 현재의 부모 세대가 지금 자녀들 정도의 나이였을 때를 말이다. 한동안 그 당시를 배경으로 만든 드라마가 이목을 집중시키기도 했다. 바로 '응답하라 시리즈'다. 드라마 '응답하라 시리즈'는 2012년 〈응답하라 1997〉, 2013년 〈응답하라 1994〉, 2015~2016년 〈응답하라 1988〉로 이어지는 동안 수많은 화제와 패러디를 양산했다. 그중 〈응답하라 1988〉은 부모 세대에게 추억의 한 장을 열어주었다. 드라마의 배경으로 등장한 눈에 익은 모습들, 즉 마을 풍경, 평상이 놓인 슈퍼 앞, 골목길, 의상, 헤어스타일뿐 아니라 화장품 방문 판매원이나 바둑기사, 연탄 배달원, 전파사 등등 친숙했던 군상들을 보며 우리는 청춘 시절을 소환했다.

그런데 드라마에 등장했던 여러 직업 중 아직 남아 있는 것이 무엇인지 혹시 생각해본 적 있는가? 화장품을 팔러 와서 마사지를 해주던 방판원, 지직거리는 라디오나 녹음테이프를 끊어먹는 카세트 리코더를 고치러 가면 "내일 오세요" 하던 기사님. 더는 그분들의 모습이 보이지 않는다. 다들 어디로 간 것일까?

현재 우리 생활 속에는 그 당시엔 생각조차 못 했던 직업들이 함께하고 있다. 바리스타, 강아지 호텔 종사자, 반려동물 전문가, 네일아트 전문가, 프로게이머, 스트리트 댄서 같은 직업이 대표적이다. 누군가는 "그런 게 직업이 돼?" 하고 갸우뚱할 수도 있을 터다. 교사나 의사, 판검사나 공무원, 혹은 일반 회사원만 떠올리던 사람들에겐 어이없는 일일지도 모른다. 그만큼 세상이 확 달라진 것이다. 앞으로 30년 후 우리 아이들이 지금의 부모 또래가 되었을 때엔 세상은 또 어떤 모습을 하고 있을까? 지금 있는 직업 중 남아 있는 게 과연 몇 종이나 될까?

기술은 인간을 편리하고 최적화된 세상으로 이끈다. 그러나 기술의 변화는 삶의 변화를 이끄는 동시에 우리 삶의 터전인 일자리에도 큰 변화를 몰고 온다. 우리 아이들은 기하급수적인 속도로 진행되고 있는 4차 산업혁명으로 인해 예상보다 빨리 변화에 직면하게 될 것이다. 특히 4차 산업혁명 시대의 변화는 그 위에 올라타 적극적으로 이용하고 선도하는 쪽과 그렇지 못한 쪽 사이에 엄청난 양극화와 불평등을 몰고 올 것이다. 기업이든 개인이든 덩치가 아니라 속도, 즉 시대의 니즈를 먼저 읽고 이에 대처하며 앞서가는 사람이 지배하는 세상이 될 것이다.

미래 직업의 변화

베스트셀러를 쓰고 작곡을 하고 새로운 요리법을 만들며 암을 판별하고 초당 9.5개의 기사를 쓰는 인공지능이라니, 상상할 수 있을까? 몇 해 전에 기획재정부가 만든 '4차 산업혁명시대의 일자리'라는 동영상에는 인공지능이 대체 가능한 직업을 소개하고 있다. 놀랍게도 의사가 94퍼

센트, 회계사도 94퍼센트, 판사가 40퍼센트에 달한다. 이는 영국 옥스퍼드대학교가 2013년에 발표한 '고용의 미래'(The Future of Employment)라는 연구 결과를 인용한 것이다.

로봇 약사가 등장하고, 3D 프린터로 만든 자동차를 타고 다니며, 정부는 블록체인으로 세금을 징수한다. 의사결정은 빅 데이터가 하고 주식을 사고파는 일의 90퍼센트는 로봇 펀드매니저가 대신한다. 금융에도 빅 데이터 플랫폼이 구축되고, 핀테크의 발달로 은행이나 카드회사, 보험회사와 증권회사 등의 많은 지점이 점차 사라진다.

인간이 해오던 수많은 일을 기계가 대신하게 되면서 기존에 인간이 해오던 일자리는 대폭 줄어들 것이다. 육체적인 노동을 요하는 단순 작업은 물론이거니와 고차원적인 정신 능력을 필요로 했던 직업 역시 인공지능이 대신할 것이다. 물론 사라지는 대신 새로 생겨나는 직업도 늘어날 것이다. 업무 특성이 단순한 것들은 기계에 자리를 내어주겠지만, 기술의 발달에 따른 새로운 직업이 생겨날 것이다. 예를 들어 스마트폰 어플리케이션 디자인은 10여 년 전만 해도 존재하지 않았던 직종이었다. 마찬가지로 데이터의 흐름을 분석하고 결과를 도출해내는 데이터 분석가, 인터넷상에서 사람들의 네트워크 플랫폼을 개발하고 기획하는 소셜 미디어 전문가, 불필요한 정보를 걸러내는 역할을 하는 데이터폐기전문가(Waste data handler) 등 새로운 영역을 관리하는 전문가가 생겨나고, 이것이 결국 하나의 직업으로 자리 잡게 될 것이다.

4차산업과 일자리(기획재정부 동영상)

https://www.youtube.com/watch?v=3LIxTJ-o-CI

4차 산업혁명과 일자리

일자리는 늘어날까, 줄어들까? 세계경제포럼은 2년마다 「일자리의 미래 보고서」(The Future of Jobs)를 발표하고 있다. 2020년 발표한 보고서에 따르면 2025년까지 8,500만 개의 일자리가 자동화되어 인간의 자리를 대신하는 반면 9,700만 개의 새로운 일자리가 생겨날 것이라고 한다. 단순직의 고용이 줄어드는 대신 상대적으로 전문 기술직의 수요가 늘어나기 때문이다.

전문가마다 예측은 다르다. 로봇 때문에 일자리를 많이 잃을 거라는 비관론도 있고, 노동시간이 줄면서 새로운 욕구가 생겨나고 이를 충족하기 위한 일자리가 많이 늘어날 것이라는 낙관론도 있다. 4차 산업혁명의 진행에 따라 단기적으로는 빈부격차가 커지고 노동시장이 붕괴하겠지만, 장기적으로는 새로운 영역이 생기고 직업이 세분화하면서 일자리가 늘어날 것이라는 주장이다.

과거 산업혁명 시기에도 같은 우려가 있었다. 19세기 영국의 '러다이트 운동'(Luddite)[50]처럼 기계가 일자리를 빼앗는다고 여겨 기계들을 부수는 일까지 있었다. 그러나 결과는 어떠했을까? 방직 기계가 일자리를 없앴을까? 전기의 등장으로 일자리가 줄어들었을까? 컴퓨터의 등장으로 일자리가 없어졌는가?

1~3차 산업혁명 역사의 교훈은 기술혁신이 산업의 형태를 바꾸어도 전체 일자리 수에 영향을 주지는 않았다는 점이다. 현대 사회의 발전 양상도 비슷했다. 다양한 기계와 IT의 등장으로 생산성이 증가하면서 시장의 수요 역시 더욱더 빨리 증가했다. 결과적으로 기술의 진보에 대항하는 일자리는 사라지고, 기술의 진보가 창출하는 신시장에서 새로운 일자리가 만들어졌다.

그렇다면 4차 산업혁명에서도 동일한 역사가 반복될 것인가? 인공지능이나 그 밖의 기술혁신들이 일자리를 없애기도 하겠지만 그 이상으로 듣지도 보지도 못했던 수많은 일자리가 생겨날 것이다. 구글이 뽑은

---

50 19세기 초반 영국에서 일어난 사회운동이다. 섬유 기계를 파괴한 급진파부터 시작하여 1811년에서 1816년까지 지역마다 이 운동이 벌어졌는데, 이 말은 시간이 흐르면서 산업화, 자동화, 컴퓨터화 또는 신기술에 반대하는 사람을 의미하게 되었다.

비관론	각계 전문가들의 4차 산업혁명 시대 일자리 전망	낙관론
2030년까지 20억 개의 일자리가 사라질 것 토머스 프레이(다빈치 연구소장)		산업 활성화, 경제성장으로 일자리 수 5% 증가 로버트 앳킨스(정보기술혁신재단 창립자)
테크 기업들은 무자비한 자본가로 등장했다 에이드리언 울드리지(이코노미스트 칼럼가)		AI로 인해 신제품과 신안업 태동-일자리를 늘려 조엘 모키어(노스 웨스턴대 교수, 산업경제학자)
로봇 등장으로 실직한 젊은이의 빈곤 심각 제프리 삭스(컬럼비아대 교수, 경제학자)		근로시간은 줄고 여가는 늘어나며 인간은 행복 할 베리언(구글 수석 경제학자)

4차 산업혁명과 일자리 혁명
(SNS아카데미 2018.8.3.)

세계적인 미래학자 토머스 프레이는 지금 나오는 신기술들로 10만 개의 마이크로 산업이 생겨나며 '슈퍼 고용의 시대'가 올 것이라고 예측했다. 맥킨지 연구소 역시 자동화로 삶의 질이 높아지고 새로운 수요가 발생하여 2030년 전에 세계의 일자리가 5억555만~8억9000만 개 생성될 것으로 발표했다.

티핑 포인트(tipping point)

티핑 포인트란 "예상하지 못한 일이 한꺼번에 몰아닥치는 극적인 변화의 순간"을 말한다. 어떤 상황이 미미하게 진행되다가 어느 순간 갑자기 모든 것이 급격하게 변하기 시작하는 전환점으로, 유행이 시작될 때 극적으로 폭발하는 그 지점을 뜻하는 말이다. 터닝 포인트가 가던 방향에서 벗어나 다른 새로운 길을 갈 때 쓰이는 용어라면, 티핑 포인트는 수면 아래에서 서서히 이루어지던 일의 진행이 어느 순간 수면 밖으로 튀어 올라 폭발하는 단계의 시작점을 말하는 것이다. 비등점, 전환점, 변곡점 등이 같은 말이다.

인류 10%가 인터넷 연결 기능을 지닌 의류를 입을 것이다.	91.2%
인류 90%가 무상/무제한 인터넷 데이터 저장 공간을 갖게 될 것이다.	91.0%
1조 개의 센서가 인터넷과 연결될 것이다.	89.2%
미국에서 최초 로봇 약사가 출현할 것이다.	86.5%
독서용 안경의 10%가 인터넷에 연결될 것이다.	85.5%
인류 80%가 인터넷상에서 디지털 정체성을 갖게 될 것이다.	84.4%
3D 프린터로 자동차가 처음 생산될 것이다.	84.1%
인구조사를 빅데이터 분석으로 대체하는 정부가 출현할 것이다.	82.9%
인체 이식이 가능한 휴대전화가 처음 상업화될 것이다.	81.7%
소비 상품의 5%가 3D 프린터로 인쇄될 것이다.	81.1%
인류의 90%가 스마트폰을 사용할 것이다.	80.7%
인류의 90%가 정기적으로 인터넷에 접속할 것이다.	78.8%
자율주행차가 미국 전체 자동차의 10%에 이를 것이다.	78.2%
3D 프린터로 제작한 간이 사람에게 이식될 것이다.	76.4%
기업 회계감사의 30%가 AI에 의해 수행될 것이다.	75.4%
세금 징수가 처음 블록체인을 통해 이루어질 것이다.	73.1%
가정으로의 인터넷 트래픽 50% 이상이 가전제품에 관련될 것이다.	69.9%
자가용보다 공유차량을 통한 이동이 세계적으로 더 늘어날 것이다.	67.2%

교통신호가 없는 50,000명 이상 인구 도시가 나타날 것이다.	63.7%
세계 GDP의 10%가 블록체인 통화에 쌓일 것이다.	57.9%
인공지능의 기업임원이 처음 출현할 것이다.	45.2%

2025년까지 일어날 티핑 포인트에 대한 응답 결과(클라우스 슈밥(2016) 4차 산업혁명 참조)

예컨대 물은 섭씨 100도에서 끓기 시작한다. 그 이전까지는 냄비 안에서 서서히 온도를 높여오다 어느 순간 섭씨 100도가 되면 날아오른다. 물의 입장에서는 액체가 기체로 바뀌는 순간이 티핑 포인트인 것이다. 22년 7월 글로벌 조사기관인 블룸버그 NEF에 따르면 미국은 지난해 4분기 판매된 신차 중 전기차 비율이 5.3퍼센트로 조사되면서 티핑 포인트인 5퍼센트를 넘어선 가장 최근 국가가 됐다. 자동차 시장에서 5퍼센트라는 비율은 '얼리어답터'(early adopter)[51] 수요가 주류로 바뀌기 시작하는 티핑 포인트로 여겨진다.

우리가 사는 세상은 미래의 변화를 향해 지속적이고도 가파른 속도로 나아가고 있다. 클라우스 슈밥은 그의 저서 『제4차 산업혁명』에서 800명 이상의 ICT 전문가 및 경영자들을 대상으로, 2025년까지 일어날 것으로 예상되는 티핑 포인트에 대해 조사하여 그 결과를 제시했다. 그는 "인류의 10퍼센트가 인터넷 연결 기능을 지닌 의류를 입을 것이다(91.2퍼센트)"에서부터 "인공지능 기업 임원이 처음 출현할 것이다(45.2퍼센트)"에 이르기까지 흥미로운 주제를 제시했는데, 여기서 퍼센트로 표

---

[51] 새로운 제품 정보를 다른 사람보다 먼저 접하고 구매하는 소비자. 제품의 수용(adoption)이 다른 사람들에 비해 빠르게, 일찍(early) 발생하는 사람들을 칭한다.(매경시사용어사전)

시된 수치는 전문가들의 동의율을 의미한다. 미래사회에 대한 예측을 자녀들과 함께 살펴보는 것도 막연한 미래를 이해하는 데 도움이 될 것이다.

인공지능과의 경쟁

1956년 존 매카시가 최초로 '인공지능'(AI; Artificial Intelligence)이라는 용어를 사용한 이래 급격한 기술 발전과 더불어 인공지능이 할 수 있는 일의 영역은 점차 넓어졌고, 체스나 바둑처럼 인간들끼리 지능을 겨루는 유희에서조차 인공지능은 인류에 우위를 점하는 경지에 이르렀다. SF 만화나 영화 등 상상 속에서만 존재했던 '인간과 인공지능의 경쟁'이 본격적으로 점화된 것이다.

스티븐 호킹은 인공지능을 두고 "자기 자신을 재구성하여 발전을 지속할 것이다. 생물학적 진화 속도가 느리다는 제한점을 가진 인간은 이와 경쟁할 수 없기에 결국 대체될 것"이라고 경고했다. 반면 알파고를 개발한 데미스 허사비스는 "산업혁명으로 많은 직업이 없어졌지만 동시에 그전에 없었던 새로운 직업이 등장했듯이 AI 시대에도 새로운 가치를 창출하는 직업들이 계속 생겨날 것"이라며 사람과 인공지능이 이뤄낼 시너지 효과에 기대감을 표했다.[52]

인간이 인공지능과 경쟁하는 사회가 될 것만은 분명하다. 로봇은 24시간 일하고, 불평도 없고, 아프지도 않고, 휴가도 가지 않고, 노조

---

52 인공지능 무엇이 문제일까?, 김상현 지음, 인터넷 교보문고,

도 만들지 않으며 심지어 월급도 필요 없다. 직무 특성이 단순하고 반복적인 일부터 기계에 대체될 것이며, 로봇과 인공지능, 사물 인터넷 등의 발달로 인간은 여러 분야에서 설 자리를 잃게 될 것이다. 스마트 공장이 그 대표적인 사례이다.

아디다스가 운영하는 한 운동화 공장이 있다. 그곳에서는 로봇이 운동화를 만드는데, 근로자는 10명에 불과하다. 로봇 근로자들은 개인의 피부, 근육, 뼈 조직 등의 데이터를 분석해 '개인 맞춤형' 운동화를 만든다. 연간 50만 켤레를 만드는 데 10명이면 된다. 과거에는 사람 근로자 600명이 하던 일이다.

편의점은 무인화하고, 콜센터에서는 챗봇이 일하고, 언론사에도 스포츠나 주식 시황 등 데이터를 기초로 작성하는 기사는 주로 로봇이 담당한다. 중국에서 만든 '다바이'라는 AI 의사는 3억 명의 진료 기록과 10만 명 이상의 수술 기록을 이용해 개발했다. 이 AI 의사와 3분 정도 채팅하면 94퍼센트 정도의 정확성으로 병명을 알려준다고 한다.

단순 노동직에 이어 의사, 변호사, 회계사 같은 전문직도 변화의 물결을 피할 수 없다. 사람이 아닌 인공지능을 쓰는 이유는 한마디로 생산성 때문이다. 비용은 적게 들지만 효율성이 높다. 인공지능이 할 수 없는 일은 무엇일까? 사람이 인공지능보다 잘 할 수 있는 일은 무엇일까?

로봇이 내 직업을 대체할 확률

로봇이 내 직업을 대체할 확률은 얼마일까? 옥스퍼드대학교의 마틴 스쿨 연구팀이 개발한 테스트에는 다음과 같은 질문이 들어 있다.

1) 독창적인 해결책을 필요로 하는 업무인가?

2) 다른 사람을 돕는 업무인가?

3) 좁은 공간에 배치될 가능성이 있는 일인가?

4) 협상이 필요한 업무인가?

다음 도표는 자동화 및 기계화가 대체하는 직무의 유형과 숙련도를 기준으로 기술 대체 가능성을 살펴본 것인데, 4가지 유형으로 정리된다.[53] 먼저 직무의 형태가 비정형화할수록 기술의 대체 가능성은 낮아진다. 예를 들어 변호사나 의사, 또는 간병인이나 육아 조력자인 경우 직무가 단순하지 않고 상황에 따라 다양한 대처가 필요하므로 기계나 자동화 기술로 대체하기 어렵다. 반면에 직무 형태가 단순하고 정형화되어 있으면 기술의 대체 가능성이 훨씬 높아진다. 요금수납이나 창고관리 같은 일들은 반복적인 일로 정형화되어 있어 기계나 자동화 기술로 손쉽게 대체할 수 있다.

또 하나의 기준은 숙련도이다. 고숙련 업무, 즉 업무의 난이도가 높고 일을 능숙하게 다루는 데까지 걸리는 시간이 많을수록 기술의 대체 가능성은 적어진다. 예를 들어 회계사무, 통번역 같은 경우는 정형화된 일로 대체 가능성이 높지만, 동시에 고숙련도가 요구되는 일이므로 대체 가능성은 중간 정도로 낮아진다. 특히 숙련 수준보다는 비정형화 정도가 기술의 대체 가능성에 더 큰 영향을 주는 것으로 나타났다.

이렇듯 기술의 대체로 인해 근로자의 직무는 어떻게 변화될까? 대체

---

[53] 4차 산업혁명, 미래의 일자리 전망, 한국고용정보원.

(높음)

③ 〈기술 대체 가능성 중간〉
- 고숙련 업무
- 정형 업무
- 예시) 회계사무, 법률사무, 통번역, 임상병리, 영상의학분석

① 〈기술 대체 가능성 낮음〉
- 고숙련 업무
- 비정형 업무
- 예시) 연구개발, 공정관리, 설비 유지 보수, 법률전문가, 의료

숙련수준

④ 〈기술 대체 가능성 높음〉
- 저숙련 업무
- 정형 업무
- 예시) 단순조립, 계산 및 출납, 요금수납, 시설안내, 창고관리

② 〈기술 대체 가능성 낮음〉
- 저숙련 업무
- 비정형 업무
- 예시) 정육가공(발골), 청소, 간병, 육아

(낮음) → 비정형화 정도 → (높음)

직무의 숙련도와 정형화 정도에 따른 기술 대체 가능성(한국고용정보원)

되어 없어지거나, 또는 일부 축소되는 대신에 사람이 필요한 업무는 더욱 중요도가 높아질 것이다. 이 경우 근로자의 직무는 기존의 단순한 일에서 고숙련 업무 중심으로 탈바꿈하게 된다. 반대의 경우도 생각해볼 수 있다. 로봇 인공지능 등 첨단기술로 인해 숙련기술의 필요성이 줄어들며 근로자의 업무가 더욱 단순화될 수 있다. 고난도의 업무는 인공지능이 대체하고 사람들은 단순한 업무로 뒷받침한다는 이야기다. 기술의 진보로 노동의 고숙련화가 촉발되겠지만, 한편으론 새로운 저숙련 노동이 출현하는 양극화 현상이다. 미래사회는 노동의 양극화 현상과 함께 로봇을 소유하거나 다루는 지배계층, 로봇의 지시를 받고 일하는 피지배계층으로 나누어진다는 것이다.

아직은 생소한 단어이지만 '프레카리아트'(Precariat)란 신조어가 있다.

불안정한(Precario)과 임금 노동자(Proletariant)의 합성어로 인간의 노동이 대부분 AI로 대체된 미래사회에서 임시 계약직이나 프리랜서 형태의 단순노동에 종사하며 저임금으로 근근이 살아가는 계층을 뜻하는 말이다. 서울대 유기윤 교수는 플랫폼화가 진행될수록 프레카리아트의 일자리는 점점 불안정해진다고 이야기했다. 노동의 질은 떨어지고 기계의 보조자로 전락하여 비참한 노동을 하며 살 수밖에 없는 구조로 바뀌게 된다는 것이다. 그러면서 "인류의 99퍼센트가 로봇에게 일자리를 빼앗긴 후 프레카리아트가 된다"라는 주장을 내놓기도 했다.[54] 현재 세계 최고기업의 순위표는 구글, 아마존 등 플랫폼 기업들이 석권하고 있다.

자동화 담론과 노동의 미래

알파고의 등장 이후, 인간의 일자리가 사라지고 로봇이 그 자리를 대신할 것이라는 예측은 낯설지 않은 것이 되었다. 곳곳에 설치된 키오스크, 취향을 분석해주는 알고리즘, 전화 예약을 받는 AI, 사람 없이 돌아가는 스마트 팩토리를 보면 마음 한구석에 불안이 피어오른다. 모든 일자리가 기계로 '자동화'된다면 인간은 무엇을 할 수 있을까?

인터넷을 검색하다 상업용 건물의 공용 화장실을 청소하는 로봇의 동영상을 본 적이 있다. 카페 비트에서 커피를 만드는 로봇과 비슷하게 생겼는데 네모난 몸통 한쪽에 팔이 하나 달려 있다. 로봇은 그 팔로 변기를 닦고 세척제를 뿌리고 바닥을 청소한다. 미국 뉴욕에 있는 스타트업

---

[54] 〈JTBC FACTUAL〉, 인류의 99퍼센트는 로봇에게 일자리를 빼앗긴 후 프레카리아트가 된다, JTBC 2021.10.09.

'소매틱'(Somatic)이 개발한 대중 화장실용 청소 로봇이다. 이 화장실 청소 로봇은 혼자서 엘리베이터를 타고 건물의 다른 곳으로 이동할 수도 있고, 청소가 다 끝나면 원위치로 복귀해 스스로 배터리를 충전한다. 인기가 많아 아마존, 애플, 구글 등 굴지의 회사들이 사용하고 있다.

2019년에 국내 처음으로 인간변호사와 인공지능이 법률 자문 능력을 두고 대결한 '알파로 경진대회'가 열렸다. 인공지능 '알파로'는 한국의 법률 AI 기업인 인텔리콘 연구소에 의해 개발돼 '2019 국제인공지능박람회'에서 최초로 공개된 법률 AI이다. 총 12개 팀이 참가했는데 이 중 9개 팀은 인간 변호사로 구성된 팀들이었고 나머지 3개 팀은 '알파로'와 일반인 또는 변호사로 구성된 '혼합팀'이었다. 결과는 어땠을까? 인공지능이 포함된 혼합팀의 압승이었다. 변호사가 아닌 일반인과의 혼합팀을 포함하여 1등에서 3등까지 인간+AI로 구성된 팀들이 선두를 차지한 것이다. 변호사팀들은 절반에도 미치지 못하는 점수로 한참 뒤처진 결과를 보였다.

화장실을 청소하는 청소부이든 법률 전문가인 변호사이든 로봇과 AI의 도전을 피하기는 어렵다. 그런데 여기서 잠깐 생각해보자. 청소 노동자들은 인터넷에서 청소하는 로봇의 영상을 보며 자신의 미래에 대해 심각한 불안을 느꼈을 것이다. 변호사들도 그랬을까? 그럴 것 같지는 않다. 청소 노동자의 경우는 일자리를 통째로 빼앗기는 처지가 되었지만, 법률 AI '알파로'는 변호사들에게 협업의 동반자로 인식되었기 때문이다.

생각해야 할 이슈는 또 있다. 법률 상담에 협업하는 AI를 보며 변호사들은 워라밸을 상상할 수 있지만, 화장실을 청소하는 노동자들은 청소

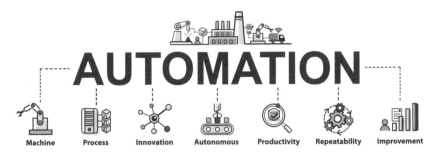

사회 여러 분야에 적용되는 자동화

로봇을 보면서 저녁이 있는 삶이나 워라밸을 꿈꾸지 못한다. 이것이 현실이다. 따라서 우리는 노동 조건의 변화에 어떻게 대처할지, 자동화와 인공지능의 개입에 있어 어떤 분야에 우선순위를 둘지 정해야 한다. 이것은 사람의 몫이다. 실제로 변호사들에게는 AI의 개입을 막거나 늦출 힘이 있지만, 청소 노동자들에겐 그럴 힘이 없거나 상대적으로 약하다.[55]

위와 같은 사례에서 보듯 일자리 자동화의 파급효과는 노동자 계층에 따라 그 속도와 충격이 달라질 것이다. 하지만 궁극적으로는 노동의 형태를 바꿀 것이며 소득 불균형과 양극화를 심화할 것이다. 노동경제학의 대가인 리처드 프리먼 미국 하버드대 석좌교수는 미래의 노동 형태에 대해 "노동자는 갈수록 기계를 보조하는 역할을 하게 될 것이다. 마치 GPS나 스마트폰 앱이 우리의 길을 안내하듯, 이런 노동에서 '상급자'(boss)는 기계가 될 것이며 노동관계는 노동자와 '기계 보스'의 관계로 변할 것이다"라고 말한다.

나아가 그는 "소수의 사람과 공장이 새로운 기술을 통제한다면 우리

---

55   [프레시안 books] 2022.2.1. 최용락기자 '로봇이 일자리를 빼앗아간다는 100년 된 레파토리…사실일까?

는 '로봇 시대 봉건제'(robot-age feudalism)로 돌아갈 것이다. 로봇 소유자는 번창하는 반면 대다수는 힘겹게 살아가야 한다." "소수에서 다수로 자본주의 소유구조를 바꿔서 디지털화의 이익이 로봇 소유자에게 온전히 흘러가지 않도록 해야 한다"고 역설했다.

이처럼 노동의 미래와 사회의 양극화에 대비하여 자동화 이론가들은 공정한 '분배'의 수단으로 '기본소득'을 도입해야 한다는 주장이다. 기술의 발달로 인간의 노동력이 쓸모없어진 사회에서 유일한 해결책은 보편적 기본소득을 도입함으로써 노동의 양과 임금수준 사이의 상관관계를 끊어야 한다는 것이다.

반면에 미국의 경제학자 아론 베나나브(Aaron Benanav)는 자신의 저서 『자동화와 노동의 미래』에서 "로봇이나 AI에게 노동을 넘겨주고 인간은 기본소득을 받아 생활하는 '노동 해방'의 모습은 노동의 가치를 말살하는 악몽에 불과"하다고 비판하며, 양극화 해결의 근본은 복지 차원이 아닌 사회구조의 재편 등 본질적 해결에 있음을 인지하라고 촉구했다.

자동화의 진전과 고용시장의 불안정, 사회 양극화와 불평등 심화, 디지털 엘리트 계층의 등장, 여기에 바이러스로 인한 불황까지 찾아오면서 미래 지속 성장의 리스크가 날로 증대되고 있는 오늘날, 소수의 플랫폼 기업들이 'All or Nothing'의 기세로 세계를 정복하고 있는 현실을 되짚어보면 노동의 미래에 대한 논쟁은 더욱 뜨거워질 전망이다.

인공지능을 이기는 '호모 파덴스'

세계적으로 로봇 사용이 빠르게 늘고 있다. 2017년 블룸버그 통신이 '인간노동에 대한 로봇의 대체율'이 높은 국가를 조사한 바에 따르면 1위가 중국이고 한국이 2위로 나타났다. 또한 2021년 국제로봇연맹(IFR)이 발표한 세계 자동화 통계에서도 세계에서 가장 자동화가 잘 된 나라는 싱가포르이며 한국이 뒤를 이어 2위를 차지했다.

로봇을 넘어서기 위해 인간은 어찌해야 할까? '대한민국 벤처 대부'이자 미래 통찰력에 대한 저서와 강의로 유명한 카이스트 이민화 교수(1953~2019)는 4차 산업혁명 시대의 새로운 인간상을 '호모 파덴스(Homo Fadens)'로 제시한다. 호모 파덴스는 호모 파베르 (Homo Faber; 도구를 사용하는 인간)와 호모 루덴스(Homo Ludens; 놀이하는 인간)의 합성어로 "의미 있는 목표에 재미있게 도전하는 인간"이란 뜻이다. 이민화 교수가 미래의 인재상은 무엇일까 고민하던 중에 만들어낸 말이다.

호모 파덴스는 한마디로 의미와 재미를 동시에 잡는다는 뜻이다. 다음 어학사전에서는 호모 파덴스를 "인간을 보는 관점 가운데, 인간의 본질이 놀면서 일하는 데에 있다고 보는 견해"라고 설명한다. 의미는 없이 재미만 탐닉하면 어떻게 될까? 사회와 유리되어 도태되고 결국은 스스로를 파괴할지도 모른다. 반면에 재미없이 의미만 추구하면 어떻게 될까? 기계와도 같은 일상에 지쳐 병들고 탈진하여 결국은 허무한 인생을 맞이하게 될 것이다.

이민화 교수는 자신의 책에서 "재미와 의미가 융합된 목표는 우리를 설레게 한다"고 하면서 성공적인 삶과 그렇지 않은 삶의 차이는 일터로 나갈 때 설렘이 있느냐 없느냐의 차이라고 말한다. 이를테면, 지나치게

호모파베르 Homo Faber		호모 루덴스 Homo Ludens
산업화 시대		탈산업화 시대
지성으로 물질을 만드는 인간	호모파베르와 호모루덴스의 융합으로	놀이에 몰두하는 인간
기능 중시	인간은 의미있는 목표에 재미있게 도전하는	경험 중시
의미 추구	호모 파덴스의 시대 도래	재미 추구
'재미'없이 의미만 추구하면 개인은 탈진		'의미'없이 재미만 탐닉하면 사회와 유리
기업가 정신		게임화

호모 파덴스 시대의 도래(창조경제연구회, 2016)

어려워서 수행하기 버거운 과제는 노동자에게 스트레스와 중압감을 주지만, 그렇다고 해서 가치라곤 전혀 찾아볼 수 없는 일은 우리를 설레게 하지 않는다. 그는 나아가 "설렌다는 것은 의미 있는 목표이면서도 예측이 불확실하다는 뜻"이라고 말한다. "불확실한 가치에 도전할 때 사람들은 열정을 불태운다"는 것이다. 그러고는 "재미있고 의미 있는 목표는 사회에는 가치 있는 성과를, 개인에게는 자아 성취감을 제공한다"고 강조했다. 인공지능에는 없는 인간상, 바로 호모 파덴스의 모습이다.

신설 학과를 보면 미래 직업이 보인다

승차권을 검사하며 승객을 태우던 버스 안내원, 전화를 건 사람과 받을 사람을 연결해주던 전화 교환원, 극장 간판을 그리던 화가, 쌀이나 옥수수를 가져가면 펑 소리를 내며 튀겨주던 뻥튀기 아저씨, 기차 안을 이리저리 돌아다니며 승차권을 검사하던 검표원, 동네마다 하나씩 있던 얼음가게…. 이 모두가 기술의 발달로 사라진 직업이다. 반면 새로 생겨난 직업들도 있다. 각 대학에 어떤 학과들을 새로 개설하는지 눈여겨보면 미래사회의 직업이 보인다.

지금 대학에는 웰빙테라피과, 다이어트정보과, 실버케어복지과 등 예전 볼 수 없었던 학과들이 있다. 고령화 사회, 건강과 삶의 질을 생각하는 사람들의 필요와 욕구에 부합하기 위해 새로 생겨난 학과들이다. 또 어떤 학과들이 생겨나고 있을까?

두드러지는 점은 시대에 맞게 첨단 분야에 관한 학과가 많다는 점이다. 전 공정이 자동으로 이루어지는 스마트 팩토리 학과, 사이버 보안을 스마트 시대에 적용··응용하고 연구하는 스마트보안 학과, 현재 사용되는 모든 종류의 반도체를 대체할 것으로 예상되는 차세대 반도체 학과, 꿈의 도시를 만드는 스마트 융합시티 학과, 다양한 데이터를 활용하여 세상을 통찰하는 데이터 사이언스 학과, 그리고 반도체공학과 ICT 융합 전공 학과 등이 좋은 예다. 소개한 전공들은 가천대, 고려대, 경기대 등 여러 대학에서 2022년에 신설한 학과들이다.

그 밖에도 연세대의 인공지능학과 신설을 비롯하여 동국대, 이화여대, 인하대 등에서 빅데이터 응용, 스마트 팜, 미래모빌리티, AI 디자인 등 미래사회에 필요한 능력을 함양하는 학과를 신설했다. 인문계열도 부지런히 특색 있는 학과들을 신설하는 중이다. 고려대의 글로벌 한국 융합 학부, 동국대의 문화재 학과 등을 들 수 있다.

직업의 종말, 일자리 패러다임이 바뀐다

직업이 한 사람의 미래, 나아가 한 가족의 미래를 책임져주던 시기는 불과 100년 만에 종말을 고하고 말았다. 더는 평생직장이란 말이 통하지 않는 시대다. 프리랜서로 활동하는 사람, 시간과 장소에 구애를 받지 않고 일하는 디지털 노마드[56] 족이 급격히 늘어나고 있다. 게다가 인간의 수명이 늘어나면서 단 하나의 직업이 아니라 평생에 걸쳐 4~6가지의 직업을 갖게 될 것이라 한다.

"이제 대학을 나와 직장을 찾고 거기서 평생 일하던 시대는 끝났다. 학력 인플레와 첨단 기술의 발전은 한정된 일자리를 두고 답이 없는 무한경쟁을 초래하고 있다. 좋은 학위로 멋지고 안정적인 전문직을 얻는다는 것은 꿈이 되었다. 직업적 미래가 사라지고 있는 지금, 직업의 시대는 종말을 고하고 있다는 것이다."

"우리는 20세기까지 이런 시대를 살았다. 대학에 가서 공부하고 취업하는 시대란 다시 말하면 돈과 시간을 들여서 지식과 정보를 구매하고 그것을 기업에 되팔아 돈을 버는 시대였다. 그런데 이런 패러다임이 통하는 시대는 끝나버렸다. 지식과 정보가 너무 흔해졌고 빨리 변해서 값

---

[56] 휴대폰, 노트북, PDA 등과 같은 첨단 디지털 장비를 휴대한 채 자유롭게 떠도는 사람으로서, 디지털 기기를 이용하여 시공간의 제약 없이 인터넷에 접속하여 필요한 정보를 찾고 쌍방향으로 소통한다(매경시사용어사전).

어치가 없게 된 것이다. 그런데도 우리는 21세기를 살면서 20세기의 직업관을 가지고 있다. 빨리 바뀌어야 한다."

테일러 피터슨이 그의 책『직업의 종말』에서 이야기한 내용이다. 대학을 졸업해 유망하고 인기 좋은 전문직이나 대기업에 취직하는 것이 미래를 보장해주던 시절이 있었다. 오늘날 우리나라의 현실도 여전히 그런 쪽에 무게를 두고 있는 편이다. 너도나도 바늘구멍 같은 대기업 취업을 목표로 하거나 공무원 시험을 준비하고, 국가공인 자격증을 따려고 한다. 시간과 노력을 들여 공부하여 자신을 업그레이드하면 '그래도' 일자리가 있을 게 아니냐고 생각하면서 말이다. 그러나 이미 블루칼라 생산직 종사자들만의 문제로 보였던 일자리 부족과 취업난이 화이트칼라 전문직 종사자들에게까지 확산되고 있다.

얼마 전 뉴스에 부산대 총장이 "초등교사 뽑을 필요 없다"고 하는 인터뷰를 해서 논란을 일으킨 적이 있다. "(2023년에 임용되는) 현 교대 4학년은 (초등교원 채용이) 전국에서 3,000명 대로 예정돼 있다"고 하면서 "교육부는 3학년의 경우 임용 예정 인원을 2,000명 미만으로 얘기하고 있다. 현재 상태로는 '교원을 한 명도 안 뽑아도 된다'는 선까지 극단적으로 얘기하는 사람들도 있다"고 말한 것으로 알려졌다. 이처럼 최근 벌어지고 있는 교사 임용 대란에서도 볼 수 있듯이 전문직의 미래는 결코 밝지 않다. 시험을 통과하고도 수년씩 기다려야 하는 현재 상황도 마찬가지다.

한마디로 더는 '직업적 미래'를 꿈꿀 수 없게 되었다는 뜻이다. 어렵게 전문직이 되거나 대기업에 취직한다 해도 과거처럼 평생을 보장해주던 시대는 종말을 고했다. 우리나라 최고의 직장으로 '취준생'들이 선망

의 대상으로 꼽곤 하는 S그룹의 경우에도 전체 퇴직자 1만2천315명 중 정년퇴직은 188명에 불과한 것으로 나타났다. 이는 퇴직자 전체 인원 대비 1.5퍼센트에 해당하는 수치로 나머지는 모두 중도에 그만두었다는 것이다.

또 다른 대기업인 L그룹의 사정도 크게 다르지 않다. 60세 정년퇴임 조건에도 불구하고 평균 퇴직 연령이 51.4세이다. 이는 우리나라 10대 기업 중 가장 낮은 수치로 이 회사는 명예퇴직 제도인 "'브라보 마이 라이프'를 개설하여 50대 이후로는 정년퇴임보다는 명예퇴직을 권고"하고 있는 실정이다.[57]

사오정(사십오 세면 정년), 오륙도(오십육 세까지 직장 다니면 도둑)라는 말이

---

57 〈네이버 포스트 피클코〉, "사표 안 쓰고 버티면 요즘 대기업에서 벌어진 일들", 이은지, 2020.3.24.

유행한 지도 오래다. 이제 코로나와 함께 닥친 고용 불황과 급변하는 디지털 세상의 플랫폼 경제로 인해 정년은 의미 없는 단어에 불과해졌다. 백세시대를 맞이하여 전혀 경험해보지 못한 디지털 세상을 살아야 할 우리 아이들의 미래는 어떻게 흘러갈까?

테일러 피터슨은 이러한 전 세계적 현상을 지켜보며 현재의 상황을 한마디로 '대학을 졸업해 평범한 직장인이 되는 시대는 끝났다'라고 정의했다. 대신 창의적이고 창발적인 방식으로 문제를 풀어나가야 한다면서 '앙트레프레너십'(entrepreneurship), 즉 창업가 정신을 강조했다. 이제는 무의미한 학위를 따느라 시간과 비용을 들이는 것보다 창업가정신을 구축하고 발휘하는 데 전념하고 개인의 시간과 비용을 투자하는 게 미래의 일자리를 위한 가장 효과적인 방법이라는 것이다. 즉, 학교에서 배운 지식을 고용인에게 되팔아 돈을 버는 시대가 아니라 자신이 직접 하면 더 잘할 수 있는 일을 찾아서 그것을 이뤄가는 시대이며, 그 해답으로 제시한 것이 바로 기업가 정신이다.

일자리 유연화와 '긱 이코노미'

'긱 이코노미'는 긱(Gig)과 이코노미(Economy)의 합성어다. 긱(Gig)은 일시적인 일을 뜻한다. 원래는 1920년대 미국 재즈클럽에서 섭외한 단기 연주자를 부르는 단어였지만, 요즘엔 기업들이 정규직보다 필요에 따라 계약직 혹은 임시직을 선호하게 되면서 고용 환경이 바뀐 시대의 경제 상황을 뜻하는 용어가 되었다.

"큰 것이 작은 것을 잡아먹는 것이 아니라 빠른 것이 느린 것을 잡아

먹는다"는 말처럼 급변하는 시대의 빠른 변화에 대응하고 효율적인 업무수행과 경영을 위해 프로젝트 기업이 생겨나고, 프리 에이전트 근로 형태가 늘어나고 있다. 이제 소위 '긱 워커'(Gig Worker)라 불리는 1인 기업, 자유직업인 시대가 열리고 있는 것이다. 미국의 경우 2020년 온라인 인재 솔루션 업워크(Upwork)가 발표한 자료에 따르면 5,900만 명이 프리랜서로 작업을 수행했으며, 이는 미국 노동력의 36퍼센트에 해당한다. 20년 전 10퍼센트 내외에서 이제는 3명 중 한 명으로 폭발적인 증가세를 보인 것이다.

긱 이코노미 경제는 고용안정과 평생직장을 선호했던 과거의 개념에서 보자면 매우 부정적인 현상일 수 있다. 반면에 창의적인 아이디어만 있으면 새로운 사업을 쉽게 할 수 있는 사회가 된다는 점에서는 긍정적이다. 프리랜서가 증가하는 이유는 구직자와 고용주의 입장에서 각각 찾을 수 있다. 구직자의 입장에서 프리랜서를 택하는 가장 중요한 이유는 수입이 높고 시간과 선택의 자유가 있기 때문이다. 고용주의 입장에서도 프리랜서를 고용하는 것은 많은 장점이 있다. 프로젝트 단위로 고용하는 프리랜서는 보통 용역비만 제공하면 되기 때문에 퇴직금이나 의료보험 등 인건비를 절감할 수 있으며, 고용의 유연성을 확보하므로 인사관리 면에서도 효율적이다.

유튜버의 선구자 격인 '대도서관'은 인터넷1인 방송을 통해 연간 수십억 원의 수입을 올리는 것으로 알려져 있다. 걸어 다니는 1인 기업이라 할 만하다. 초등학생들의 장래 희망 직업 1순위가 유튜버라는 조사 결과도 있다. 평생직장의 개념이 없어지고 4번의 직업을 가져야 하는 백세시대를 맞아 긱 이코노미에 대한 매력을 느끼는 사람이 증가하는 추세다. 직장을 다니면서도 투잡, 쓰리잡, N잡을 하는 사람들도 늘어나고 있다.

요즘 MZ세대의 특성을 보면 어디에 소속되기 싫어하고, 돈이 되지 않더라도 자신이 하고 싶어 하는 일에 매력을 느끼는 경향이 강하다. 긱 이코노미는 바로 이 세대에게 어필한다. 회사에 소속되지 않은 채로, 일하고 싶을 때만 일을 할 수 있다는 것이 긱 이코노미의 장점이니 말이다. 정규직 중심의 고용 틀은 이미 깨어졌다. 임시직이나 자유직 근로 형태인 긱 이코노미의 노동시장 점유율이 점차 늘어나고 가까운 장래에 고용시장의 절반 이상으로 확대되면, 프리랜서는 미래 고용 형태의 주류로 자리 잡을 전망이다.

사무실이 없는 유니콘 기업, '인비전'

최근에 코로나19 팬데믹의 영향으로 근무 방식을 원격으로 전환하는 회사들이 속속 등장하고 있다. 2011년 창업한 '인비전'은 설립 당시부터 모든 직원을 원격으로 근무하도록 했다. 현재 전 세계 65개국 이상에 1,500명에 달하는 직원이 근무하고 있지만 100퍼센트 원격 근무 중이다. '인비전'은 웹이나 앱 디자이너를 위한 디자인 툴을 개발하는 회사이다. 스타벅스, 아마존, 에어비앤비, 우버 등 세계적인 IT 기업들이 사용하는 디자인 플랫폼이다. 흥미롭게도 아예 사무실이 없다.

인비전의 창업자 클라크 발버그(Clark Valberg)는 "비싼 건물을 빌려 사무실을 만드는 것은 낭비이고, 특히 소프트웨어 개발회사 같은 경우엔 노트북 하나만 있어도 충분하다"고 생각했다. 인비전은 직원들이 어디서 일하는지 일절 상관하지 않는다. 카페, 바닷가, 비행기, 자동차 안 어디든 상관없다. 원격 근무에 대한 우려에 대해 클라크 CEO는 "중요한 것은 결과이지 IP주소가 어디인지가 아니다"라고 하면서 원격으로 일한다는 게 단절은 아니라고 강조했다.

천여 명에 달하는 직원들이 한 명도 빠짐없이 서로 떨어져서 일하는 것이 어떻게 가능할까? 인비전에는 공식적인 근무시간이 있다. 미국 동부 시간 기준 오전 10시부터 오후 6시까지다. 시차가 나는 경우에는 최소한 4시간을 다른 동료들과 겹치도록 조정해야 한다. 또한 일하는 지역, 혹은 부서에 따라 사람들이 모이도록 한다. 예를 들어, 뉴욕에 근무하는 인비전 직원들끼리 모여 시간을 갖거나, 개발 부문에 속한 사람들을 관련 콘퍼런스에 보내 서로 대면하고 알아가는 시간을 갖게 하는 것이다. 하루 30분 정해진 시간에는 직원들끼리 일 대 일로 화상통화를 하며 서로를 알아가는 '팀콜'(Team Call) 제도를 시행하고 있고, 매년 두 번에 걸쳐 휴양지에서 전 직원이 모이기도 한다. 인비전은 설립 6년 차인 2017년 유니콘 기업으로 등극했다. 사무실이 없어도 잘 굴러가는 회사 인비전은 미래 일자리의 모델이 되고 있다.

국내에서도 원격 근무 퍼스트로 일하는 회사들이 나오고 있다. 네이버 AI 조직을 이끌었던 김성훈 대표 등이 공동창업한 회사인 AI 전문 기업 '업스테이지'는 2021년 창업 때부터 완전 원격 근무 체제로 시작했다. 직원 수가 100명 가까이 되는 지금도 원격 근무에 초점을 맞춰 회사를 운영 중이다. 업스테이지 직원의 명함을 받으면 회사 주소 자체가 표기돼 있지 않다. 이 메일과 연락처만 나와 있다. 해외에서 거주하는 개발자도 여럿이고 국내 직원들은 제주, 부산, 울산 등 여러 지역에 걸쳐

살고 있다.[58]

4차 산업혁명 시대, ICT 기술의 발달과 함께 시간과 공간의 제약 없는 근무 여건의 변화는 공유 오피스, 프로젝트 기업 등의 확산과 함께 거스를 수 없는 대세다. 지구 반대편에 있더라도 능력 있는 인재를 모아 함께 일할 수 있고, 직원들은 어떤 환경에서든 맡은 일만 잘 해내면 된다.

일자리 4.0 시대, 인간의 자리

"인간에게 어려운 일은 로봇에게 쉽고, 인간에게 쉬운 일은 로봇에게 어렵다." 미국의 로봇 공학자 한스 모라벡(Hans Moravec)의 말이다. 인간은 걷기, 느끼기 등의 행위는 쉽게 할 수 있지만 복잡한 수식을 계산하려면 노력을 많이 해야 한다. 반면 컴퓨터는 수식 계산, 논리 분석 등을 빠르게 할 수 있지만, 의사소통이나 공감 능력은 인간보다 떨어진다. 흔히 '모라벡의 역설'이라고도 불리는 이 말은 인공지능 시대의 인간이 해야 할 일을 상징적으로 보여준다.

일자리 4.0 시대 인간의 역할은 '로봇과의 공존'이다. 미래는 로봇과 인간이 협업하고 함께 일하는 사회가 될 것이기 때문이다. 로봇을 능가하는 인간의 특장점과 원동력은 무엇일까? 사람마다 다양한 의견을 제시할 수 있지만, 필자는 이것을 '창의성과 융통성, 그리고 이를 가능하게 해주는 비판의식과 독창적인 어떤 끼'라고 본다. 말하자면 '예술하기'

---

58 〈디지털 투데이〉, "사무실 아예 없다" 테크 업계 완전 원격 근무 확산 중, 황치규 기자, 2022.7.8.

로봇과 인간의 공존 시대가 열릴 것이다.

를 가능하게 해주는 능력, 즉 인간과 공감하고 슬픔이나 즐거움을 주는 능력, 그리고 어떤 문제를 해결할 때 스스로 독특하게 생각하여 비판적으로 다가서는 인식 체계인데, 이는 로봇에게 거의 불가능하다. 오직 인간만이 가질 수 있는 소프트웨어인 셈이다.

협업과 지도력, 의사소통 능력 역시 로봇을 넘어선 인간 고유의 영역이다. 여기에 일에 대한 열정이나 불확실성에 대한 도전 정신까지 생각해보면 인간의 자리를 지탱할 비장의 무기가 무엇인지 짐작할 수 있다. 학교 교육에도 과거 산업화 시대의 암기식 교육에서 벗어나 이런 것들을 키워주는 변화의 물결이 밀려오고 있다. 일자리 4.0시대의 사무실은 과거처럼 "무엇인가를 만들기 위해서"가 아니라 "무엇을 만들 것인지 논의하기 위해" 모이는 곳이기 때문이다.

TIP 일자리 4.0 시대

4차 산업혁명의 격변기를 맞이하며 일자리에 대한 새로운 정의, 접근이 필요하
다는 인식하에 생겨난 용어로 2011년 독일에서 제조업 공장 설비에 사물 인터넷
이 접목되면서 사용한 'industrie 4.0'에서 유래했다.

TIP 우리 아이를 위한 일자리의 미래

IT가 주도하는 미래의 세계는 새로운 삶과 다양한 기회가 펼쳐지는 흥미진진한
세상이 될 것이다. 변화를 읽으면 미래가 보인다. 우리 아이를 위해 무엇을 준비
해야 할까?

● 중장기적으로 보면 로봇과 AI 등 기술혁신에 의해 소멸되는 일자리보다 새롭
게 생겨나고 세분화되어 창출되는 직업이 더 많을 것이다. 먼저 4차 산업혁명이
우리 아이에게 일생일대의 기회임을 인식하자.

● 지식의 시대가 아니라 지혜의 시대이다. 지식은 얼마든지 검색할 수 있고 로
봇이 대신할 수 있지만, 지혜는 단련해야 한다. 지혜를 키우는 방법을 찾아 어릴
때부터 부모가 함께 노력하자.

● 학위와 경력의 시대가 아니라 실력의 시대이다. 이제 평생직장은 없다. 장점을
찾아주고 강점으로 발전시켜 허허벌판에서도 우뚝 설 수 있는 실력을 갖추게 해
야 한다. 평균적으로 모든 걸 잘하는 사람이 아닌 한 가지를 확실하게 잘하는 사
람으로 키우자.

● 인공지능을 리드하고 넘어서기 위해서는 각자가 인간 고유의 감성 영역을 끊
임없이 개발하고 단련해야 한다. 미래의 일자리는 단순 반복적인 업무가 아니라
감성적이고 창의적이며 삶의 질을 향상하는 곳에서 찾아야 하기 때문이다.

● 4차 산업혁명의 시대는 플랫폼으로 연결되는 온라인 세상이다. O2O를 비롯해

사회 각 부문의 융합이 이루어지는 세상이다. 기업에서 개인으로 시장의 권력이 이동하는 창업과 창직의 시대이다. 기업가 정신을 키워주어야 한다.

●우리 아이들이 살아갈 세상은 로봇과 경쟁하는 세상이 아닌 협업과 공존의 세상이다. 개인의 여가와 삶에 대한 충전이 확대되는 가운데 놀이처럼 일하며, 의미 있는 목표에 재미있게 도전하는 호모 파덴스가 되어야 한다. 아이가 설렘과 열정으로 살아갈 수 있는 진로를 개척해주어야 한다.

교육의 미래

평생학습 시대가 열렸다

누구나 명문대 석학들의 강의를 듣고 학위를 취득할 수 있는 시대가 되었다. 코넬, 하버드, 콜롬비아, 예일대 등 소위 아이비리그 대학의 강좌가 온라인에 올라와 있으니 말이다. 강의 내용도 다채로워 무려 500여 강좌에 이르는데, 정작 수강료는 없다. 그저 클릭 몇 번이면 세계적으로 인정받은 수준 높은 강의를 들을 수 있다. 그 뿐 아니다. 거의 모든 강좌에서 수료증이나 학위 프로그램을 제공하고 있어 명실공히 온라인 학습 시대이자 평생학습 시대를 실감하게 되었다. 국내에서도 서울대를 비롯한 많은 대학이 앞다투어 온라인 학위나 자격증 취득 프로그램을 내놓고 있다.

교육 사이트도 다양하게 개설되어 있다. 유명한 '테드'(TED) 강의는 물론, 대규모 공개 온라인 강좌인 '무크'(MOOCs)는 세계 명문대학의 무료 강좌를 제공하여 인기를 끌고 있다. 서울대학교가 만든 'SNUON', 한국교육학술정보원의 'KOCW', 서울시의 '평생학습포털', '한국 사이버 평생교육원' 등 국내외를 막론하고 수많은 배움터가 대중에게 열려 있다.

인터넷과 모바일의 발달은 이처럼 시간과 장소에 구애받지 않고 배울 수 있는 환경을 만들어주었다. 특정한 시간과 장소에서 교육자와 피교육자가 만나는 전통적 학습이 아닌 새로운 형태의 배움이 늘어나고 있는 것이다.

하룻밤 자고 나면 달라지는 기술의 발전과 평생직장의 쇠퇴, 그리고 평균수명의 연장으로 말미암아 이제는 늦은 나이에도 새로운 공부에 도전하거나 자격증을 취득하기 위해 끊임없이 자기계발에 몰두하는 사람들을 쉽게 찾아볼 수 있다. 그런 가운데 평생직장에 대한 개념이 희미해지듯 교육에 대한 관념도 달라지고 있다. 중고등학교를 마치면 대학교에 가야 하고, 대학교도 이왕이면 명문대학을 나와야 성공한다는 공식마저 무너지는 실정이다. 우리 아이들이 살아갈 미래는 더는 명문대학교 졸업장에 좌우되지 않을 것이다. 독특한 개성을 지닌 건강한 인격체, 그리고 그들이 보유한 자격증과 실력이 인정받는 시대가 머지않았다.

"100세까지 꾸준히 배우고 일할 각오로 인생 계획을 세우지 않으면 노년은 선물이 아니라 고독과 빈곤 속에 저주가 될 수 있다." 영국의 비즈니스스쿨에서 강의하는 린다 그래튼 교수의 말이다. 요즘 '샐러던트'(Salaryman+Student)라는 단어가 화제다. 취업이라는 큼직한 목표를 달성했음에도 끊임없이 자기계발에 힘쓰는 직장인들을 가리키는 말이다. 취미나 자기만족을 위해 퇴근 후 문화센터에 다니며 강좌를 수강하는 직장인들을 일컫는 '문센족'이라는 신조어도 있다. 누구나 언제든지 원하는 공부를 시작할 수 있고, 이제 실력만 갖추었다면 어디서나 인정받을 수 있는 시대이기 때문이다. 평생직장이 아니라 일생다업(多業)의 시대다. 직업 세계의 지각 변동과 생애 주기의 변화로 인해 평생학습은 이제 선택이 아닌 필수가 되었다.

지식의 반감기가 도래한다

부모들이 초등학교를 다녔던 시절에는 명왕성을 태양계 행성으로 가르쳤다. 그러나 2006년에 명왕성은 왜소행성[59]으로 분류되었다. 명왕성에 관심이 없는 사람들은 아직도 명왕성이 태양계의 행성인 줄 알고 있다. 이처럼 지식은 계속 업데이트된다. 그 밖에도 비슷한 예를 얼마든지 댈 수 있다. 1960~1970년대에 고등학교를 다녔던 베이비부머 세대는 지구상에 존재하는 원소가 106개라고 배웠다. 하지만 그 이후 12개 원소가 추가로 발견돼 원소의 총 개수는 118개가 됐다. 졸업 이후 이 지식을 업데이트하지 않았다면, 베이비부머 세대 대부분은 틀린 사실을 진실로 믿고 있는 셈이다.

지식의 반감기란 알고 있는 지식의 절반이 쓸모없게 감축되는 기간을 의미한다. "과학적 지식이나 사실은 일정한 시간이 지나면 쓸모가 없거나 오류로 판명된다. 과학적 지식의 절반 정도가 쓸모없게 되는 시점인 지식의 반감기가 도래한다." 하버드대학 새뮤얼 아브스만(Samuel Arbesman) 박사의 말이다.

그는 분야별로 지식의 양이 2배가 되는 '배가 시간'과 그중 절반이 쓸모없게 되는 '반감기'를 수치로 산출하여 제시했다. 예를 들어 물리학은 13.07년, 경제학 9.38년, 수학 9.17년, 심리학 7.15년 같은 식이다. 이를 두고 영국 신경과학자 존 휼링스 잭슨은 "의학에서 잘못된 지식을 몰

---

59 왜소행성(矮小行星/Dwarf Planet)은 태양을 공전하는 태양계 내 천체의 일종으로, 행성의 정의는 충족하지 못하지만 소행성(체)보다는 행성에 가까운 중간적 지위에 있는 천체이다. 우리말로 '왜소(矮小)하다'는 뜻의 작을 왜(矮) 자를 붙여 왜행성, 혹은 왜소행성이라고 번역하고 있다(나무위키).

아내는 데는 50년이 걸리고, 올바른 지식을 받아들이는 데는 100년이 걸린다"는 말로 과거의 오류에서 벗어나는 어려움을 비유하기도 했다.

따지고 보면 지난 100년간 기술의 발달은 인류 역사 전체의 그것을 뛰어넘는 수준으로 진보하였다. 그 100년의 변화가 앞으로는 30년, 10년으로 앞당겨질 수 있다. 평생 써먹을 줄 알았던 지식이나 기술의 효용 기간이 10년으로, 다시 5년, 2년으로 줄어들 수 있다는 뜻이다. 오늘날 기하급수적인 기술의 발달은 지식의 반감기를 더욱 앞당기고 있다.

앨빈 토플러는 "21세기 문맹은 읽지 못하고 쓰지 못하는 사람이 아니라 배우려 하지 않고 낡은 지식을 버리지 않는 사람이 될 것이다"라고 지적했다. 지금 어떤 지식을 가지고 있고 어떤 대학에 다니는지가 아니라 지속적인 자기계발이 중시되는 이유다. 낙타가 바늘구멍 통과하듯 취업에 성공한다 해도 이에 도취하여 잠시 머뭇거리면 제자리를 지키는 게 아니라 어느새 도태되어 끝내 실직하게 될 것이다.

21세기는 그야말로 지식과 정보가 폭발하는 시대다. 내가 알고 있다고 믿고 있는 지식 중 일부는 이미 유효기간이 지나 죽어버린 지식이 되었다. 그리고 앞으로 내 안의 지식은 빠른 속도로 반감기에 접어들 것이다. 평생 새로운 것을 학습하고 새로운 기술을 익혀서 다른 직장으로 자주 옮기며 몸값을 올려야 한다. 우리 아이가 살아야 할 미래의 현실이다.

미네르바 스쿨을 아시나요?

미네르바 스쿨(Minerva School)엔 교수도 캠퍼스도 학교도 없다. 세계에서 가장 혁신적인 온라인 스쿨이다. 2020년 기준으로 전 세계에서 2만5천 명의 수재들이 지원했고 그중 단 2백 명만이 합격의 영예를 안았다. 합격률 0.8퍼센트이다. 참고로 2020년 기준 서울대의 합격률은 14퍼센트, 하버드대는 5.6퍼센트 예일대는 6.3퍼센트였다. 도대체 어떤 학교이기에 교수도 캠퍼스도 없는데 세계가 이토록 주목했을까?

미네르바 스쿨은 2012년, 미국의 벤처투자자 벤 넬슨(Ben Nelson)이 KGI[60]에 미네르바 학교(Minerva Schools at KGI)라는 이름으로 설립했다. 처음에는 학부 과정으로 시작하였으나 2021년에는 정식 대학으로 인가되었다.

미네르바(Minerva)는 익히 알려진 대로 지혜와 군사 전술을 관장하는 로마의 여신이다. 여신의 어깨 위에 올라타고 있는 '미네르바의 부엉이'는 지혜를 상징한다. 그래서일까? 미네르바 스쿨은 '지식의 전당'이란 말로 불리던 고전적인 대학의 모습에서 파격적으로 벗어나 '지혜의 전당'이 되고자 했다. 학생들의 비판적이고 창의적인 사고력과 복잡한 문제를 해결하는 능력을 키우기 위한 설립 취지에 치중한 것이다. 그 결과 교수도, 교재도, 캠퍼스도 없지만 이제 4차 산업혁명 인공지능 시대에 필요한 인재의 능력을 키우는 '미래 교육의 대안'으로 명성을 확고히 하는 중이다.

입학 과정을 보면 학교의 특징이 보인다. SAT나 ACT 같은 시험 성

---

[60] KGI(Keck Graduate Institute) 미국의 캘리포니아주에 소재한 클레어몬트 대학교 소속 7개 대학 중 하나이다.

지혜를 상징하는 부엉이

미네르바 스쿨의 로고[61]

적을 반영하지 않는다. 첫 단계는 "Who You Are" 즉, 내가 누구인지 증명해야 한다. 그다음은 "How You Think"로 지원자가 문제를 어떻게 생각하고 해결해나가는지 평가한다. 마지막 단계는 "What You Have Achieved"이다. 지원자는 지금까지 살아오면서 성취한 것을 학교에 어필해야 한다. 지원자의 열성과 헌신을 평가하는 대목이다. 미네르바 스쿨은 대개 위와 같은 단계를 거쳐서 학생을 선발하지만, 평가 내용은 매년 바뀐다.

미네르바의 모든 수업은 100퍼센트 온라인으로만 진행한다. 세계 (미국, 한국, 인도, 독일, 아르헨티나, 영국, 대만) 7개 도시에 기숙사가 있고, 학생 전원은 4년 동안 7개 기숙사를 돌며 생활한다. 각 도시에서 다양한 문화를 체험할 수 있도록 배치하여 50개국으로 이루어진 학생들과 함께 생활하며 서로 다른 문화와 배경, 그리고 인간의 복잡성과 깊이를 이해하는 데 시간을 보낸다. 세계 각국 최고의 교수진을 섭외하여 시험이 없이

---

61 https://en.wikipedia.org/wiki/File:Minerva_Schools_at_KGI_Seal.png

토론과 과제로만 평가받는다. 머무르는 도시별로 주제를 정해 수업을 진행하고 세계 각국의 스타트업이나 유수 기업들과 프로젝트를 진행하며 창의력을 키운다.

미네르바 스쿨의 교육방식은 '거꾸로 수업'(Flipped learning)이다. 학생들이 미리 공부를 해온 다음 친구들과 토론하고 세미나를 진행한다. 모든 클래스가 20명 이하로 구성되어 온라인으로 진행되지만, 이는 철저히 학생 중심의 세미나 형식이다. 학생을 순위로 평가하지 않고 학생 자체로 평가한다.

한국에도 미네르바 스쿨을 벤치마킹한 '태재대학'이 곧 문을 연다. 21년 9월 공익법인 태재연구재단은 태재대학 설립 계획을 발표했다. 최근 경영권 상속을 포기하고 기업을 매각한 조창걸 한샘 창업주가 사재 수천억 원을 출연해 한국판 미네르바 스쿨을 만든다는 계획이다. 태재연구재단 측에 따르면 2023년 3월 개교를 목표로 설립을 추진하고 있다. 조한걸 한샘 명예회장은 "디지털이 가져올 사회 변혁을 읽어내고 위기 상황에서 전략적 사고를 하도록 가르쳐야 하는데, 기존 대학은 교수가 일방적으로 지식을 공급하는 방식에 머무르고 있다. 대안 혁신 모델을 찾다 미국 '미네르바 대학'을 발견했다"라고 하면서 "태재 미네르바 대학에선 학생들이 미국·중국·일본·러시아와 우리나라를 돌며 기숙사 생활을 하게 된다"고 설명했다.[62]

---

[62] 〈조선일보〉 "한반도, 유리그릇보다 취약…美·中·日·러 현장서 배우는 글로벌 리더 키울 것", 송혜진 기자, 2021.10.11.

파리 에꼴42, 스펙이 아닌 실력으로 말한다

세계적으로 ICT 인재 유치를 위한 전쟁이 시작되었다. 산업 분야를 막론하고 프로그램 개발은 기업의 모든 영역에 속하기 때문이다. 어떤 기업이든 새로운 프로그램을 신속하게 개발하여 생산성을 높이고 소비자 욕구를 충족시켜야 하는 전쟁터에 놓여 있다.

이런 현상을 반영하듯 취업 사관학교이자 IT 교육기관으로 2013년 프랑스에서 설립된 에꼴42에 유럽의 젊은이들이 몰려들고 있다. 디지털 미래 교육을 상징하듯 이 학교 역시 교사도, 교과서도, 수업도 없다. 심지어 학비도 공짜다. 입학 조건도 따로 없고 등교 시간도 없다. 24시간 열려있는 학교이지만 학위를 주는 것도 아니다. 그렇다면 공부는 어떻게 할까? 취업이 되기나 할까?

이 학교의 유일한 제약이라면 바로 만 18세에서 30세 사이 청년만 지원할 수 있다는 것이다. 매년 1천 명 정도 선발하는데 지원자는 무려 7만 명에 달한다. 선발은 어떻게 할까? '라 삐신'(La piscine)은 우리나라 말로 '수영장'이라는 뜻인데 여기서는 4주에 걸친 입학전형 과정을 일컫는다. 1차로 홈페이지에 접속해 논리력과 기억력 테스트를 거친 후 약 3천 명을 선발한다. 이후 직접 학교에 방문해 4주 동안 과제를 부여받고 먹고 자기를 반복하며 동료들과 머리를 맞댄다. 최종적으로 라 삐신에 참여한 3천 명 학생 중 1/3이 합격하지만 나머지 학생들도 참여 그 자체만으로도 많은 것을 배우고 만족하게 된다고 한다.

수업 역시 학생들이 팀을 짜 서로에게 배우고 스스로 해결해나간다. 과제가 주어지고, 한 단계를 마치면 좀 더 어려운 과제를 받게 되는데, 3~5년간 게임을 하듯 150개의 프로젝트를 수행한다. 컴퓨터 프로그래밍의 장인(마스터)을 만드는 과정이다. 지식의 습득보다는 응용, 창의력, 문제해결 능력을 키우는 것이 핵심이다. 동료들과의 협업 능력 역시 이 학교에서 배우게 되는 필수적인 조건이자 가장 중요한 덕목이다. 매년 글로벌 IT 기업에서 헤드헌터들이 이 학교를 찾아온다. 졸업생을 싹쓸이 하듯 모셔가는 것은 물론, 중간 단계를 거치고 있는 학생들까지 취업을 예약하려는 등 경쟁이 매우 치열하다.

이를 본떠 만들어진 한국의 소프트웨어 인재 양성기관 '이노베이션 아카데미'는 2019년 '42서울'이라는 교육 프로그램을 개설했다. 프랑스와 달리 정부 주도로 설립되었고 총 21단계의 레벨로 구성되어 있지만 역시 13~16단계 정도에서 학생 대부분이 취업한다. 지방의 각 지자체에서도 이를 본떠 비슷한 프로젝트를 수시 운영하고 있다. 2022년 5월에서 9월까지 제천·단양 관내 중·고등학생들 중 소프트웨어 교육에 관심이 있는 학생들을 지원하기 위해 운영되었던 SW 학생 동아리 '충북형 에꼴 42'가 사례 중 하나다.

IT가 주도하는 4차 산업혁명 시대는 스펙의 시대가 아니다. 학위나 졸업장으로 평가받는 시대가 아니라 실력과 경력으로 평가받는 시대라는 뜻이다. 교육 역시 과거의 주입식 교육이 아닌, 실습(프로젝트) 중심의 자기주도 학습으로 변모하고 있다.

대학이 사라지고 있다

충북대는 올해 2022학년도부터 졸업앨범 제작을 중단하겠다고 공지했다. 이제 더는 졸업생의 얼굴이 담긴 졸업앨범을 소장할 수 없게 된 것이다. 앨범 제작을 중단한 가장 큰 이유는 학생들이 구매하지 않아서다. 2021년의 경우 졸업생 중 앨범을 구입한 학생은 10퍼센트 미만이었다. 같은 도에 위치한 청주대는 이미 5년 전부터 앨범 제작을 중단했고, 서원대도 2019년까지 제작 후 현재는 제작하지 않고 있다.[63]

졸업앨범의 퇴장은 무엇을 의미할까? 바로 학령인구[64]의 감소로 많은 교육기관, 그중 특히 대학이 사라지고 있음을 암시한다. 무엇보다 지역 대학을 중심으로 붕괴가 가속화하여 2021년에는 사상 처음으로 대학 정원보다 입학 가능 인구가 적은 이른바 '데드크로스' 현상이 발생했다. 교육부 자료에 따르면 전문대학을 포함한 2021년 대학입학 정원은 약 48만 명이었으나 실제 입학한 인원은 43만 명으로 정원 미달 사태를 보였다.

출산율 역시 지속적으로 감소하여 2021년 한 해 출생한 아이의 수가 26만 명까지 내려 온 현실을 감안하면 우리나라 대학의 구조조정은 누가 봐도 불가피해 보인다. 세간의 '벚꽃 피는 순서대로 망한다(수도권에서 먼 지역부터 폐교한다)'는 자조 섞인 풍자가 이제는 벚꽃 피는 순서에 관계 없이 사라지고 있다는 불안감으로 변하는 중이다.

세계적 미래학자들은 15년 뒤 15퍼센트, 30년 뒤 50퍼센트의 대학이 사라질 것이라고 예측했다. 2021년 10월 보건사회연구원이 공개한 「인구변동과 미래전망: 지방대학 분야」 보고서에 따르면 국내 2·4년제 대학 385개교 역시 20년 뒤인 2042~2046년에는 49.3퍼센트인 190곳

---

63 〈중부매일신문〉, "도내 대학들 졸업앨범이 사라지고 있다", 이지효 기자, 2022.6.16.

64 학령인구는 초등학교~대학교 취학연령인 6세에서 21세 사이의 인구를 의미하며 교육단계별로 나누어진다(통계청, 장래인구추계).

만 살아남을 것으로 예상했다. 일명 상아탑이라 불리며 지성의 상징으로 우뚝 섰던 대학, 모든 학문과 연구의 산실로 추앙받던 대학이 사라지는 이유는 무엇일까?

가장 큰 이유는 빅 데이터 정보 시대의 출현이다. 우리는 코로나19 사태를 경험하면서 비대면 교육의 중요성을 실감했다. 그러나 이것은 서막일 뿐이다. 한국은 인구감소로 인하여 급속하게 대학이 폐교되고 있는 실정이지만, 세계는 빅 데이터 인공지능에 의하여 대학의 가치가 희석되고 있다. 빅 데이터는 교육에 어떤 변화를 촉발시켰을까?

지구촌에서 인류가 사용하는 말은 대략 6,000여 개이며 그중에서 60개의 말은 기록할 수 있는 문자를 가지고 있다. 말은 소통의 수단이다. 하지만 남길 수가 없다. 반면 글은 기록되고 보관되며 후손 대대로 전달된다는 가치를 지닌다. 3차 산업혁명에서 인터넷이 발명되기 전까지는 어땠을까? 모든 지식과 정보는 글로 정리되었으므로 학생들은 학교에서 교과서를 중심으로 공부했다. 교사들도 책에 밑줄을 그어가며 가르쳤고, 교과서 교육은 자연스레 잘 외우고 잘 기억하는 엘리트를 양산했다. 하지만 인터넷과 방대한 빅 데이터의 탄생으로 이제 학생들은 시간과 공간에 구애 없이 온갖 정보를 검색하고 다양한 방법으로 지식을 탐구할 수 있게 되었다. 학습 방법과 환경이 바뀐 것이다.

빅 데이터 인공지능에 의하여 대학의 가치가 줄어들고 있는 배경에는 글로벌 시대 정보혁명에 의한 기업의 변화가 자리 잡고 있다. 기업이 대학 졸업자를 채용했던 이유는 정보와 지식을 가진 인재가 필요했기 때문이다. 그러나 빅 데이터의 출현과 인공지능의 발달은 새로운 환경을 열고 있다. 지식과 정보는 인공지능을 통해 얼마든지 신속하게 그리고 광범위하게 얻어내는 시대가 되었다. 지식과 정보가 넘쳐나는 지금, 디지털 시대는 창의력과 문제해결 능력으로 기업의 가치를 높일 인재를 요구하게 된 것이다.

이에 대학은 학교 중심, 대학 중심, 교과서 중심에서 정보 중심, 문제 중심, 학습자 중심의 교육으로 변화를 모색하고 있다. 교수 기법 또한 전통적 강의 형태에서 벗어나 플립 러닝 방식, 문제해결 형 PBL 교육 방식 등 다양한 형태의 기법을 시도하고 있다. 미래의 환경은 대학을 자유롭게 입학·졸업·재입학이 가능한 유연한 시스템으로 변화시킬 것이다. 특히, 온라인과 가상기술의 발달로 대학의 지리적 공간개념이 사라질 것이며, 4차 산업혁명으로 일어나는 모든 분야의 융합에 발맞추어 학과·전공 간의 벽이 허물어지고, 평생교육 기능 또한 크게 강화될 것이다.

또 다른 미래의 역습

'거울 나라의 앨리스' 신세가 된 현대인

붉은 여왕은 계속해서 "더 빨리! 더 빨리!"라고 소리쳤다. 그런데 이상하게도 주변에 있는 나무며 다른 것들의 위치가 전혀 바뀌지 않았다. 여왕은 다시 소리쳤다. "더 빨리! 아무 말 하지 말고!" 앨리스는 왜 빨리 달려야 하는지 알 수가 없었다…. 숨이 목까지 차올랐다. "이제, 조금 쉬도록 하렴." 앨리스는 깜짝 놀라며 주위를 둘러보았다. "어머나, 우리가 계속 이 나무 아래에 있었던 건가요? 모든 것이 아까와 똑같은 자리예요!" "자, 여기에서는 보다시피 같은 자리를 지키고 있으려면 계속 달릴 수밖에 없단다. 어딘가 다른 곳에 가고 싶다면, 최소한 두 배는 더 빨리 뛰어야만 해!" 여왕이 말했다.

19세기 후반 영국의 동화작가 루이스 캐럴(Lewis Carrol, 1832~1898)이 쓴 『이상한 나라의 앨리스』 후속작 『거울 나라의 앨리스』에 나오는 장면이다. 살아남기 위해 서로 쫓고 쫓기는 생태계의 모습을 연상시킨다고 해서, 이런 상황을 '붉은 여왕 효과'(Red Queen Effect)라고 부른다.

21세기를 살아가는 우리가 처해 있는 현실도 이 장면을 꼭 빼닮았다. 현대인들은 학교에서나 일터에서나 "더 빨리 달리라"고 명령하는 '붉은

여왕'의 경고를 일상으로 경험한다. 앨리스처럼 죽어라 하고 앞으로 달려야 하는 신세다. 잠시라도 팔짱을 끼고 쉬노라면 뒤로 처지는 걸 감수해야 한다. 하루가 다르게 쏟아지는 새로운 기술과 제품, 정보들 앞에서 우물쭈물하다가는 구닥다리 신세가 되어버릴 것이기 때문이다.

우리는 모두 멈추지 않는 러닝머신 위를 달리고 있다. 이렇게 앞으로 달려서 도착하는 곳이 바로 미래(未來)다. 미래는 말 그대로 '아직 오지 않은', 그러나 '오고야 말' 때다. 누구에게나 미래는 있다. 현실의 미래는 미래의 현실이다. 현실과 미래가 끊임없이 자리바꿈을 하면서 역사는 만들어진다. 그러나 가만히 있는 자의 미래와 무엇인가를 궁리하는 자의 미래는 다르다. 어떤 것을 궁리하느냐에 따라서도 미래가 달라진다. 그래서 서양의 일부 미래학자들은 미래를 단수(future)가 아닌 복수

(futures)로 표현한다. 미래는 다양한 가능성의 영역이기 때문이다.[65]

미래를 만드는 7가지 사회변화 원동력

미래를 연구하는 사람들은 세상을 변화시키는 7가지의 힘에 주목한다. 바로 인구, 에너지, 경제, 환경, 문화, 과학기술, 정치다. 그중 특히 '인구'는 사회변화 동력 가운데서도 가장 강력한 요인으로 꼽힌다.

인구는 사회 모든 영역에 걸쳐 직접적이면서도 근본적인 영향을 끼친다. 인구가 늘어나면 어떤 일이 벌어질까? 우선 의식주 수요가 늘어난다. 자원 소비가 늘어난다는 얘기다. 또한 사람들이 일하고, 놀고, 즐기는 시설도 늘어나야 할 것이다. 노동력이 증가되니 생산량도 증가할 것이다. 하지만 사람들이 많아지면 그만큼 갈등도 커진다. 다수의 복잡한 욕망과 욕구를 충족해야 하므로 사회 운영 시스템 역시 정교하고 복잡해질 것이다.

이런 사회에서 에너지의 영향력은 얼마나 될까? 현대 문명은 석유가 없으면 유지할 수 없다. 유가가 급등할 땐 사재기 바람이 인다. 북한의 사회주의 경제 시스템과 남한의 자본주의 경제 시스템이 오늘날 남북한에 거주하는 사람들의 삶을 어떻게 바꿔놨는지 생각해보면, 경제의 영향력을 실감할 수 있다.

갈수록 심해지는 미세먼지와 폭염, 가뭄 같은 기상이변으로 세계는 몸살을 앓고 있다. 대기와 토양의 오염, 지구온난화, 사막화, 산업재해

---

[65] 4차산업혁명의 시대, 우리아이 어떻게 키울 것인가? <KB금융공익재단>

구분	성장	붕괴	지속가능	변형
인구	인구증가 도시인구 집중	인구 감소 저출산 심화	인구 유지 저출산 탈피 이미자 증대	초고령화 트랜스휴먼
경제	주요 동력 경제성장 지속	경기 침체 불황, 공황	평등, 분배 강화 기본소득	가상화폐 신산업 등장
문화	개인화 경쟁 지향	계층간 갈등	주요 동력 다문화 수용 코스모폴리탄	개인 중심
에너지	에너지 다소비 자원 발굴 지속	에너지 고갈	에너지 절감 재생에너지 확 대	핵융합 에너지
정치	글로벌화 지속 기업중심 정책	정부 권력 독점 시민사회 위축	시민사회 성장 국제규범 확대	온라인 투표 직접민주주의
환경	자연 개발	주요 동력 환경 파괴 기후 변화	자연 보존 자원 재활용	지구 탈출
기술	기술 발전	기술 부작용 기술 오남용	기술 효율 적정기술 확산	주요 통력 기술 혁신

7가지 사회변화 원동력과 4가지 미래(곽노필 '미래의 창')

와 바이러스의 유행에 이르기까지 환경의 영향력을 새삼 실감하게 해준다. 2022년 5월 국제 의학 저널인 〈랜싯〉(Lancet)에서 구성한 '랜싯 오염 건강 위원회'는 환경오염으로 인해 전 세계에서 해마다 900만 명이 조기 사망하고 있다는 연구 결과를 발표했다. 사망자 6명 중 1명은 환경오염과 연관된다는 이야기다. 환경은 인류의 존망이 걸린 최대의 위협요인으로 현세대뿐만 아니라 미래 세대에까지 영향을 미친다는 점에서 미래 세대에 대한 현세대의 책임을 요구하는 성격을 지니고 있다.

문화는 눈에 보이지 않는 동력이다. 그러나 행동에 끼치는 영향력은 크다. 관습이나 생활양식, 가치관도 문화에 속하는 변화의 동력이다. 식습관이나 언어생활처럼 일상에서 관찰할 수 있는 사소한 요소부터 사회를 움직이는 신념에 이르기까지 문화가 미치는 영향력은 실로 엄청나다. 그렇다면 정치가 사회변화에 끼치는 영향력은 얼마나 될까? 과거 독재 시절과 지금을 비교해보면 금세 고개가 끄덕여질 것이다. 정치에 따라 시민사회의 본질 자체가 변하기 때문이다.

과학기술이 사회변화의 동력이라는 건 두말할 필요가 없을 것이다. 현대 문명을 만든 주역이 바로 과학기술이다. 증기기관의 등장으로 시작된 영국의 산업혁명이 '태양이 지지 않는 나라' 대영제국을 만들어냈으니 과학기술이 사회변화에 얼마나 큰 영향을 끼치는지를 증명해준다. 과학기술은 발전을 거듭하며 이제 사회변화에 가장 큰 영향을 끼치는 동력으로 올라섰다. 4차 산업혁명의 기술 변화 흐름을 살펴보는 이유도 여기에 있다.

네 가지 미래

미래는 실체가 없다. 그러나 그 싹은 현실 속에 숨어 있다. 그 싹을 통해 완성된 미래의 모습을 상상해볼 수 있다. 미래학자들은 그래서 미래는 이미지로 존재한다고 말한다. 사람들이 생각하는 미래의 구체적인 이미지는 저마다 다르다. 사람 수만큼이나 다양하다고 해도 과언이 아닐 것이다. 그러나 각각의 이미지들을 살펴보면 공통적인 요소들도 있다.

미국 하와이대 미래학연구소가 고안해낸 방법이 있다. 미래를 네 가지 이미지로 분류하는 것이다. 그 네 가지는 성장(continued growth), 붕괴(collapse), 지속가능(sustainable 혹은 보존 disciplined), 변형(transformation)이다. 미래사회는 그 구체적인 모습은 각기 다를지라도 크게 보면 이 네 가지 범주로 나눠볼 수 있다.

첫째, 성장은 사회가 계속해서 성장해가는 것을 말한다. 경제와 기업, 도시가 성장을 통해 풍요를 추구한다. 인구가 계속 증가하고 사람들은 도시로 몰려든다. 지속적인 자원 발굴로 에너지는 풍부하고 소비도 늘어난다. 물론 자연이 계속 파헤쳐지고 빈부격차가 커지는 부작용도 따른다. 정치는 작은 정부를 지향하고, 세계화를 촉진하며, 기업에 친화적인 정책을 펼친다. 개인을 강조하고 경쟁이 강조되는 문화를 추구한다.

둘째, 붕괴는 현재 사회를 지탱하는 시스템이 무너지는 것을 말한다. 인구가 감소하고 저출산이 심화한다. 불황이 장기화한다. 계층 간 대립이 심해진다. 에너지는 고갈 상태에 이른다. 정부의 권력 독점이 심해지고 시민사회는 위축된다. 자원 파괴가 극에 달해 지구 생태계가 위협받는다. 전쟁이나 자연재해, 전염병 등 외부 충격이 원인이 될 수도 있다. 그러나 붕괴는 새로운 사회의 시작을 뜻하기도 한다. 20세기 우리 사회는 일제 강점, 분단, 한국전쟁, 외환위기 등 다수의 붕괴 사태를 경험했다. 그리고 붕괴 후 새로운 설계를 시작했다.

셋째, 지속가능은 자원을 보존하는 데 역점을 둔다. 성장의 부작용으로 사회가 붕괴하기 전에 사회의 방향을 트는 것이다. 소비보다는 절약이, 물질보다는 내면의 가치가 중시된다. 저출산 흐름이 완화되면서 인구감소가 멈춘다. 평등 가치가 중요해지고 기본소득 등 분배시스템이 강화된다. 공동체 가치가 강조되며 사회는 다문화 체제로 바뀐다. 정부 대신 시민사회의 영향력이 커지고, 국제 규범의 범위가 넓어진다. 자원은 재활용을 원칙으로 한다. 첨단 기술보다 적정 기술이 확산된다.

넷째, 변형은 지금과는 전혀 다른 모습의 사회를 말한다. 공상과학(SF) 영화에 등장하는 로봇 사회, 복제인간 사회 등이 여기에 해당한다. 지금과 전혀 다른 형태여서 지금의 지식으로는 쉽게 상상하기 어렵다. 수명이 비약적으로 늘면서 초고령화 현상이 나타나고 인간과 기계가 결합한 트랜스 휴먼이 탄생한다. 경제에선 기존 화폐가 사라지고 새로운 거래 방식이 등장한다. 소행성 채굴, 우주여행, 디자이너 베이비[66] 등, 전에는 없던 산업이 번창한다. 에너지 분야에선 핵융합 등 고갈을 걱정할 필요가 없는 기술이 나온다. 완벽한 디지털 온라인 여론 수렴 시스템이 구축돼 직접민주주의가 실현된다. 사람들은 우주에서 여가를 보낸다.

저출산 사회

통계청이 2022년 2월에 발표한 인구 동향 조사에 따르면 2021년에 출생한 신생아는 약 26만 명으로, 통계 작성을 시작한 1970년 이래 최저치를 기록했다. 멀리 갈 것도 없이 10년 전에 비해 절반으로 감소했다. 여자 1명이 평생 낳을 것으로 예상하는 출생아 수를 말하는 '부부 합계 출산율' 역시 2018년 0.98명, 2021년 0.81명으로 계속 떨어지고

---

[66] 크리스퍼 유전자가위 기술로 인간 배아의 유전자를 교정하여 탄생시키는 맞춤형 베이비(아기)를 말하는데, 윤리 논란의 중심에 있다.

있다. 한국은 경제협력개발기구(OECD) 회원국 중 유일하게 합계 출산율이 1명을 밑도는 저출산 국가이다. 안타까운 현상이다.

여론조사기관 한길리서치는 "저출산으로 국가가 소멸할 위기에 처해 있다고 생각하는가"라는 질문을 던졌다. 2022년 7월의 조사 결과에 따르면 국민 85.7퍼센트가 "그렇다"라고 대답했다. 25~59세 노동 가능 인구를 기준으로 볼 때 2030년까지 충청남도만큼의 인구가 없어지고, 2년을 더 지나면 부산시가 없어지는 상황이다. 이대로라면 50년 뒤에는 거의 절반인 2천만 명이 사라질 것이라는 통계청의 발표다. 더욱이 자녀가 없는 가정이 날로 증가하고 있음에도 절반 이상인 53퍼센트의 기혼 여성은 앞으로도 자녀 계획이 없다고 답했다. 2019년 인구보건복지협회 조사에 따르면 특히 20대 미혼여성의 57퍼센트는 결혼할 의향이 없거나 앞으로 절대 하지 않겠다고 답하기도 했다.

"낳지도 않고 낳을 생각도 없는 상황" 속에 전국적으로 학생을 채우지 못해 문을 닫는 초중학교가 줄을 서고, 폐교를 막아보고자 동창회까지 나서 학생 유치에 사활을 걸고 있다는 뉴스도 낯설지 않다. 그렇다면 저출산의 원인은 무엇일까?

서울대 조영태 교수는 저출산의 근본 원인을 청년 인구의 대도시 밀집 현상에서 찾는다. 사람은 경쟁이 치열한 환경에 처할수록 생존 본능에 매몰되어 재생산 본능이 뒤로 밀려난다는 이야기다. 저출산의 현실적인 원인인 만혼과 비혼이 증가하는 이유이기도 하다. 우리나라 수도권 인구가 2,600만 명을 돌파하여 대한민국의 인구 5,100여만 명 가운데 절반이 넘게 수도권에 밀집하여 살아가고 있다. 그래서인지 '부부합계 출산율' 역시 지역별로 나누어보면 서울이 가장 낮은 0.63명을 기록했다.

대도시 밀집 현상, 즉 도시 국가화 외에도 저출산의 원인은 여럿이다. 양육에 올인하는 문화와 그에 대한 심리적 부담감, 편해진 독신생활과 욕구 다양화, 개인주의화, 핵가족화 등 여러 관점에서 그 이유를 따져볼 수 있을 것이다. 결혼이 필수가 아니라 선택이라는 인식변화, 여성의 권리 신장과 경력단절 문제 등도 빼놓을 수 없는 원인 중 하나이다.

〈금쪽같은 내 새끼〉라는 상담프로그램으로 유명세를 타고 있는 육아교육 전문가 오은영 박사의 진단은 신선한 충격으로 다가온다. 그는 "경제학적으로 말하면 요즘 자녀는 소비재다"라고 하면서 "부모님 세대의 자녀가 생산재"였던 것과 비교된다고 말한다. 그러면서 "자신들이 부모의 등골을 빼먹는 존재였음을 충분히 인지하는 자녀 세대는 그러므로 생산성이 없는 자녀 양육에 인생을 투자할 생각이 없다"고 이야기한다. 젊은 세대에게는 날이 갈수록 아이를 낳을 이유가 줄어드는 상황이다.[67] 극단적인 생각일지 모르나 현재 자녀를 키우는 주된 계층인 MZ세대의 특성을 돌이켜보면 일면 이해가 되는 말이기도 하다.

저출산은 고령화와 함께 진행되며 사회 경제 측면에서 우리 아이들의 미래에 무거운 과제를 안겨주고 있다. 국민연금 재정의 고갈도 그 중 하나다. 국회예산정책처에 따르면 국민연금 적립금은 2038년에 고점을 찍은 뒤 점점 축소되어 2055년에 고갈이 올 것으로 예측된다고 한다. 2022년 대선 당시 토론회에서 한 후보는 "1990년생이 평생 국민연금을 내고, 연금을 받을 나이가 되면 국가에서는 지급할 돈이 한 푼도

---

[67] 〈네이버블로그 세친투〉(세친구의 투자 이야기), "대한민국 저출산 원인, 좋은 양육과 부모 십계명", 오은영.

남지 않게 된다. 연금개혁을 하지 않고 그냥 두는 것은 범죄 행위다"라고 말했을 정도다. 생산연령인구 대비 노인의 비율도 가파르게 축소되고 있다. 현재 우리나라 인구 6명 중 1명은 65세 이상 노인이다. 지금은 생산연령인구 4명이 노인 1명을 부양하는 수준이지만, 약 10년 후인 2035년에는 생산연령 인구 2명이 노인 1명을 부양하게 된다.

고령화 사회

테슬라 CEO 일론 머스크가 자신의 SNS에 "한국은 세계에서 가장 빠른 인구 붕괴를 겪고 있다"라고 언급해 화제가 된 적이 있다. UN은 65세 이상의 인구가 전체의 20퍼센트를 넘으면 초고령사회, 14퍼센트를 넘으면 고령사회, 7퍼센트를 넘으면 고령화사회로 분류한다.

한국은 2000년 고령화 사회로 진입, 2021년에 고령사회가 되었고 2026년에는 초고령사회로 진입할 것으로 전망되고 있다. 불과 수년 후에 65세 이상 인구 1,000만 명 시대를 맞이하게 되는 것이다. 지금 중학교를 다니는 아이들이 어른이 되고 회사를 은퇴할 때쯤인 2060년에는 노인 비율이 절반에 달할 것으로 예상된다. 지하철 객차의 절반이 노령자 석으로 채워진다는 이야기다.

저출산, 고령화는 현실의 문제다. 산부인과는 정형외과로, 독서실은 요양시설로, 인스턴트식품은 건강식으로 대체되고 있다. 반면에 시니어 용품 시장은 빠르게 성장하고 있다. 초고령화 사회에 진입한 일본의 경우 성인용 위생용품(기저귀) 판매량이 아동용 기저귀 판매량을 넘어설 정도이다. 어린이 놀이기구를 철거하고 대신 노인을 위한 건강기구가 설치되기도 한다.

2021년 일본은 법 개정을 통해 성인의 기준을 20세 이상에서 18세 이상으로 바꾸었다. 또한 정년을 60세에서 65세로 연장하였으며, 70세까지는 기업에 따라 정년을 연장하는 것으로 법을 제정했다. 일본은 65세 이상 노인의 비율이 가장 높은 나라이다. 이에 따라 고독사(孤獨死) 등 고령화 사회의 문제가 국가적인 과제로 심각하게 대두되고 있어 우리에겐 반면교사가 될 수 있다. 예컨대 한국이 부동산 폭등으로 몸살을 앓고 있는 지금, 일본은 저출산 고령화에 따른 인구감소로 버려지는 빈집이 늘어나자 도시의 슬럼화가 사회문제로 떠오르고 있다. 그 결과 빈집에도 세금을 부과하기로 했다. 이를 통해 집주인이 집을 팔거나 세를 놓도록 유도하기 위해서다. 최근 교토시는 이 같은 정책을 발표한 첫 사례로 기록된다.

한편 베이비붐 세대 시니어 계층의 증가와 함께 스마트 팜이 주목받고 있다. 귀농 은퇴자들에게 방치되다시피 한 도시 폐교를 스마트 팜이란 새로운 농업기반 시설로 탈바꿈시켜 제공하는 것은 대단히 매력적인 사업이다. 지하철 유휴공간이나 아파트 지하의 빈공간 등을 활용하여 스마트 팜을 구축한다면 도시미관 개선과 볼거리 제공 효과가 생겨 도시재생, 스마트시티 건설에도 큰 역할을 하게 될 것이다. 또한 평생 직장생활만 한 은퇴자들에게는 한 번도 가보지 못한 길을 열어주는 퍼스트 무버의 길이 될 수도 있을 것이다.[68]

고령화는 안전자산에 대한 선호, 마켓 수요의 축소와 함께 경제 인구

68 〈울산제일일보〉, "도시재생 및 고령화의 해법 '스마트팜'", 민병수 ㈜엠아이티 대표이사, 2022.8.5.

를 감소시켜 일하는 사람보다 노는 사람이 더 많은 사회다. 이런 사회는 투자할 곳이 줄어 성장률이 낮아지는 결과로 이어지며 전반적으로 궁핍한 사회가 될 것이다. 한국은행은 저출산 고령화의 진전으로 2026년경 이후에는 0퍼센트 대의 저성장을 기록할 수 있다고 경고했다. 또한 인력 감소에 따른 노동력 문제는 AI 로봇 등 혁신적인 기술로 대체될 가능성이 커질 것이다. 인구통계가 보여주는 이런 상황을 우리 아이들의 진로 찾기에 풍향계로 삼아야 하지 않을까?

지구온난화

온난화를 비롯한 환경문제도 우리 아이들이 살아갈 미래에 중요한 변수가 될 것이다. 지구의 기온은 최근 100년간 가파르게 상승하고 있다. 산업의 발달과 함께 화석 연료의 사용이 대폭 증가하고 삼림이 파괴되면서 대기 중에 이산화탄소 등 온실효과를 일으키는 기체들이 늘어났기 때문이다.

현재 지구 온도는 산업화 이전 수준보다 섭씨 1.2도가 높은 상태다. 과학자들은 섭씨 3도가 오르면 전 세계 주요 연안 50개 도시가 침수 피해를 볼 거라고 이야기한다. 해수의 열팽창과 대륙 빙하의 해빙에 따라 해수면이 상승하는 탓이다. 기온 상승은 빙하를 녹이고, 이로 인해 반사되는 것보다 바다와 육지에 흡수되는 태양 에너지의 양이 많아져 빙하의 해빙은 점점 가속화된다.

인터넷에서 쉽게 접할 수 있는 해수면 상승 시뮬레이션 웹 사이트를 클릭하면 100년 안에 해수면이 최소 53센티미터까지 상승할 경우, 뉴욕, 상하이, 베네치아, 시드니 등 세계 주요 도시가 물에 잠기는 것으로 나타난다. 호기심에 게임하듯 해보는 시뮬레이션이지만 결과를 보고 나면 누구나 환경론자가 될 수밖에 없을 것이다.

2021년 8월, MBC 뉴스데스크에서는 지구온난화로 인해 10년 안에 부산도 물에 잠기기 시작할 거라는 방송을 내보내어 대중의 이목을 집중시켰다. 그린피스[69]가 예상한 2030년 부산의 모습은 기후 변화로 바다 수위가 오르면서 재난 영화였던 〈해운대〉를 떠올리게 했다. 바다를 끼고 사는 나라들은 이미 도시 침수에 대비하고 있다. 이탈리아 베네치아는 수중 물막이를 설치하고 있고, 미국 뉴욕은 거대한 섬을 따라 방호벽을 둘러치겠다는 계획이다. 폭우와 해일 피해를 막는 '바다 방벽'을 짓겠다는 것인데 부산도 역시 물에 뜨는 해상 도시 건설을 추진하고 있다. UN이 기후 난민을 위해 추진 중인 거주민 3천 명 규모의 해상 도시 시범 모델을 부산에서 구현하는 게 목표다.

해양 생태계도 몸살을 앓으며 변화 중이다. 우리나라의 경우, '그 많던 명태는 어디로 갔을까?' 하고 고개를 내저을 상황이다. 지구온난화의 영향으로 우리나라 기후가 점점 아열대 기후로 변화하고, 이로 인해 최근 한반도 해역에 난류성 어종인 고등어와 멸치가 대거 들어선 반면, 한류성 어종인 명태와 도루묵은 북상했다. 오징어는 남해에서 동해와 서해로 서식지를 확장했고, 남해안에선 아열대 어종 등장이 잦아지고 있다. 해양 생태계의 변화에 어선들이 갈 곳을 잃기도 한다.

잊을 만하면 터지는 대형 산불도 기후 온난화와 무관치 않다. 이제 동

---

69 전 지구적인 환경문제의 원인을 밝혀내고, 이를 해결하기 위해 평화적이고 창의적인 방식으로 활동하는 캠페인 단체다(www.greenpeace.org).

계올림픽은 인공 눈 위에서 치러질 가능성이 더 높다. 사막화 현상도 남의 일이 아니다. 근래 황사가 더욱 잦아지고 강도도 세지는 이유는 무엇일까? 대다수 학자의 의견은 사막화로 모인다. 중국의 경우 국토의 27퍼센트에 달하는 면적이 이미 사막화로 황폐해지고 있다. 지진, 가뭄, 해일, 폭염 등 전 세계는 기상이변에 시달리고 있다. 자연은 인간을 살리지만, 인간을 파괴하는 것도 자연이다.

온실효과

온실효과는 대기 중의 이산화탄소 증가로 인해 태양열의 복사에너지가 우주로 방출되지 않고 지구의 대기층에 흡수되면서 기온을 상승시키는 효과이다. 식물원이나 비닐하우스 같은 온실을 떠올려보라. 그 안은 매우 따뜻해서 열대식물이 자라기도 하고 겨울에도 싱싱한 채소나 과일을 수확할 수 있다. 이 모두가 온실효과 때문이다. 원리는 간단하다. 온실의 유리창이나 비닐은 태양의 빛 에너지가 안으로 뚫고 들어와 내부의 온도를 올려주지만, 온실 밖으로 나갈 때는 태양광선은 그대로 투과시키면서 열은 남아 있도록 막아준다. 그 결과 전체적으로는 열에너지 평형이 이루어지지 않고 일부는 그대로 온실 안에 남아 있게 된다.

마찬가지로 태양에서 지구의 표면에 도달한 빛 에너지가 지구 표면의 온도를 덥혀주고 난 뒤 다시 반사되어 지구 밖으로 튕겨 나갈 때 대기층에 있는 온실가스가 유리창이나 비닐 막 같은 역할을 함으로써 일부의 열에너지는 대기층에 머물게 된다. 그 결과 지구 표면의 온도는 점차 상승하게 되는데 이러한 현상을 온실효과라고 한다. 현대 산업사회에서

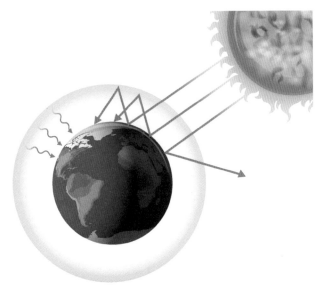

광범위한 화석 연료(석탄, 석유, 천연가스)의 연소로 생성된 대기 중의 이산화탄소(CO_2)가 온실가스의 주범이며, 이 밖에도 수증기(H_2O), 오존(O_3), 메테인(CH_4), 일산화질소(NO), 프레온 가스 등 공범도 여럿 있다.

과학자들에 따르면 온실효과가 없다면 지구의 평균기온은 −73℃ 정도가 될 것이며, 이러한 상황에서는 심지어 대양조차 얼게 될 것이라고 한다. 이에 반해 금성의 경우에는 '지나친' 온실효과로 그 표면 온도가 500℃까지 가열된다.[70] 지구촌의 미래를 위해 세계 각국은 2015년 파리 기후변화협약(파리협약)으로 온실가스 감축을 위한 노력에 나섰으나 이후 각국의 첨예한 이해관계 때문에 우여곡절을 겪고 있다.

---

[70] 다음백과.

Chapter 5

흥망성쇠의 비밀

성공한 기업, 몰락한 기업

가장 빨리 적응하는 종이 살아남는다

"가장 강력한 종이 살아남는 것이 아니다. 가장 지적인 종이 살아남는 것도 아니다. 변화에 가장 빨리 적응하는 종이 살아남는다." 19세기 영국의 생물학자 찰스 다윈(Charles Robert Darwin, 1809~ 1882)의 말이다.

위기를 기회로 삼아 변화하고 적응한 사람과 기업은 성공하였으나, 현실에 대한 미련과 자만심으로 변화에 발 빠르게 대처하지 못한 사람과 기업은 도태하였다. 변화의 시대를 이겨내는 유일한 대책은 우리도 변화하는 것이다.

미국의 기업가이자 투자자인 타이 로페즈(Tai Lopez)는 소셜 미디어를 이용해 백만장자가 된 마케팅 천재이다. 그는 미국에서 자신이 부자가 될 수 있었던 방법을 공유하며 사람들에게 동기를 부여하는 강의와 동영상으로 유명세를 타고 있다. "트렌드를 파악하라, 블루오션, 레드오션, 돈은 몰리는 곳에 몰린다. 성공한 사람들과 어울려라, 주변에 없다고 걱정하지 말라, 책이나 인터넷을 통해 얼마든지 이들을 만날 수 있다. 당신은 한 달 안에 변화를 느낄 것이다." 로페즈의 일갈이다.

트렌드란 무엇인가? 사회나 사람들이 변화하고 나아가는 방향이다.

21세기에 주목받는 메가 트렌드는 환경과 기후 위기, 인공지능, 가상세계(메타버스) 등이다. 사람들의 관심이 집중적으로 몰리는 이슈이므로 천문학적 규모의 돈과도 직결된다.

변화의 속도는 갈수록 빠르다. 내비게이션 없이 살던 시대가 있었다. 처음 내비게이션이 시장에 등장했을 때만 해도 이게 꼭 필요할까, 지도만 있으면 되는데, 하고 생각했지만 이젠 내비게이션 없는 세상은 상상이 되지 않는다. 그 뒤를 이어 나온 자동차 블랙박스도 마찬가지다. 이제 '없으면 이상'하다. 메타버스의 개념도 아직 제대로 이해하지 못했는데, 갑자기 그 안에 NFT라는 개념이 나온다. 콩으로 만든 대체육도 익숙하지 않은데, 이제 세포 배양을 통해 3D 프린터로 고기를 만드는 시대가 되었다고 한다. 신기한 세상이다.

역사를 돌아보면 변화에 적응하지 못한 생명체는 도태되고 결국 사라졌다. 변화에 맞게 적응하고 진화한 생명체만이 살아남았다. 앞으로는 세상의 변화 속도와 내가 변화를 따라가는 속도의 차이를 줄여야만 이 시대에 적응하면서 살아갈 수 있을 것이다.

변화는 불확실성을 동반한다. 그래서 어제와 다른 오늘이 오고, 오늘과 다른 내일이 펼쳐지면 다들 입을 모아 '위기'라고 이야기한다. 잠시 달리기경기가 이루어지는 스포츠 트랙을 상상해보자. 여러 경기에서 보았듯 추월은 커브 구간에서 가장 많이 이루어진다. 즉 커브는 변화가 이뤄지는 곳이다. 2022년 베이징 동계올림픽 쇼트트랙 경기에서 최민정 선수가 치고 달리는 역전의 순간을 보며 사람들은 뜨겁게 환호했다. 역전이 이루어진 곳은 바로 커브 구간이었다.

그 빠른 터닝의 순간, 과연 무슨 일이 벌어진 걸까? 순간적이지만 앞선수의 동작을 주목하다가 변화의 틈을 노려 적응한 결과 아닐까? 변화에 집중하고, 직시하고, 발 빠르게 대응하는 것. 그것이 바로 흥망성쇠의 비밀이다. 4차 산업혁명 시대, 우리는 모두 커브 구간에 놓여 있다.

토이저러스와 아마존

토이저러스는 북미 최대의 완구류 유통 체인으로 전 세계에 1,500여 개의 지점을 가지고 있는 아이들의 천국이다. 우리나라에도 국내업체와 라이선스 계약을 맺고 매장이 많이 들어와 있어 낯설지 않다. 장난감 산업은 블루오션이다. 그러나 토이저러스는 과거의 영광에 빠진 채 온라인과 모바일로 전환하지 못해 결국은 파산의 길을 걷고 있다.

이제 물건을 매장에서 구매하던 시대는 저물어가고 있다. 지금의 MZ 세대는 물론이거니와 이들이 사회의 중심 세대로 성장해갈수록 오프라인 시장은 사라져갈 것이다. 21세기 들어 e커머스 시장이 커지고 가격을 비교해주는 '다나와' 같은 온라인 플랫폼이 등장함에 따라 미리 준비한 기업들은 살아남았지만 그렇지 못한 기업들은 사라지거나 몰락했다. 반면에 온라인 기반의 전자상거래 기업인 아마존은 눈부신 성장을 거듭하여 현재 세계 최고 기업의 자리를 굳건히 지키고 있다.

아이러니하게도 토이저러스는 2000년 아마존과 온라인 독점계약을 통해 e-커머스 시장을 대신하고자 했다. 문제는 아마존이 독점계약을 위반하고 다른 회사의 장난감도 온라인으로 판매하였고, 그 결과 법적 분쟁을 거쳐 승소하였지만, 시장은 이미 변화한 뒤였고 주도권은 아마존에 넘어가 있었다.

토이저러스와 아마존

  땅을 치고 후회한들 지나간 시간을 돌이킬 순 없다. 결국 토이저러스는 2017년 파산했고, 2018년 본사가 있는 미국 내 모든 매장을 철수하기에 이른다. 70년 역사가 끝나는 순간이었다. 다만 파산신청 후에도 브랜드명은 유지한 채로 있어 우리나라의 경우 롯데쇼핑이 토이저러스와의 협약에 따라 운영 중이었던 매장들은 이름을 그대로 사용하며 영향을 받지 않고 있다.

  아마존은 지구촌 사람들의 쇼핑과 독서 등 라이프 스타일을 완전히 바꿔놓은 세계적인 기업이다. 아마존의 창업자이자 CEO는 제프 베조스(Jeff Bezos)이다. 그는 1994년 '아마존닷컴'(amazon.com)이라는 온라인 서점으로 사업을 시작해 큰 성공을 거두었고, 2022년 기준으로 재산이 약 250조 원에 달하면서 세계 최고의 부자 리스트에 이름을 올렸다.

  아마존의 성장을 살펴보면 위험에 대한 도전의 연속이었음을 알 수 있다. 온라인 판매장소를 제공하고 수수료나 광고비를 받는 아마존 마켓 플레이스, 그리고 가입하면 무료배송, 음원 제공 등 무수한 혜택을 주는 회원제도인 아마존 프라임과 같은 지금의 아마존을 대표하는 서비스들 모두가 부정적인 전망과 실패 과정을 극복하고 오늘에 이른 것이다. 시대의 변화와 소비자의 니즈를 정확히 읽고 예측하여 선도적으로 도전하고, 그 과정에서 발생하는 위험에 현명하게 대처하면서 이루어낸 성공 신화다. IT 정보화 시대는 어떻게 보면 성공과 실패의 갈림길이 종이 한 장 차이처럼 보인다. 그러나 그 결과는 놀랍게도 "All or Nothing"이다.

코닥과 후지필름의 엇갈린 운명

여러분도 추억의 필름 코닥을 기억할 것이다. 코닥은 140년 전인 1880년 은행원이던 조지 이스트먼이 사상 처음으로 유리판 필름을 발명해 세운 회사다. 1969년 인류의 달 착륙 장면을 찍은 것도 코닥 카메라였다. 사진의 대명사로 명성을 떨치고 있던 코닥은 2012년 파산보호 신청에 들어간다. 결코 망하지 않을 것 같던 기업이 망한 것이다.

코닥이 파산에 이른 가장 큰 이유는 디지털시대에 대비하지 못했기 때문이다. 카메라가 아닌 휴대폰으로 사진을 찍는 세상의 변화에 대응하지 못한 사이에 사진은 카메라 회사가 아닌 애플이나 삼성의 몫이 되었다.

애초에 디지털카메라를 연구하고 만든 회사는 코닥이었다. 그 결과 1992년 다른 업체들보다 한발 앞서 소비자용 디지털카메라를 출시할 수 있었지만, 매출의 주축인 필름 시장을 스스로 갉아 먹을 수 없어 주

코닥과 후지필름의 운명

저하는 사이에 필름은 이미 사라지고 말았다. 그제야 서둘러 디지털 시장에 나섰지만 안타깝게도 경쟁력을 잃은 상태였다. 코닥의 몰락이 더 뼈아픈 이유는 디지털카메라 기술을 먼저 개발해 놓고도 사용하지 않았다는 점 때문이다. 코닥의 기술자가 디지털카메라를 발명했을 때 경영진의 선택은 "해오고 있던 일이나 잘하자"였다.

반면 코닥의 뒤를 쫓던 2등, 후지필름은 어떻게 되었을까? 후지필름은 코닥과 마찬가지로 필름을 판매하는 회사였지만 위기 극복을 위해 화장품 회사로 변신을 선택했다. 필름의 주성분이었던 콜라겐에 주목한 것이다. 또한 필름 제조과정에서 축적한 화학 기술에 집중하여 제약, 화장품 분야로 핵심 사업을 전환했다. 본업이며 주력이었던 사업을 과감하게 버리고 보유한 기술을 다른 사업에 응용한 결과, 코닥과 마찬가지 운명을 맞을 것이라는 예상을 뒤집고 후지필름은 20년이 지난 지금 완벽한 변신에 성공해 있다.

코닥과 후지필름은 둘 다 닥쳐올 위기를 알고 있었다. 그러나 두 회사의 운명을 가른 것은 위기에 대응하는 방식이었다. 코닥은 현재의 이익에 미련을 버리지 못하고 변화에 적극적으로 대응하지 못했지만, 후지필름은 자신의 강점과 본질을 냉철히 분석하여 새로운 기회를 만들었다. "리스크를 피하는 것이 가장 큰 리스크다"라는 말처럼 두려움을 극복하는 도전정신, 환골탈태하면서까지 변화에 적응한 기업의 사례는 흥망성쇠의 비밀을 말해준다.

크라이슬러와 테슬라

자동차 산업에서도 변화를 읽고 대응한 기업은 살아남고, 그렇지 못한 기업은 쇠퇴했다. 크라이슬러는 한때 포드 및 제너럴모터스 (GM)와 함께 아메리카 3대 자동차 브랜드로 불렸던 미국의 자부심이었다. 하지만 2008년 금융위기 이후 기술 투자나 신차 개발 등 경영이 정상화되지 못한 채 겨우 연명하고 있는 수준으로 쇠퇴했다. 대형 세단과 미니밴의 호조로 잘 나가던 대배기량 자동차 시장의 강자였지만 고연비 전기 자동차, 자율 무인자동차 등 미래를 위한 투자에 뒤늦게 대응한 결과였다.

반면 테슬라는 전기 자동차만을 전문으로 만드는 회사이다. 미래형 자동차에 집중하며 친환경의 파도에 올라타 단번에 세계 최대의 자동차 회사가 되었다. 놀랍게도 테슬라가 공식 마케팅 비용에 지출하는 비용은 '0원'이다. 심지어 홍보팀도 없애버렸다. 그런데도 2021년 글로벌 브랜드 컨설팅 그룹 인터브랜드가 발표한 바에 따르면 테슬라의 브랜드 가치는 42조를 넘어서며 직전년도 대비 두 배 가까이 폭등하는 현상

크라이슬러와 테슬라

을 보였다. 절감한 광고비는 미래를 위한 기술 투자에 과감히 쏟아붓고 있다.

테슬라의 CEO는 익히 알려진 일론 머스크이다. 괴짜 천재로 불리는 머스크는 일 중독자로 알려져 있다. 20대 초반 창업하여 신혼여행조차 가지 못한 채 밤낮없이 일에 집착했고 미국의 간편 결제서비스인 '페이팔'을 만들어 억만장자가 되었다. 스페이스X, 화성 이주 계획 등으로 세간의 주목을 모았던 그는 공상을 현실로 만드는 것으로 유명하다. 최근에는 테슬라의 주 사업을 전기 자동차에서 인간형 로봇인 테슬라 봇과 자율주행차용 소프트웨어로 전환하고 있다. 테슬라는 이제 단순한 자동차 기업을 넘어 모빌리티 혁명, 미래의 기술을 떠올리는 시대의 상징이자 키워드가 되었다. "우리는 세상을 바꾸고 있다." 테슬라 신입직원에게 주는 핸드북의 첫 문장이다.

성공과 몰락의 그림자

안타까운 일이지만 우리나라에도 역시 변화를 읽지 못해 사라진 기업들이 있다. 2004년 삼성 경제 연구원에서 뽑은 올해의 최고 히트상품 1위는 '싸이월드'가 차지했고, 2위는 복합 기능 휴대 전화인 MP3 플레이어 '아이리버'였다.

돌이켜보면 싸이월드는 페이스북이 될 수 있었고, 아이리버는 아이팟, 판도라 TV는 유튜브, 다이얼 패드(새롬기술이 개발한 인터넷 무료전화 서비스)는 전 세계 무료 영상통화의 대명사인 스카이프가 될 수 있었다. 현재 미국은 물론 전 세계를 주름잡고 있는 서비스와 제품들이 모두 한국에서도 있었다고 생각하니 더욱 안타까운 생각이 든다.

기업의 천국인 미국에서도 잘나가던 일류 기업의 흥망성쇠 사례는 많다. 한국으로 치면 교보문고와 같이 대형 서점이었던 보더스는 세계에서 두 번째로 큰 글로벌 체인망으로 명성을 높였지만, 온라인서점으로 출발한 아마존에 밀려 40년 역사를 뒤로하고 지난 2011년 문을 닫았다. 비디오, DVD의 대명사 블록버스터 역시 한때 전 세계적으로 9천여 곳의 매장을 보유하며 전성기를 구가하였지만, 시대의 변화를 따라잡지 못하고 넷플릭스에 의해 사라진 기업의 대표적인 사례이다.

지난 120년간 음료수 시장에서 사투를 벌이고 있는 코카콜라와 펩시의 대결도 흥미롭다. 콜라 시장에서 펩시는 과거부터 현재까지 항상 2인자였다. 그러자 펩시는 콜라 시장 점유율을 포기하는 과감한 전략을 실천한다. 그 대신 치토스 같은 식품 제품 분야로 사업을 다각화했다. 그 결과 매출액만 놓고 보면 사람들의 인식과는 달리 펩시는 수년째 코카콜라를 두 배 이상 앞서며 완승 행진을 해오고 있다. 하지만 매출액이

아니라 순이익만을 놓고 보면 반대로 코카콜라가 높다. 승자가 누구라고 말할 수는 없다.

우리나라에도 수많은 은행이 있었다. 제일, 조흥, 한일은행 등은 역사나 규모 면에서 1등의 위치를 주고받던 금융기관이었다. 그 밖에 서울, 장기신용, 동화, 대동은행 등 한 시대를 풍미하던 은행들이 있었지만 지금은 모두 사라졌다. 은행의 역사를 돌아보면 오늘날 국민이나 신한은행을 포함하여 신기하게도 시가총액이나 자산규모로 1등의 위치에 올랐던 은행들이 한결같이 10년을 버티지 못하고 순위를 넘겨주어야 했다는 사실을 알 수 있다.

세계 최고 기업의 변천사

세계 10대 기업의 변천사는 산업의 생태계가 어떤 방향으로 진화하고 있는지를 확연히 보여준다. 1990년대까지만 해도 10대 기업의 자리는

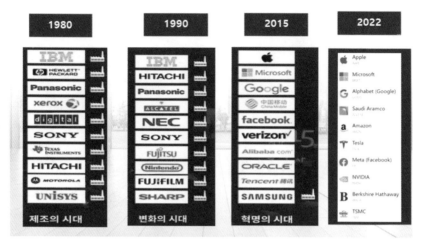

세계 최고 기업의 변천사

모두 제조업이 차지하고 있었다. 소위 말하는 '굴뚝 산업'이 왕좌를 굳건히 지킨 것이다. 굴뚝 산업은 정보통신(IT) 산업과 대비되는 개념으로, 정유 화학, 해운, 조선, 철강 등 전통적인 제조업의 공장이 커다란 굴뚝을 가졌다는 데서 유래된 말이다.

그러던 것이 21세기를 전후하여 변화가 시작되었고, 이제는 세계 10대 기업의 대부분을 IT 기업이 차지하고 있다. 그것도 마이크로소프트, 구글, 아마존, 메타(페이스북) 같은 플랫폼에 기반을 둔 기업들이 독보적인 강세를 보이고 있다.

그런데 구글이나 페이스북은 무엇을 팔아서 세계 최고의 기업이 되었을까? 파는 물건이 없다. 단지 그들에게는 천지인(天地人)이 있을 뿐이다. 천(天)은 클라우드, 즉 가상세계이고, 지(地)는 오프라인, 곧 현실 세계이며, 인(人)은 사람이다. 이 셋을 연결하는 플랫폼을 만들고 표준화하고 서비스를 제공하여 수익을 올리는 기업들이다. 그들은 제품을 만들지 않지만 모든 제품을 지배한다. 사람들이 모이고 소통하며 정보를 주고받거나, 재화와 용역을 거래하는 그들만의 세상을 만든 것이다.

플랫폼 기업들이 성공한 배경 중 결정적인 것으로 21세기 석유라고 불리는 '빅 데이터'를 들 수 있다. 사람들은 구글 입력 창에 자신의 수많은 정보를 입력한다. 유튜브나 넷플릭스를 보며 좋아하는 동영상과 영화를 검색하고, 애플의 앱 스토어에서 좋아하는 게임을 찾아본다. 페이스북에서는 성향이 비슷한 사람끼리 어울리고 아마존 쇼핑에서 취향대로 물건을 고른다. 그러던 어느 날 이들은 내가 무엇을 원하는지 스스로 학습하여 나에게 추천하고 권유하고 미처 내가 잊고 있던 정보까지 제공하며 나를 유혹한다. 나의 모든 활동을 데이터화하여 축적한 결과이다.

이렇듯 세상에는 모든 사람의 활동과 생각이 축적된 빅 데이터가 있다. 앞으로 점점 더 세분화하고 그 종류도 다양해질 것이다. 빅 데이터는 이제 황금을 낳는 거위가 되었다. 예컨대 불특정 다수를 상대로 한 광고비는 개인 맞춤형 정보 제공이 가능해져서 광고비용을 절감할 수 있고, 효과는 배가될 것이다. 취향을 저격하는 정보를 제공하여 소비를 촉진할 것이며 플랫폼 기업은 생산자와 소비자를 연결하고 지배할 것이다. 생산자는 소비자를 만나기 위해, 소비자는 편리하고 습관화된 접근성으로 인해 플랫폼 기업에 의존할 수밖에 없다. 마침내 플랫폼 기업이 자본주의의 기본 요소인 생산과 소비를 모두 장악하게 되는 것이다. 나보다 나를 더 잘 아는 기업, 그 플랫폼 기업의 석유와 같은 존재가 바로 데이터이다.

과거 1~3차 산업혁명의 시대는 자원을 이용하여 제품을 만들어 파는 시대였다. 하지만 4차 산업혁명 시대는 상상과 아이디어라는 무형의 자산을 바탕으로 혁신적인 서비스를 만들어 파는 시대이다. 구글의 지주회사인 알파벳의 연간 매출액은 300조로 우리나라 1년 예산인 600조의 절반에 해당하고 영업이익은 100조에 달한다. 2021년 기준으로 삼성전자의 영업이익은 구글의 절반 정도인 51조를 기록했다. 전 세계를 석권하고 있는 플랫폼 기업들의 강세와 함께 세계 최고기업의 변천사는 흥망성쇠의 나침반을 보여준다.

성공한 사람들의 비밀

신이 되어버린 남자, 스티브 잡스

"신은 인간을 창조했지만 스티브 잡스(Steve Jobs, 1955~2011)는 스마트 폰 인류를 창조했다." 애플의 창업자이자 혁신의 아이콘이었던 스티브 잡스는 인류에게 스마트 폰을 선사하며 새로운 문명을 연 사람이다. 변화에 적응하여 성공한 사람이 아니라, 변화 그 자체를 창조한 사람이다.

생전에 그는 무수히 많은 명언을 남겼다. "변화의 시대, 성공과 실패의 갈림길은 자신이 좋아하는 일을 하느냐, 못 하느냐에 달려 있다. 해야 하는 일이 아닌, 하고 싶은 일을 찾아야 한다." "잘하는 일보다 좋아하는 일에 집중하라. 사랑하는 사람을 찾듯, 사랑하는 일을 찾아라."

미혼모의 아들로 태어나 양부모에게 입양되었던 어린 시절의 그는 사고뭉치였다. 불우한 성장 과정을 거쳐 대학에 진학한 후에도 6개월 만에 중퇴한 그는 정상적인 삶과는 거리가 멀어 보였다. 하지만, 천재적인 능력으로 세상을 바꾼 전설적인 인물이 되었다. 잡스의 스탠퍼드대학 졸업 연설은 이제 너무나 유명해져서 모르는 사람이 거의 없을 정도다. 이 연설은 괴짜 기업가였던 그의 이미지를 21세기 철학자로 승격시켰다. "여러분의 시간은 한정되어 있다. 다른 사람의 삶을 살기 위해 인생을 허비하지 말라." "항상 갈구하고, 항상 무모하라."

그가 발명한 아이폰은 휴대폰 시장을 뒤흔들었다. 전 세계를 석권했던 휴대폰의 선구자 격이었던 노키아와 모토로라는 순식간에 사라졌다. 반면 삼성전자는 2009년 아이폰 3GS가 국내에 출시되어 엄청난 반응을 일으키자 이와 거의 유사한 갤럭시S를 만들고 이 경험을 토대로 훨씬 안정적이고 개량된 갤럭시S2와 갤럭시 노트 등 다양한 제품군을 내놓으면서 세계 휴대폰 시장을 양분하는 성장을 이루어갔다.

췌장암 수술 후유증으로 점차 건강이 악화되던 잡스는 2011년 10월 고인이 되었다. 그의 죽음을 접한 많은 사람이 한 번도 만나본 적 없는 그가 이 세상을 떠났다는 사실에 큰 슬픔과 안타까움을 느꼈다. 한 기업가의 죽음이 이렇게 세계를 울린 적은 이전에 없었다.

작은 거인, 마윈

작은 키와 왜소한 체격 때문에 '작은 거인'으로 불리는 마윈[馬雲, 1964~]은 중국 항저우의 가난한 가정에서 태어났다. 마윈은 고등학교를 졸업하고 대학에 도전했지만 실패한다. 그 후 마윈은 곧바로 취업 전선에 나섰다.

처음엔 호텔 종업원을 노렸는데 작은 키 때문에 퇴짜를 맞았고, 부실한 체격으로 입대도 거부당했다. KFC가 처음 중국에 진출했을 때 마윈도 종업원에 지원했는데, 지원자 총 24명 중 마윈만 떨어졌다는 일화가 있다. 취업도 마음대로 되지 않자 마윈은 다시 대학입시에 도전했지만, 이번엔 수학 때문에 고배를 마신다. 이후 재수, 삼수를 거쳐 겨우 사범

대학에 입학할 수 있었다.

공부도 잘못하고 훈남도 아니었지만, 마윈은 영어 하나만큼은 특별히 좋아했다. 그는 날이 밝으면 매일 자전거를 타고 설레는 마음으로 항저우의 한 호텔로 갔다. 한 시간이나 걸리는 먼 곳이었지만 그곳에 가면 외국인들과 영어로 이야기할 수 있었기 때문이다.

대학시절 그는 공부보다는 학생회 활동에 적극적으로 참여했고, 항저우 전역의 대학 연맹 회장을 할 정도로 탁월한 웅변 능력과 지도력을 발휘했다. 영어를 잘했던 그는 대학을 졸업하고 나서 항저우의 한 대학에 영어 강사로 발령받는다.

1995년, 마윈은 잠시 공부하러 미국에 갔다가 처음으로 인터넷을 접하고 나서 큰 충격에 휩싸인다. 너무 신기하다는 것, 그리고 온라인 세상 어디에서도 중국의 흔적을 거의 찾아볼 수 없다는 점 때문이었다. 그후 귀국한 마윈은 사업가로 변신했다. 항저우의 20평짜리 허름한 아파트에서 창업한 전자상거래 기업 '알리바바'는 지금 세계적인 기업이 되었고 마윈 역시 아시아 최고 부호의 자리에 올랐다.

"90퍼센트가 찬성하는 방안이 있다면 나는 반드시 그것을 쓰레기통에 갖다 버린다. 이렇게 많은 사람이 좋다는 계획이라면 분명 많은 사람이 시도했을 것이고 그 기회는 우리 것이 아니기 때문이다. 50퍼센트의 사람들이 반대하는 방안은 시도해볼 만하다." 마윈의 이 말은 그의 혁신적인 마인드를 대변해준다.

하늘을 동경하던 소년 왕타오, 드론 황제가 되다

세계 드론 인구 10명 중 7명이 사용한다는 DJI의 창업자는 1980년생 왕타오[汪滔, 1980~]이다. 그는 드론계의 스티브 잡스로 불린다. 애플이 스마트 폰이라는 새로운 시장을 열었던 것처럼, 드론이라는 새로운 시장을 개척해 하늘을 접수했기 때문이다.

독보적인 기술력과 디자인으로 세계 시장의 70퍼센트를 점유하고 있는 DJT는 기존의 중국 기업들과는 다르다. '중국산은 짝퉁'이라는 이미지를 깨고 중국 토종 기술로 글로벌 표준을 만든 혁신적인 기업이라는 평가를 받고 있기 때문이다. 중국 IT 1세대인 바이두, 알리바바, 텐센트가 해외기업의 사업 모델을 중국 시장에 가져와 성장한 패스트 팔로워라면, 드론의 황제 왕타오는 한 분야의 산업을 개척하고 주도한 퍼스트 무버이다.

왕타오는 어릴 적부터 모형 헬기에 빠져 있던 소년이었다. 어머니는 교사, 아버지는 엔지니어였다. 모형 헬기는 당시 직장인 월급의 5배가 넘는 비싼 장난감이었으나 공부를 잘하면 사주겠다는 부모님의 말에 이를 악물고 공부해 결국 선물로 받았다고 한다. 그는 부모가 원하는 대로 사범대학교에 입학했으나 교사의 길이 적성에 맞지 않다고 판단, 과감히 대학을 중퇴하고 어린 시절 꿈꾸던 자동제어 헬기를 연구하는 엔지니어가 되기로 결심한다. 이후 MIT와 스탠퍼드 대학에 도전했다가 고배를 마신다. 그러나 왕타오는 낙심하지 않았고, 두 배 세 배 노력한 끝에 두 대학 못지않은 명문 공과대학인 홍콩 과학기술대학 전자공학과에 입학했다.

성적이 뛰어난 편은 아니었지만 무선 헬기에 대한 열정만큼은 누구보다 빛났던 왕타오는 불과 26세인 2006년에 DJI를 설립했다. 첫 사무실은 침대 세 개만 놓인 그의 아파트였고, 창업자금은 로봇경진대회 우승 상금과 학교에서 받은 장학금이었다. 왕타오의 성공을 이야기하는 사람들은 그의 완벽주의적인 성향을 꼽는다. 무엇보다 어릴 때부터 직접 소형 헬기를 다루며 경험했던 단점을 개선하고, 누구나 쉽게 조종할 수 있는 드론을 개발하고자 한 길로 줄기차게 노력했던 그의 열정을 높이 친다. 그다음으로 다니던 대학을 중퇴하면서까지 자신이 잘하고 좋아하는 일을 선택했던 결단력을 꼽는다. 결국, 수백 수천 개의 나사를 일일이 조합해보면서 완벽함을 지향했던 그의 사업 철학은 3명이 시작했던 회사를 1만2천 명이 근무하는 회사로 바꾸어놓았다.

e스포츠의 전설, 이상혁

닉네임 '페이커', e스포츠의 전설이 된 이상혁은 1996년생으로 올해 나이 20대 중반의 청년이다. 이상혁은 온라인 게임시장 최대 규모를 자랑하는 리그 오브 레전드의 역대 최고 프로게이머로 2013년 고등학교 2학년을 중퇴하고 만 17세의 나이로 SKT에 입단했다. 당시 국내 프로야구 선수 최고 연봉보다 높은 30억 원에 스카우트 된 것으로 알려진 이상혁 선수의 현재 연봉은 베일에 가려져 있지만 50억 원 정도로 추정되고 있으며 중국에서 100억대, 북미에서는 백지 수표의 연봉을 제안하기도 했다고 밝혀 뉴스에 오르기도 했다.

리그 오브 레전드 월드 챔피언십은 라이엇 게임즈가 주최하는 대회로 한국에서는 롤드컵이라고도 한다. 1년을 주기로 국가별 리그에서 상위권을 차지한 팀들이 선발되어 해당 시즌의 세계 최강팀을 가리는 대회이다. 이상혁은 롤드컵 3회 우승, 국내리그 9회 우승이라는 기록을 갖고 있으며 우승 상금만 해도 수십억 원에 달하고 있다.

중국 매체 시니어닷컴은 봉준호 감독의 아카데미상 시상에 즈음하여 한국의 5대 국보를 꼽아 화제가 된 적이 있다. 봉준호, BTS, 김연아, 손흥민, 그리고 남은 한 명이 바로 이상혁이다. 전 세계의 젊은이들이 e-스포츠에 열광하고 있는 시점에서 이상혁은 게임계의 메시나 호날두로 불리며 국내에서보다 해외에서 엄청난 인기를 누리는 중이다.

이상혁 선수의 성공 스토리는 현재 진행형이다. 온라인 게임에 대해 부정적이었던 기성세대의 관념을 바꾸는 계기가 되었으며, e스포츠는 지난 2018년 자카르타 팔렘방 아시안게임 시범 종목에 이어 2022년 항저우 아시안 게임의 정식 종목이 되었다.

유튜버의 선구자, 대도서관

'대도서관'(본명 나동현)은 국내 유튜버의 선구자이다. 유튜브에서 직접 방송하거나 콘텐츠를 올리는 방송인을 뜻하는 유튜버는 인기와 돈이 함께 뒤따르는 직업으로 초등학생들에게 장래 희망을 물어보는 설문조사에서 꾸준히 1위를 차지하고 있다. "Mobile First, Only Youtube"라는 말이 상징하듯 유튜브는 이제 미디어 시장의 강자를 넘어 새로운 문화와 경제를 만들어내는 미다스의 손이 되었다.

대한민국의 파워 유튜버 매출 기준 상위 10인의 통계를 살펴보면 2020년의 경우 최고 97억 원으로 조사되었고, 2021년은 40억 원을 번 것으로 나타났다. 수백만 명의 구독자를 거느린 파워 유튜버들은 이제 걸어 다니는 방송국이자 기업이다. 상위권에 오른 채널들의 가장 큰 특징은 무엇일까? 우선 먹방, ASMR(자율감각쾌락반응), 키즈, 댄스 등을 다룬 비언어적 콘텐츠가 대부분이었다. 이는 유튜브 채널이 단순히 정보 제공 역할을 뛰어넘어 삶에 지친 현대인에게 위안을 주는 기능을 점점 더 중시하고 있다는 것을 보여준다.

대도서관은 유튜버라는 단어가 생소했던 시기에 선구자 역할을 했던 사람이다. 우리나라에서 가장 인기 많은 방송인인 유재석 못지않은 '넘사벽' 스타로서 구독자가 2백만 명을 웃돈다. 대도서관은 1978년 서울에서 태어나 고3 때 아버지가 돌아가신 뒤 대학에 들어가는 것을 포기하고 아르바이트를 시작했다. 군대를 제대한 후에는 e러닝 센터에 취직해 온라인 콘텐츠를 만들기도 했다.

대도서관은 화려한 스펙이나 변변한 대학 졸업장 하나 없이 평범한 직장생활을 몇 년 하다가 30살을 훌쩍 넘긴 나이에 유튜브에 입문한다. 그러고는 넘치는 끼와 입담으로 인기몰이를 하며 짧은 시간 안에 탑 크리에이터 자리에 올랐다. 물론 그의 성공엔 타고난 능력도 한몫했을 것이다. 그러나 더욱 중요한 것은 대도서관이 세상의 변화에 먼저 올라타 누구보다 앞서 달려온 덕분 아닐까? 아침에 눈을 뜬 순간부터 잠들 때까지 우리는 카톡, 문자, 인스타그램, 페이스북 등에 텍스트나 그림, 동영상으로 의사를 표현하고 전달하며 살아가고 있다. 표현 능력과 소통 빈도의 차이는 있지만 SNS시대를 살아가며 우리는 누구나 1인 크리에이터로 살아가는 중이다. 디지털 정보의 세상에서 생산자이자 소비자로 살아가는 우리의 일과는 그 자체가 '창조 행위'에 다름 아니다.

Chapter 6

미래의 직업

직업과 직군

한국 직업의 변천사

직업의 변천사는 시대의 배경과 문화, 기술의 변화를 따르게 마련이다. 한국고용정보원에서 시대별로 정리한 한국 기업의 변천사와 각 시대의 인기 직업들을 보면 우리나라의 경우 전쟁과 산업화, 민주화와 정보화의 격동기를 거치며 짧은 기간에 다양하게 변화되어 왔다.

1950년대: 한국전쟁 이후 상이군인이 증가했으며 미군 부대가 한국 내에 주둔하게 되고, 전차가 서울의 주된 교통수단으로 등장하면서 이에 따른 직업군이 나타났다. 군 장교, 타이피스트, 의사, 영화감독, 배우, 외교관, 법관, 공무원, 전차 운전사.

1960년대: 박정희 정부의 경제개발정책과 맞물려 노동집약적 산업(섬유업)이 발달했고(대표 수출상품 가발), 대기업에서 신입사원을 본격적으로 공채하기 시작했다. 섬유 엔지니어, 가발 기능공, 버스 안내양, 택시 기사, 대기업 사원, 은행원.

1970년대: 수출 지향 중화학공업 정책으로 무역이 활성화하고, 민간 항공사가 출범했으며, 중동 건설 특수가 발생했다. 화학공업 및 기계 엔지니어, 무역업 종사자, 비행기 조종사, 항공 여승무원, 건설 관련 기술사(설계 중장비 등).

1980년대: 금융 산업이 성장하고, 증권시장도 활황이었으며, 중화학 공업 분야에서 급성장을 이루었다. 조선 산업에서 세계 1위를 차지하고, 반도체 산업이 포문을 열었으며, 컬러 TV가 등장했다. 증권사 관련 직업, 은행원, 선박 및 반도체 엔지니어, 프로운동선수(야구, 축구), 드라마 PD, 탤런트, 광고 기획자(카피라이터).

1990년대: 금융 산업이 만개했고, 인터넷 도입으로 정보통신산업은 급성장을 이루었으며, 대중문화의 소비층이 변화했다(10대 위주). 펀드 매니저, 애널리스트, 외환딜러, 웹마스터, 컴퓨터프로그래머, 벤처기업가, 연예 관련 직종, M&A 전문가, 경영컨설턴트.

2000년대: 건강과 웰빙에 대한 관심이 급증하였으며, 각종 전문자격증이 인기를 얻게 되었고, 휴대폰 및 인터넷이 대중화하고, 첨단과학기술이 발달했다. 생명공학 연구원, 공인회계사, 변리사, 한의사, 인테리어 디자이너, 항공우주공학자, 인터넷 전문가, 첨단의료산업 종사자.

2010년대: 지식정보산업과 환경산업이 두각을 나타내고, 글로벌 경제 환경이 공고해졌으며, 손 안의 컴퓨터 기능을 갖춘 스마트폰이 대중화했고, 소셜 네트워크 서비스가 확대되었다. SNS 마케팅 전문가, 빅데이터전문가, 소셜 미디어 전문가, 의료관광 코디네이터, 인공지능 전문가.

현재와 미래: 최첨단 과학기술의 발전과 웰빙라이프 지향한다. 우주여행 안내원, 인공장기 조직개발자, 미디어 윤리학자, 네트워크 카운슬러, 인간 능력향상 조언자, 아바타 개발자.

1950~2000년	2000년전 후	2010년전 후	2015~미래
군장교	웹마케터	전기자동차	컴퓨터 보안 전문가
의사	프로게이머	고속철도	푸드 스타일리스트
공무원	호스피스 간호사	로봇	소셜 미디어 전문가
변호사	네일 아티스트	우주산업	가상컨설턴트
은행원	웨딩플래너	LED	소셜 미디어 전문가
교사	쇼핑호스트	나노 기술	가상컨설턴트
대기업직원	애니메이션 기획자	신재생에너지	우주여행안내원
	바리스타	자원재활용 기술	반려견 관련 직업
		AR	
		VR	

직업 직군의 변천사

인기 직업은 시대별로 다르다

한국전쟁 이후 1950년대에는 물장수, 전차 운전사, 전화교환원 등이 인기 직업이었고, 1960년대에는 은행원과 공무원, 스튜어디스 등이 선망의 직업이었다. 1970년대에는 대기업 직원, 금융계 종사자, 건설 노동자, 버스 안내원 등이, 1980년대에는 연예인, 프로듀서, 운동선수 등이 인기였다. 1990년대와 2000년대에 들어서는 펀드 매니저, 프로그래머, 네트워크 전문가 등이 눈길을 끌었다.

지난 50년간 시대를 풍미했던 인기 직업이자 현재에도 선망의 대상인 유망 직업으로는 군 장교, 의사, 공무원, 변호사, 은행원, 교사, 대기업 직원 등이다. 대다수 사람에게 선망의 대상이었고, 대부분의 부모가 자녀들에게 권유했던 직업이었다.

그런데 2000년대 이후로 새로운 직업들이 등장하기 시작한다. 웹 마케터, 프로게이머, 호스피스 간호사, 네일 아티스트, 웨딩플래너, 쇼핑 호스트, 애니메이션 기획자, 바리스타 등이다. 처음엔 생소했지만 지금은 우리 주변에서 흔히 볼 수 있는 직업이다.

2010년 이후는 기술의 발달로 아직은 낯선 직업들이 탄생하고 있다. 전기자동차, 고속철도, 로봇, 우주산업, LED, 나노기술, 신재생에너지, 자원 재활용 기술자, AR·VR 전문가 등등이다. 이런 직업들은 과거 가문의 영광이었던 직업이 점차 쇠퇴하는 가운데 미래의 유망 직업으로 떠오르고 있다.

2015년 이후, 기술의 발전에 따라 새로운 영역이 개척되어 인간의 삶과 변화된 사회상에 대응하는 직업들이 나타나기 시작했다. 컴퓨터 보안전문가, 소셜 미디어 전문가, 가상 컨설턴트, 우주여행 안내원, 반려견 관련 직업 등이다.

자녀들이 살아갈 시대의 유망 직업은 무엇일까? 현재 부모들이나 아이들이 생각하는 신의 직장, 소위 공공기관이나 은행원, 대기업 직원 등이 계속 인기를 끌며 선망의 대상으로 남아질까? 과거의 유망 직업들은 기술과 사회상의 변화로 인해 점차 쇠퇴할 것이다. 아이들이 어른이 되었을 때 이른바 '신의 직장'이라 일컬어질 직종은 2010년 이후 등장한 유망 직업들이 될 것이다. 4차 산업혁명 기술에 기반을 둔 직업, 삶의 변화된 가치에 대응하는 새로운 직업들이 그 자리를 이어받을 것이다.

사라지는 직업, 생겨나는 직업

미래에는 단순하고 반복적인 업무 특성을 가진 일들이 인공지능과 자동화에 대체되어 점차 축소될 것이다. 사무관리, 제조, 생산 설비나 유지 보수 등의 직업이 이에 해당한다. 반면에 감성적이고 창의적이며 삶의 질을 올리는 데 관계된 분야는 확대되고, 그 수요가 더욱 많아지며 종류가 다양하게 창출될 것이다. 예를 들어 노인을 돌보는 실버시터, 과학적인 건강관리를 책임지는 바이오 헬스케어, 건강과 미를 동시에 잡아주는 다이어트 프로그래머, 산업구조 변화에 따라 도시의 낙후된 곳에 새로운 기능을 추가하는 도시재생 전문가, 소비자의 다양한 니즈를 반영한 여행상품 기획자, 정보시스템 감리사 등이다.

시대의 변화를 읽으면 직업이 보인다. 드론 비행의 안전을 책임지는 드론 운항 관리사, IT 기술로 새로운 공장 시스템을 설계하는 스마트 팩토리 설계자, 3차원 출력물의 형상 정보를 만들어 자동차, 의료 등 여러 분야를 지원하는 3D 모델러, 미래의 먹거리로 유망한 식용 곤충 요리사, 에너지 절약과 환경오염을 지키는 녹색건축 전문가, 심장박동, 체온을 감지하는 등 기존에 없던 옷을 만드는 스마트 의류 개발자, 이 밖에도 수많은 영역에서 새로운 직업이 나타나고 있다.

옥스퍼드대학은 향후 10년 안에 없어질 위험이 높은 직업과 비교적 덜 위험한 직업군을 발표했다. 특히 인공지능 로봇의 등장과 자동화에

가능성		직업
0~20%		소방관 성직자 사진작가 의사
80~90%		택시기사 어부 제빵사 패스트푸드 점원
90~100%		모델 경기심판 법무사 텔레마케터

옥스퍼드대가 분석한 앞으로 10년 안에 로봇이 대체할 직업(*%는 로봇이 대체할 가능성)

영향을 많이 받는 것들인데, 이를테면 소방관, 성직자, 사진작가 등은 대체율이 20퍼센트 이하로 나타났으나 택시기사, 제빵사, 패스트푸드 점원 등은 대체율이 80퍼센트 이상, 모델, 법무사, 텔레마케터 등은 대체율이 90퍼센트 이상으로 나타났다.

우리나라 한국고용정보원의 예측 역시 건설 현장의 콘크리트공, 축산물을 다루는 도축업자, 고무나 플라스틱으로 물건을 찍어내던 제조업 등 단순 작업을 반복하는 업종의 대체율이 가장 높을 것으로 내다봤다. 반면 화가나 사진작가처럼 인간만이 할 수 있는 창조적인 직군은 대체율이 적을 것으로 예상되었다. 스포츠 경기의 심판도 미래에 사라질 수 있는 고위험 직종으로 분류되었다. 센티미터 단위까지 정확히 선을 그어주는 VR 심판의 등장으로 "오심도 경기의 일부이다"라며 사람의 한계를 인정하던 과거의 낭만은 사라지고 있다.

텔레마케터	99%
회계사	94%
소매판업자	92%
전문작가	89%
부동산중개인	86%
기계전문가	65%
비행기조종사	55%
경제학자	43%
건강관련기술자	40%
배우	37%

한국고용정보원이 분석한 사라질 가능성이 큰 직군

코로나19 팬데믹과 직업

경영 컨설팅회사 이머전 그룹은 "코로나는 비즈니스의 모든 접점에서 디지털화가 얼마나 중요한지 일깨워주는 모닝콜과 같다. 눈앞의 일상적 운영에만 집중해 디지털 투자에 소홀하던 사람들을 위한 모닝콜 말이다"라고 의미심장한 발언을 했다.

코로나 팬데믹 사태가 지나가고 난 다음 우리는 과연 아무 일도 없었던 것처럼 그 이전의 세상으로 돌아갈 수 있을까? 퓰리처상을 수상한 칼럼니스트 토머스 프리드먼은 "세상은 이제 코로나 이전(BC COVID-19)

과 이후(AC COVID-19)로 구분될 것"이라면서 "코로나가 종식되더라도 이제 이전으로 돌아가지 않을 것"이라고 하여 많은 이들의 공감을 불러일으켰다.

코로나19로 인해 촉발된 다양한 변화 가운데 가장 눈에 띄는 흐름은 비대면 원격 시스템의 상용화다. 우리나라에서는 접촉을 뜻하는 콘택트(Contact)에 부정이나 반대를 뜻하는 접두어 un을 붙여 언택트(Untact)라는 신조어도 나왔다. 원격수업, 원격회의, 원격진료 등 사회적 거리 두기가 이루어지는 가운데, 거의 모든 일에 비대면 시스템이 강조되고 적용되었다.

재택근무가 일상이 된 지도 오래다. 고용노동부 조사 결과에 따르면 노동자가 10~29인 기업 중 43.9퍼센트가 재택근무를 도입했고, 30~99인 기업은 42.7퍼센트, 100~299인 기업은 54퍼센트, 300인 이상 기업은 51.5퍼센트가 재택근무를 한 것으로 나타났다. 기업들이 코로나19 확산을 막기 위해 자율적으로 도입한 재택근무는 이제 노동 현장에서 주요 업무 형태로 자리 잡고 있다. 코로나19 상황이 끝나도 재택근무를 계속하겠다는 응답이 절반이 넘는 51.8퍼센트로 나타났다.

해외에서는 재택근무를 상시화하려는 움직임이 더욱 활발하다. 구글은 재택근무 기간이 종료된 이후 '유연 근무 주'를 도입할 계획이라고 한다. 페이스북은 5~10년 이내에 전 직원의 50퍼센트가 원격 근무를 할 것으로 내다보고 있다. 독일에서는 1년에 최소 24일은 재택근무를 하도록 의무화하는 법안 발의가 추진되는 중이다.

바야흐로 '핑거 클릭'의 시대라 하지 않을 수 없다. 코로나19로 인해 디지털 세상은 가속페달을 밟고 있다. 이제 모든 연령층에서 디지털은 친숙한 존재가 되었다. 바깥보다 집에서 보내는 시간이 더 많아졌고, 더욱 빠르고 편리해진 온라인 환경은 이미 새로운 디지털 라이프의 장을 활짝 열었다. 홈스쿨, 에듀테크, 온라인 쇼핑, 공유경제, 새벽 배송 등 이제 우리는 일상에서 손가락 클릭 몇 번으로 만사를 해결하는 생활 방식에 익숙해졌다.

물건이나 서비스를 사고파는 환경만 달라진 게 아니다. 연주회와 전시, 박람회에 이르기까지 문화 전반에도 디지털 언택트가 시작되었다. 과거엔 상상도 할 수 없었던 일이지만 오늘날엔 자신의 연주회를 영상을 통해 실시간 라이브로 송출하고, 모바일 청첩장을 보내듯 지인들에게 SNS로 유료티켓을 보내서 연주회에 초대한다. 박람회도 마찬가지다. 메타버스 안에 잘 설계한 공간을 오픈하기만 하면 된다. 이용자들은 자신의 구미에 맞는 곳을 방문하여 즐기면 그만이다. 이제 메타버스는 온라인 놀이터가 되어 비가 오나 눈이 오나, 낮과 밤을 가리지 않고 방문객을 맞이하고 있다.

여전히 현장에서 일할 노동자가 필요한 경우를 제외하고는 비즈니스 직업이나 의사, 변호사 등 전문가의 역할에도 대부분 온라인화가 가속화될 전망이다. 원격 직업에 대한 사회 경제적 선호도가 높아진 데다가 코로나19라는 인류 공동의 악재가 이 상황을 성큼 앞당겼다. 이제 금융, 미디어, 유통, 의식주 등 대다수 분야의 기업들은 온라인을 중심으로 한 디지털 산업체계로 성공적인 전환을 이루어내지 못할 경우 불투명한 미래를 맞게 될 것이다.

코로나19 이후의 지구촌은 어떨까? 많은 사람이 코로나와 같은 질병의 종류가 더욱 늘어날 것이라 예견하고 있다. 이에 따라 마스크 착용과 손 씻기, 백신 접종 등 일상에서의 건강관리가 여전히 생활화될 것이다. 뿐만 아니다. 고령화와 백세시대를 맞아 건강에 관한 관심이 높아지면서 의료분야에 종사하는 사람들의 수요도 증가할 것이다.

이제 남녀노소를 불문하고 대다수 사람이 '집콕' 생활을 즐기게 되었다. 틱톡, 줌, 넷플릭스, 아마존, e북과 같은 앱도 더는 젊은이들만의 전유물이 아닌 세상이다. 문화란 다중에게 익숙하고 편한 것들의 총체다. 우리가 한번 익숙해진 것들을 버리기 쉽지 않은 이유다. 그러나 문화는 시간이 흐르면서 변하게 마련이다. 부모 세대의 회식문화는 더는 찾아보기 힘들고, 때맞춰 즐기던 외식문화도 현저히 줄어들었다. 대신 가정에서 보내는 시간이 많아지면서 배달 문화와 디지털을 통한 취미 생활 문화가 대세를 이루고 있지 않은가? 집에서 모든 것을 해결하려는 패러다임의 전환, 이것이야말로 4차 산업혁명의 핵심이다.

4차 산업혁명에 따른 직업의 변화

그렇다면 일자리 환경은 어떻게 변할 것인가? 기술이 발전할수록 삶의 질 향상에 대한 수요는 높아지게 되며, 이에 따라 미래의 직업은 더욱더 세분화하고 전문화할 것이다. 행복하고 건강한 노년 생활의 가이드인 노년 플래너, 상상 속의 세상에서 꿈꾸던 체험을 할 수 있게 해주는 가상현실 레크레이션 설계자, 기억을 손질하여 삶의 스토리텔링을 만들어 주는 개인 콘텐츠 큐레이터[71] 등이 그 사례다.

---

[71] 고객의 기억과 경험 및 일대기를 파악한 후, 콘텐츠화할 수 있는 이야기 요소를 선별한다. 그리고 이를 다른 사람에게 효과적으로 전달하기 위해 콘텐츠를 기획하고 프레젠테이션을

또한 기계가 인간의 노동을 대체함에 따라 기존 직무가 고도화하고, 더 높은 수준의 서비스로 옮겨갈 것이다. 예를 들어 언론사의 경우 스포츠 경기의 결과라든지 날씨 예보 등의 단순 보도는 로봇이 담당하고, 기자는 가치 판단이 요구되는 기사와 심층취재에 집중하는 식으로 업무가 분장될 것이다. 자전거를 고치던 사람이 오토바이를 고치고, 다시 자동차를 고치는 기술자로 거듭나듯이 기존 직무가 대체되는 경우 숙련 교육을 통해 기존의 일은 로봇에게 맡기고 더욱 고도화한 직무로 옮겨 갈 것이다.

4차 산업시대는 통신망과 가상현실의 발달로 개인과 기업이 네트워크로 연결되면서 데이터 기반의 인적관리가 강화되고, 인재 풀이나 정보가 상시열람 체제로 공유된다. 이는 단기 고용과 프로젝트 기업 활성화의 기반이 될 것이며, 노동시장은 평생직장에서 평생 직업으로 전환될 것이다. 실력과 경력이 고용시장의 중요한 기준으로 형성될 것이며, 자가 고용과 창조서비스업 등 소위 '창직'이 증가할 것이다.

4차 산업혁명의 본질은 융합의 시대다. 다양한 산업분야, 지식, 기술 상호 간에 통섭이 이루어지며, 혁신적인 과학기술과 인간의 경험과 기능이 융합하는 새로운 직업이 출현한다. 요리사인 농부, 다양한 매체를 통해 전문적인 정보를 전달해주는 테크니컬 라이터, 홀로그램 전시기획가 등이 그 예다. 우리나라에는 아직 생소하지만 사립탐정, 음악치료사, 카이로프랙틱 닥터[72] 등의 직종이 외국에서는 이미 활성화했다.

한다. 즉, 누군가의 소중한 기억이나 경험을 남에게 보여주기 쉽게 손질하는 직업이라고 할 수 있다(뉴스투데이).

72 카이로프랙틱이란 의사의 손으로 여러 가지 질환을 낫게 한다는 의미로 약물이나 수술적

가장 높이 나는 새가 가장 멀리 본다.

　과학기술의 발달은 우리가 과거에는 상상하지 못했던 새로운 직업들을 출현시켰다. 드론 기술이 상용화됨에 따라 드론 조종사라는 직업이 생겼고, 인간의 건강과 수명 연장을 위한 인공장기 제조전문가도 있다. 가상현실 아바타 개발자, 우주여행 가이드, 공유자산 가치전문가, 첨단 과학기술 윤리학자 등 과거에는 없었던 수많은 미래의 유망 직업들이 떠오르고 있다.

방법이 아니라 손이나 기타 장비, 온·냉찜, 근육 이완, 운동 등을 통해 치료하는 의료 전문가이다.

미래 유망 직업엔 어떤 것들이 있을까?

미래직업전망연구원이 내놓은 미국의 미래 유망 직업을 보자. 데이터 분석가가 1위를 차지했고, 그다음으로 통계 전문가, 정보보안 전문가가 인기를 얻고 있다. 청각 학자, 초음파 기사, 언어치료학자 등 과거에는 없었거나 그 역할이 미미했던 직종이 새로운 유망 직업으로 부상하고 있다.

마이크로소프트 서피스와 미래 연구소(The Future Laboratory) 연구진이 발표한 '10년 뒤 등장할 10대 직업'을 살펴보자. 첫손에 꼽힌 직업은 가상공간 디자이너이다. 미래에는 수많은 사람이 가상현실 환경에서 일하고 교육을 받게 될 터다. 이미 우리나라에서도 직장이나 학교, 연구단체 등에서 회의나 세미나를 개최할 때, 그리고 갤러리나 연주회 등 전시나 공연 시에도 가상현실을 본격적으로 활용하고 있다. 가상현실 공간 디자이너는 실제와 유사한 공간 디자인으로 사용자가 몰입할 수 있는 공간과 적절한 환경을 만들어내는 역할을 수행한다.

AI 기술이 인간의 영역에 빠른 속도로 침투하면서 기술 윤리 변호사도 주목받을 전망이다. 알고리즘, 애플리케이션에 대한 윤리적 분별과 판단을 전문으로 수행하는 일인데, 과학기술 적용 시의 도덕적이거나 윤리적인 자문, 로봇과 인간 사이의 중재 등 과학 철학을 기반으로 하는 기술 윤리 변호사의 역할이 점점 중요해질 것으로 보고 있다.

사물인터넷(IoT) 시대를 맞아 사물인터넷 자료 분석가도 유망한 직업으로 꼽힌다. 이들은 생활 속에서 인터넷으로 연결된 사물들을 더 유용하게 활용할 수 있도록 도움을 주는 역할을 한다. 한편 온라인과 사이버 세계의 문명과 문화에 대한 식견을 갖춘 디지털 문화해설사, 사물인터넷을 효율적으로 운영하도록 하는 사물인터넷 데이터분석가도 유망 직업으로 보고되었다.

4차 산업 혁명기엔 우주여행도 본격화될 것으로 전망한다. 따라서 우주여행 안내자가 인기 직종으로 떠오를 것이다. 더불어 인체디자이너도 인기를 끌 전망이다. 나노기술과 유전공학이 접목된 합성생물학은 마치 기계의 부품을 갈아 끼우듯 인체의 각 부위와 장기, 구조를 수시로 업그레이드해줄 것이다.

네트워크와 공유경제에서 낙오되지 않기 위해선 개인의 아이디어와 콘텐츠를 끊임없이 발굴하고 생산해야 한다. 이에 맞는 상담역 기능을 하는 퍼스널 콘텐츠 큐레이터도 인기 직종으로 꼽혔다. 사람들의 사고 능력과 기억력을 확장하는 데 도움을 주고, 원하면 언제든 인간의 의식 깊은 곳에 감춰진 기억과 경험들을 끄집어낼 수 있게 해준다.

역설적이긴 하지만, 디지털 문명이 발달할수록 환경과 생태계에 대한 관심도 덩달아 높아질 것으로 예상된다. 생태복원 전문가는 세계 곳곳의 멸종 동식물을 연구하여 어떤 지역에서 이들을 부활시킬지 혹은 어느 지역과 어떤 종을 연결할 것인지 고민하며 생태계를 복원하는 데 매

순위	직종
1위	데이터 분석가
2위	통계 전문가
3위	정보보안 전문가
4위	청각학자
5위	초음파 기사
6위	수학자
7위	소프트웨어 엔지니어
8위	컴퓨터시스템 분석가
9위	언어치료학자
10위	보험계리인

미래의 유망 직업(미국: 미래직업전망연구원)

진할 것이다.

또 하나의 이슈는 '바이오 해커'이다. 직업이라기보다 하나의 집단을 가리키는 말인데, 'DIY 생물학'이라는 이름으로 활동하고 있다. 바이오 해커는 생물학과 컴퓨터과학 모두에 유능한 젊은이들이 대학과 회사라는 권위를 거부하고 자기 집 지하실에서 각종 생물학적인 연구와 실험에 몰두하는 사람들을 이르는 말이다. 이들은 유전자 편집에 사용되는 크리스퍼(CRISPR) 유전자 가위 기술의 소프트웨어 플랫폼을 활용하며, 인간의 신체뿐만 아니라 농산물과 동물의 유전자 변형까지 계속 시도하고 있다. 첨단과학계의 이단아인 이들에게서 인류의 역사를 새로 쓰는 어떤 작품이 나올지 귀추가 주목된다.

4차 산업혁명 시대의 직업 찾기

한국고용정보원이 제공한 "4차 산업혁명 시대 내 직업 찾기" 자료에서 나온 15개 유망 직업을 소개한다. 먼저 미래 유망 직업 15개를 살펴보면 ①사물인터넷 전문가 ②인공지능 전문가 ③빅데이터 전문가 ④가상현실/증강현실 전문가 ⑤생명과학 연구원 ⑥정보보호 전문가 ⑦로봇공학자 ⑧자율주행차 전문가 ⑨스마트팜 전문가 ⑩환경 공학자 ⑪스마트 헬스케어 전문가 ⑫3D 프린팅 전문가 ⑬드론 전문가 ⑭소프트웨어 개발자 ⑮신재생에너지 전문가, 이렇게 15개 직종이 유망한 것으로 나타났다.

연번	직업명	설명
1	사물인터넷 전문가	가전제품이나 생산설비, 각종 부품(엔진 등)의 사물에 각종 센서를 부착하여 이들 사물이 서로 정보(데이터)를 인터넷으로 주고받도록 하는 기술 환경을 개발, 구축하거나 사물인터넷 서비스를 기획함
2	인공지능 전문가	사람의 뇌 구조에 대한 지식을 바탕으로 컴퓨터나 로봇 등이 인간과 같이 생각하고 결정할 수 있도록 알고리즘을 개발함
3	빅데이터 전문가	매우 빠르게 생산되고 있는 거대한 데이터를 실시간으로 수집 및 저장하고, 이 데이터를 분석해 가치 있는 정보를 추출하는 일을 함
4	가상현실/증강현실 전문가	−PD(가상현실/증강현실 콘텐츠기획자): 가상현실 또는 증강현실 콘텐츠를 기획하거나 시나리오 작성 −프로그래머: VR/AR 제작용 컴퓨터 툴을 사용하여 프로그래밍을 함 −컴퓨터그래픽디자이너: 캐릭터나 배경 등 그래픽 영상을 디자인하고 표본으로 만듦 −그 외 특수장비를 사용하여 VR 영상을 전문적으로 촬영함
5	생명과학 연구원	생물학, 의약, 식품, 농업 등 생명과학 분야의 이론과 응용에 관한 연구를 통해 다양하고 복잡한 생명 현상을 탐구하고 이와 관련된 기술을 적용
6	정보보호 전문가	IT 보안 전문가라고도 하는데, 컴퓨터와 인터넷상의 해킹과 바이러스로부터 디지털 정보를 보호하는 일
7	로봇 공학자	서비스 로봇(교육용 로봇, 청소 로봇, 이동용 로봇 등)이나 산업용 로봇(제조용 로봇, 용접로봇, 건설용 로봇 등), 협업 로봇, 웨어러블 로봇 등을 연구·개발, 제작, 유지·관리
8	자율주행차 전문가	정보통신기술(IT), 인공지능, GPS(위성항법 시스템) 등의 최신 기술을 적용해 안전하게 자율주행이 가능한 자율 자동차를 연구하고 개발함
9	스마트팜 전문가	스마트팜 관련 기술과 장비를 개발하고 설치하며, 스마트팜 도입을 희망하는 농업인에게 컨설팅과 교육을 실시

10	환경공학자	공학적인 원리를 활용하여 대기 환경, 수질 환경, 폐기물 환경, 토양 환경, 해양 환경 등 다양한 환경문제를 해결하기 위해 각종 연구와 조사를 하거나, 환경영향평가 업무 등을 함
11	스마트 헬스케어 전문가	건강측정기 등 액세서리나 웨어러블 기기를 활용하여 개인이 스스로 운동량, 심전도, 심장박동 등을 체크해 건강을 관리할 수 있는 헬스케어 서비스를 기획하거나 건강관리 애플리케이션을 개발함
12	3D 프린팅 전문가	− 3D 프린터 개발자: 3D 프린터 또는 부품의 성능 향상을 위한 연구·개발 − 3D 프린터용 재료 기술자: 3D 프린터에 사용될 다양한 소재와 기능의 재료를 연구하고 생산 − 3D 프린팅 컨설턴트: 기업이 제품 생산 과정에 3D 프린팅 기술을 접목하고자 할 때 기술 자문을 제공
13	드론 전문가	− 드론 조종사: 다양한 형태의 드론을 전문적으로 조종하는 일 − 드론 개발자: 새로운 드론을 개발하거나 성능 향상을 위한 기술 개발
14	소프트웨어 IT 개발자	시스템 소프트웨어 개발자: 컴퓨터 또는 컴퓨터가 내장된 로봇이나 산업 설비 등 기계장치에 사용되는 컴퓨터시스템의 동작, 제어 및 관리와 관련된 시스템 소프트웨어를 개발 응용 소프트웨어 개발자: 컴퓨터시스템을 특정 응용 분야에 사용하기 위하여 제작된 소프트웨어를 개발
15	신재생에너지 전문가	태양광, 태양열, 풍력, 지열, 수력, 수소, 연료전지, 바이오, 폐기물 등 전문 분야에 따라 에너지기술을 연구하고, 시스템 및 모듈, 부품, 태양광 패널 등 소재 개발, 축전지, 에너지 최적화를 위한 제어시스템 등을 개발

15개 유망 직업

미래를 함께할 새로운 직업[73]

과거에 없던 직업들이 등장하는 미래에는 직업 선택의 기준도 달라져

---

73 〈한국고용정보원〉, "미래를 함께할 새로운 직업", 2017.

야 한다. 평생직장은 아니더라도 평생을 함께할 직종으로 삼을 수 있는 분야인지, 스스로 평생학습을 통해 꾸준히 숙련하며 나아갈 수 있는 직종인지 먼저 따져보아야 한다는 뜻이다. 기술의 발전과 사회의 변화에 따라 새롭게 생겨나거나 주목받는 미래의 신직업들을 알아보고 트렌드를 살펴보자.

디지털 헤리티지 전문가: 가상현실이나 증강현실 등에 기반을 두고 문화유산을 관리하고 복원하는 일을 전문적으로 수행한다. 디지털 기술을 활용해 문화재나 문화유산, 예술작품 등을 3차원 디지털 방식으로 기록하는 업무를 한다.

상품·공간 스토리텔러: 상품·공간 스토리텔러는 제품 및 서비스가 판매될 수 있도록 고객의 감성을 자극할 만한 다양한 스토리를 발굴하여 다양한 콘텐츠를 개발하고 상품화하는 일을 한다. 상품 스토리텔러는 상품 출시와 동시에 스토리를 기반으로 한 콘텐츠 기획·개발, 상품의 신규 수요 창출을 위한 연관 스토리를 기획·개발한다. 공간 스토리텔러는 테마파크의 주요 동선을 기획하고 퍼레이드 등에 대한 시나리오 개발, 스토리가 있는 마을 등을 통해 지역관광을 활성화하는 일을 한다.

원격진로 코디네이터: 원격진료는 환자의 시간적, 공간적 제약요인을 해결해주는 새로운 형태의 진료 방법이다. 원격진로 코디네이터는 ICT 기술을 활용해 환자와 의사가 효과적으로 원격진료를 수행할 수 있도록 가교 역할을 담당한다.

자동차 튜닝 엔지니어: 자동차 소유자의 취향과 감성을 반영하여 자동차를 개조하고 맞춤형으로 제공하는 자동차 튜닝 엔지니어는 개성을 중시하는 미래의 트렌드와 맞물려 성장해갈 유망한 직종이다.

곤충 컨설턴트: 식용 곤충은 영양가가 뛰어나 미래의 먹거리로 주목받고 있다. 곤충 컨설턴트는 곤충 사육과 가공, 생태원 운영, 직업체험 및 곤충 컨설팅 등 곤충과 관련한 다양한 일을 한다. 친환경 부가가치 농업을 위한 방편으로 기대를 모으고 있다.

감성인식 전문가: 인간의 여러 감성을 컴퓨터가 인식할 수 있는 유·무선 센서기술과 감성 신호의 피드백에 따라 각각의 상황에 맞는 적절한 처리능력을 부여하는 기술을 개발한다.

디지털 헬스케어 전문가: 다양한 스마트기기와의 연계를 통해 검사자가 언제 어디서나 자신의 건강 상태를 측정할 수 있는 자가검진 시스템과 병원에서 이를 관리할 수 있는 원격의료 (정보)시스템을 개발한다.

3D 피규어 사진사: 3D 프린팅을 서비스하는 사업장의 아이템 중 하나로 고객의 전신을 3D로 스캔하여 피규어로 제작해준다.

로봇 컨설턴트: 공공기관 및 민간기업 대상 전략 수립, 서비스 개발 지원, 일반 기업의 로봇사업 도입 및 전환에 대한 컨설팅을 수행한다.

스마트의류 개발자: 의류에 디지털센서, 초소형 컴퓨터칩 등을 부착하는 등 디지털화한 의류를 개발한다. 외부자극을 감지하고 반응할 수 있는 형태의 의류에서부터 넓게는 미래의 일상생활에 필요한 각종 디지털 기능을 의류에 통합시킨 최첨단 의류를 개발한다.

로봇 윤리학자: 자동화한 시스템에서 기계나 컴퓨터 혹은 인공지능이 판단을 내려야 할 때 어떤 윤리기준을 적용하는 것이 옳은지 연구하고 적용한다.

반려동물 장의사: 사고, 질병 등 여러 가지 사유로 죽은 반려동물을

주인이 원하는 방식으로 화장하거나 반려동물 공동묘지에 매장하는 등 장례를 치러준다. 반려동물이 세상을 떠난 뒤 심리적 고통을 느끼는 이들의 마음속 이야기를 끌어내어 상처를 치유하도록 돕는다.

동물매개 치유사: 몸과 마음에 상저가 있는 사람이 개, 고양이, 말, 새, 돌고래 등 동물과 상호작용을 통해 정신적·신체적·사회적 기능을 회복하고 심신을 회복할 수 있도록 돕는다.

창의 트레이너: 아이와 청소년의 창의력 계발을 장려하거나 혹은 적절한 여가활동을 통해 노인과 장애우들의 창의력 계발을 돕는다. 대안학교, 유치원, 노인 및 장애인 복지시설, 종합병원, 각종 재활기관, 휴양시설 및 기관 등에서 일할 수 있다.

기업 프로파일러: 시장에 새로운 기업 이미지를 설정하고자 하는 기업을 지원하며 기존 시장전략을 분석하고 새로운 기업 정체성을 고안한다. 주로 커뮤니케이션 에이전시에서 근무하며 기업 프로파일링 업무영역에 속하는 기업상담 분야에 종사하기도 한다.

산업 카운슬러: 심리학적 기법을 이용하여 기업 내에서 일하는 사람들이 안고 있는 문제를 스스로의 힘으로 해결할 수 있도록 상담하고 지원한다.

공유경제 컨설턴트: 공유경제를 실현할 수 있는 아이템을 발굴하고 이를 토대로 공유경제 비즈니스 모델을 개발·실행하거나, 공유경제 비즈니스 모델에 관한 컨설팅과 강의 등을 맡아 한다.

칩 리사이클링 전문가: 폐기되어 재활용되는 칩, 인쇄회로기판 및 폐전기·전자제품 등을 거래할 시 칩의 재사용 가능성 여부를 검사한다. 재사용되지 않아 물질 리사이클링 대상이 되는 부품에 함유된 유가금속의 가치를 조사하고 평가하는 일도 한다.

할랄인증 컨설턴트: 할랄인증을 받고자 하는 기업이나 품목 등에 대해 할랄인증 관련 전반적 절차를 컨설팅해주고 할랄인증 취득에 필요한 사항을 자문한다.

이혼 부모 코디네이터: 이혼을 앞두거나 이혼한 부모들이 자녀 문제로 겪게 되는 갈등을 중재해주는 역할을 한다. 이들은 중립적인 위치에서 자녀 양육에 대해 조언해주고, 부모가 이혼했더라도 자녀들이 상처를 받지 않고 최적의 환경에서 자랄 수 있도록 돕는다.

노년 플래너: 고객이 자신의 죽음을 당당하고 의연하게 맞이할 수 있도록 도우며 의료서비스를 제공한다. 노후에 재테크하는 법, 건강하게 사는 법, 자손들과 건강한 인간관계를 유지하는 법 등 노후를 행복하게 보낼 수 있는 다양한 방법을 전문적으로 조언한다.

산림치유 지도사: 심신의 건강 유지, 증진, 질병 예방 등을 위해 숲에서 산림의 지형을 이용한 보행과 운동, 레크리에이션, 영양, 라이프스타일 등을 지도한다.

귀농귀촌 플래너: 귀농귀촌을 준비하는 사람들이 안전하고 성공적으로 정착할 수 있도록 지원한다. 귀농귀촌을 준비하는 데 필요한 교육과정, 컨설팅을 제공한다. 귀농 희망지역 결정, 집과 땅 구매, 재배작물 선정과 재배기술 교육에 이르기까지 전반적인 면에서 도움을 준다.

온실가스 컨설턴트: 운송장비, 생산설비, 연소설비 등에서 배출되는 주요 온실가스의 조사·분석을 통해 온실가스 특성에 따른 화학적·물리적 처리방법의 적용 가능성 및 타당성을 검토하여 적합한 처리방식을 적용한다.

웰니스 디자이너: 고객에게 건강 증진의 3요소인 영양·운동·휴식을 기반으로 건강과 영양 상태, 체중 외에도 생활방식, 건강위험요소 등 균형 잡힌 라이프스타일을 구상하고 지원한다.

평판 관리 전문가: 온라인 시대에 누구나 쉽게 정보를 접할 수 있게 되면서 온라인상의 개인 평판을 전반적으로 관리해준다. 인터넷에 떠도는 나쁜 평판을 복구하고 관리하는 일을 한다.

디지털 장의사: 고인이 홈페이지에 올린 사진이나 글을 삭제하거나 생전에 가입한 사이트를 통해 연락이 올 때 자동응답 메시지를 전담하는 등 고인이 세상을 떠나기 전 사이버공간에 남긴 흔적들을 정리해준다.

디지털 디톡스 지도사: 개인들이 디지털 기계로 인해 생긴 스트레스를 아날로그 환경을 조성하여 해소할 수 있도록 돕는다.

스토리 컨설턴트: 스토리 창작자가 스토리에서 다루는 특정한 소재나 직업, 기술 산업 등에 대하여 자문 또는 지원을 해주거나 체험을 제공한다.

그로스 해커: 기존 인터넷서비스(이메일, SNS 등) 이용객들에 대한 빅데이터를 통해 이들의 이용 행태를 분석·활용함으로써 이용객을 불러 모으거나 재방문을 극대화하는 등의 새로운 마케팅 기법(그로스해킹: growth hacking)을 개발 및 사용하여 저비용 고효율 마케팅 업무를 수행한다.

사이버 포렌식 전문가: 사이버 범죄 증거를 확보하기 위해 디지털기기를 복구·분석하여 법정에서 증거로 사용할 자료 제출을 위한 보고서를 작성한다. 분석절차 등에 대해 법정에서 증언하기도 한다. 기업에서는 기밀노출 등 사이버 범죄 예방을 위한 활동과 관련 감사 업무를 수행하기도 한다.

온라인 자산관리사: SNS 등 소셜미디어 계정의 가치평가 시스템을 구축하여 정보를 수집·평가하며 계정 매매를 중계한다.

온라인 쇼핑 큐레이터: 온라인 채팅을 통해 제품을 설명하고, 구매절차 및 기타 정보를 제공하는 등 소비자의 구매 과정을 상담한다. 시장 동향을 파악하고 신발이나 의류용품 등의 상품을 기획하기도 한다. 잠재적인 고객의 패턴과 데이터를 수집하고 분석하여 다양한 고객에게 효율적이고 적합한 상품을 추천한다.

이러닝 테크니션: 이러닝 환경에서 효과적으로 교육하고 학습할 수 있도록 관련 제반 활동을 촉진하고, 콘텐츠와 시스템을 운영하고 관리하는 업무에 치중한다.

창작자 에이전트: 크리에이터의 콘텐츠 기획을 위한 컨설팅과 지원, 자체 콘텐츠 제작, 콘텐츠—브랜드 마케팅 컨설팅 제안, 저작권 관리, 국내외 유통채널 확보 등의 업무를 담당한다.

아웃도어 인스트럭터: 옥외에서의 레저에 대한 전문지식을 가지고 강습회 및 학교 또는 현지에서 스포츠와 레저를 안전하게 즐기는 방법과 전문기술을 지도한다. 스쿠버 다이빙 등의 수상스포츠, 패러글라이딩과 스카이다이빙 등 스카이스포츠 외에도 등산 가이드, 캠프지도원 등으로 일할 수 있다.

육종가: 경제적 이용을 목적으로 유용 유전자원을 확보하고 관리하는 일을 한다. 즉 유전자 재조합 수단을 이용하여 식물의 유전적 특성이 개량된 우량한 새로운 품종을 육성하고 증식하며 이를 원하는 사람이나 기업에 보급한다.

6차산업 컨설턴트: 농업지역 농촌자원(농산물 등)의 1차 산업과 농산물이나 특산물을 제조·가공하는 2차 산업, 그리고 유통·판매·문화·체험·관광서비스 등 3차 산업과의 융·복합을 통해 새로운 상품과 시장을 창출하여 부가가치를 높이는 일을 수행한다.

TIP 나만의 유망 직업 찾아보기(출처: 한국고용정보원)

나만의 유망 직업 찾기 절차

❶ 나만의 유망 직업 조건이 무엇인지 명확히 인식하기

❷ 나만의 유망 직업 기준에 적합한 직업이 무엇인지 탐색하기

❸ 나만의 유망 직업에 필요한 자격 조건 확인하기

❹ 나의 현재 위치 인식하기(자격 조건 충족 수준)

❺ 목표 직업 달성을 위한 실행 계획 세우기

❻ 실천하기

분야	직종	
정보화 관련	컴퓨터시스템 설계 분석가 네트워크엔지니어 데이터베이스관리자 소프트웨어개발자	컴퓨터보안전문가 IT컨설턴트 전자상거래전문가 전자공학기술자
첨단과학기술 관련	생명공학엔지니어 생물정보학자 유전공학자 나노공학기술자 광전자엔지니어	화공엔지니어 인공지능엔지니어 초고주파공학자 항공우주엔지니어
세계화 관련	국제기구전문가 지역전문가 통역사	다문화언어지도사 국제법학자
사업 서비스 관련	광고기획자 경영컨설턴트 시장조사분석가 감정평가사	변리사 손해사정사 물류관리전문가
문화 관련	촬영기술자 조명기술자 송출기술자 분장사 특수효과기술자 게임기획자	게임프로그래머 음반기획자 녹음기술자 애니메이션기획자 캐릭터디자이너
노인&의료 관련	작업치료사 치과기공사 음악치료사 임상심리사	방사선사 사회복지사 일반의사 치과의사
환경 관련	탄소포획시스템설치원 탄소거래중개인 지열기사 태양광시스템설치엔지니어	태양광제품공정엔지니어 풍력엔지니어 정밀농업전문가

업종별 유망직업

동서남북에 길이 있다

지금 우리 아이들이 꿈꾸는 것은?

요즘 아이들은 어떤 진로를 꿈꾸고 있을까? 교육부와 한국직업능력연구원에서 2021년 초중고 학생의 장래 희망 순위와 직업 1순위를 발표했다. 희망 직업으로 초등학생은 운동선수에 이어 의사, 경찰관 순서였고, 중학생은 교사, 의사, 군인 순이었으며 고등학생은 교사, 간호사, 군인의 순이었다. 아직 어린 초등학생은 자신이 좋아하거나 동경하는 사람을 생각해서 답변한 결과로 보이는데, 다소 의외이긴 하지만 중·고등학생 모두에게 3위로 꼽힌 직종은 군인이었다.

10위권까지 살펴보면 초등학생의 경우 크리에이터, 프로게이머, 배우, 모델, 가수 등 인기인을 동경한 답변이 주를 이루었으며, 초·중학생의 경우 모두 요리사가 중위권에 들어가 있는데 이는 최근 TV나 유튜브에서 인기몰이 중인 먹방이나 유명 셰프의 영향으로 보인다.

컴퓨터공학자와 소프트웨어개발자는 중학생에서 8위, 고등학생에서 4위의 희망 직업으로 꼽혔다. 로봇 공학자, 정보보안전문가, AI 전문가 등 IT 관련 분야 신생 직업을 진로로 희망하는 학생의 비율도 조금씩 늘어나고 있다. 특히 고등학교의 경우는 코딩 프로그래머, 가상현실 전문

희망 직업이 있다고 응답한 학생		
초등학생	중학생	고등학생
79.1%	**63.2%**	**76.3%**

희망 직업 조사 결과			
	1위	2위	3위
초등학교	운동선수	의사	경찰관
중학교	교사	의사	군인
고등학교	교사	간호사	군인

지금
우리 아이들은
어떤 미래를
그리고 있을까?

*1~3위의 희망 직업은 전년도와 유사함
*온라인 기반 산업의 발달로 코딩프로그래머, 가상(증강)현실전문가, 컴퓨터공학자, 소프트웨어개발자 등의 직업 순위가 전년 대비 상승함

초중고 학생의 장래 희망 순위(2021년 기준)

가 등 컴퓨터공학자, 소프트웨어 개발자가 희망 직업 4위에 올라섰는데 이는 기존의 인기 직종이었던 공무원(6위)과 의사(7위)를 제친 것으로서 변화하는 사회상을 반영한다고 볼 수 있다.

이러한 결과는 온라인 산업의 발달과 IT 기업들의 성공, 코로나19 장기화로 인한 온라인 활동이 늘어나면서 학생들의 관심도 동반 상승한 것으로 보인다. 그러나 초중고를 막론하고 1~3위를 차지한 희망 직업이 교사와 의사, 군인, 간호사로 국한되고 있는 것은 변화무쌍한 직업의 세계에도 불구하고 아이들에게 진로와 직업에 대한 교육이나 정보전달이 많이 부족하다는 사실을 보여준다.

	초등학생	중학생	고등학생
1위	운동선수	교사	교사
2위	의사	의사	간호사
3위	교사	경찰관/수사관	군인
4위	크리에이터	운동선수	컴퓨터 공학자 소프트웨어 개발자
5위	경찰관/수사관	군인	경찰관/수사관
6위	조리사	공무원	공무원
7위	프로게이머	조리사	의사
8위	배우/모델	컴퓨터 공학자	생명과학자
9위	가수/성악가	뷰티 디자이너	경영자
10위	법률전문가	경영자	의료/보건 관련직

2021 초중고 진로교육 현황조사(출처: 한국직업능력연구원, 희망 직업 순위)

우리의 현실 돌아보기

그런데 우리 어른들이 알고 있는 직업은 과연 얼마나 될까? 공무원, 교사, 의사, 군인, 경찰, 변호사(법조인), 대기업 직원, 은행원, 예술가, 연예인 등 실제로 부모들 역시 아이들이 알고 있는 직업 정도밖에 알지 못한다. 그렇다면 너무 과거에만 머물러 있는 것은 아닐까? 자신이 정보를 가지고 있는 몇 가지 직업이나 사회적으로 대우가 좋다고 여기는 몇몇 직종을 여전히 좋은 직업이라 여기며 아이들에게 권하고 있는 것은 아닐까?

최근 자료에 따르면 한국직업사전에 등재된 직업 수는 무려 2만여 개에 달한다. 그렇지만 이는 미국의 절반, 일본의 2/3에 해당하는 수치다.

지난 10년간 새롭게 등재된 직업의 수만 해도 6,000여 개를 넘나든다. 과연 부모나 아이들은 이 중에서 얼마나 알고 있을까? 우리나라에 소개된 직업의 수가 미국이나 일본과 차이가 나는 것은 다른 나라의 경우 동일한 직업인데도 그 안에서 더욱 세분화하여 등재하기 때문이다. 이로 인해 미국이나 일본은 한국에 없는 직업들도 직업명 색인에서 쉽게 찾을 수 있을 만큼 사회발전에 따른 직업의 분화가 이루어져 있다.

우리나라의 문제는 사적으로 통용되거나 알고 있는 직업의 범위와 내용이 매우 국한되어 있다는 것, 그리고 미래사회의 전망이나 변화에 둔감한 채 통념적으로 선망의 대상이었거나 안정적이라 여겼던 직업을 여전히 추천하고 있다는 점이다. 더욱이 아이들 개개인의 적성이나 강점과 관계없이 수능 점수에 의해 대학에 입학하는 교육 시스템, 그리고 경제적인 보상을 강조하는 일부 직업에 아이들의 선호가 쏠리는 것도 짚고 넘어가야 할 문제들이다. 다양한 일자리를 추구하기보다 일부 직종에 몰리면서 직업을 선택할 때조차 경쟁에 목을 매야 하는 비효율적인 상황이 이어지는 셈이다.

일례로 한국직업능력개발원 진로정보센터에서 중학교 1학년을 대상으로 한 청소년 장래 희망 조사 결과를 보자. 희망 직업의 1위는 42퍼센트가 교육, 연구, 법률, 보건 분야로 나타났다. 그러나 정작 이 분야의 노동시장 고용 비중은 겨우 8.9퍼센트밖에 되지 않는다. 수요는 많은데 공급은 없다. 2위는 문화, 예술, 방송 사회복지 분야로 응답자의 22.6퍼센트가 이 방향으로 가고 싶어 했다. 그러나 노동시장 고용 비중은 겨우 4퍼센트에 그쳤다. 1위와 2위 직업군 모두 치열한 경쟁을 거쳐야만 하는데, 안타깝게도 이 두 분야는 미래에 일자리가 줄어들 것으로 예견된 직업군이다. 학교와 부모들이 아이들의 미래직업과 진로에 대하여 진지하게 고민하고 선행적인 교육으로 나서야 하는 이유다.

다양한 길을 보여주세요

바야흐로 직업에 대한 새로운 비전과 공부가 필요한 시점이다. 사라지는 직업, 새로 생겨나는 직업, 쇠퇴하거나 유망할 것으로 예상하는 직업, 듣지도 보지도 못했던 새로운 영역의 직업들이 나타나기 때문에 우리는 계속 정보를 입수해야 하고 공부해야 한다. 그러지 않으면 변화에 적응하지 못한 채 도태되고 말 것이다.

변호사, 공무원, 은행원, 교사, 의사, 군장교, 대기업 직원 등등 과거에 선호했던 직업들이 바람직하지 못하다거나 당장 없어진다는 뜻은 아니다. 적성에 맞고 능력이 있다면 얼마든지 도전해볼 만하다. 그러나 그 직업들이 과연 우리 아이가 어른이 되었을 때도 여전히 선망 직종에 속할까? 이 질문에 대해서는 그 누구도 자신 있게 "예스!"라고 대답할 수 없을 것이다. 그만큼 현대는 불확실성의 시대다.

따라서 우리는 미래사회에도 여전히 유용할 직업, 살아가는 데 도움이 되는 유망한 직업이 무엇일까를 고민하고 그 답을 찾아보아야 한다. 그래야만 개인의 능력과 특성에 따라 미래를 선택할 수 있다. 물론 모든 아이가 자신이 원하는 직업을 가질 수는 없을 것이다. 그러나 어려서부터 다양한 직업에 대해 알아보고, 각 직업의 특성과 전망을 이해하고 서로 비교해보면서 자신이 원하는 진로를 고민해나간다면 성취할 수 있는 확률 역시 더욱 커질 것이다.

과거에 선호하던 직업		4차 산업혁명 유망 직업
변호사		데이터 분석가
교사		정보보안 전문가
의사		통계 전문가
공무원		심리치유 지도사
은행원		디지털자산 관리사
군장교		3D프린터 재료개발자
대기업직원		전기차 배터리 설계사
		베이비 디자이너

자녀에게 다양한 길을 보여주자

과거에 선호하던 직업, 부모가 선호하는 직업이 아니라 새로운 시대가 요구하는 다양한 직업이 있음을 인지하자. 우리 자녀들에게 여러 길을 보여주면서 자신 있게 선택할 수 있도록 이끌어주어야 한다.

1등과 경쟁하지 말고, 1등이 되는 길로 가라

만일 "그래도 난 우리 아이가 자라서 의사나 판검사가 되면 좋겠어. 사람이 사회적으로 인정도 받고 대우도 좀 받고 그래야지"라고 생각하는 사람이 있다면 현실을 직시해보자. 아이들 대다수는 전통적인 의미로 선호도가 높은 직장에 가기 위해 유치원 시기부터 경쟁에 내몰린다. 그러나 모두가 1등이 될 수 있을까? 들어가는 입구는 넓은데 빠져나갈 길목은 한 사람밖에 다닐 수 없을 만큼 좁다면 어떻게 될까? 결국 1, 2, 3, 4등이 나올 수밖에 없지 않을까? 그리고 더 많은 수의 아이들은 순위에 들지 못한 채 절망감에 사로잡히게 될 것 아닌가?

생각을 바꿔보자. 이때 만일 동서남북으로 길을 내어 각자 다양한 길을 찾아간다면 어떨까? 누구나 1등이 될 수 있을 것이다. 적어도 순위에 들지 못해 낙오하는 확률이 매우 낮아질 것이다.

이제 평생직장의 시대는 끝났다. 기술혁신과 함께 직업에도 흥망성쇠의 파고가 높다. 과거에 선호했거나 현재 선호하는 직업이 과연 아이들이 살아갈 세상에서도 유망할 것인지 곰곰이 따져봐야 한다. 동서남북을 잘 살펴보면 아이들이 어른이 되었을 때 선호하게 될 유망한 직업들이 무수히 예고되어 있다. 고착화한 인식과 선입견에 사로잡혀 자녀들을 경쟁의 길로 내몰 것인가, 아니면 동서남북 다양한 길을 찾아가도록 격려할 것인가? 1등과 경쟁하는 길로 보내지 말고, 1등이 되는 길로 아이들을 인도하라.

창직, 스스로 직업을 만들자

4차 산업혁명 시대는 긱 이코노미의 시대다. 전문직 프리랜서가 증가하고 필요한 사람끼리 모여 일을 한 뒤 다시 해산하는 프로젝트 기업이 활성화된다. 실력과 경력, 협업 능력이 중요한 이유이다.

과거에는 좋은 일자리나 직업을 가지고 평생을 의지하면 된다고 생각했다. 그러나 책상과 회의실이 갖추어진 안정적인 공간에서 정해진 출퇴근 시간을 지키던 시대는 이제 저물고 있다. 시간과 장소에 구애됨 없이 자유롭게 협업하고 프로젝트를 수행하며, 특정된 한 기업에 고용되어 급여를 받는 것이 아니라, 자신을 필요로 하는 다양한 수요자로부터 수입을 얻게 될 것이다.

기존의 고용 관계보다 불안정하다고 생각할 순 있으나 평생 4~5번의 직장을 가져야 할 미래의 환경을 생각해보면 자신만의 기술과 자격으로 도리어 안정적인 일자리를 갖는 개념으로 볼 수 있다. 뿐만 아니라 자신이 원할 때, 자신이 좋아하고 잘할 수 있는 일을 한다는 측면에서 삶의 질을 향상할 수도 있다. 생각해보라. 지금 우리가 괜찮은 직업이라고 생각하는 변호사도 실은 전문직 프리랜서가 아닌가? 물론 대형 로펌에 고용된 경우도 있지만, 어찌 되었든 변호사의 본질은 여러 사람으로부터 사건을 의뢰받아 해결하고 수입을 얻으니 말이다.

앞으로의 시대는 프리랜서 노동자들이 노동시장의 다수를 차지할 것이다. 따라서 고용시장 자체도 기업이나 공급자 중심이 아닌 일거리 중심으로 재편될 것이다. 일하는 공간 역시 변화하는 중이다. 인터넷과 모바일의 발달로 공장이나 사무실 없이 플랫폼에 기반을 둔 기업들이 늘어나고 있는 탓이다. 긱 이코노미 형태의 1인 기업가나 소규모 팀 단위의 프로젝트 기업이 활동하기 좋은 여건이 조성되는 셈이다. 이러한 분위기는 거대 조직의 경직성을 탈피하여 작지만 민첩하게 움직이고 독특한 아이디어로 승부하는 미시 시장에서의 경쟁력을 높여주는 환경으로 작용할 것이다. 그런 의미에서 자신이 가지고 있는 기술, 아이디어, 적성을 통해 스스로 직업을 창조하는 창직이 주목받고 있다.

창직은 젊은 층에는 열정과 창의력으로 무장한 기업가 정신을 통해 새로운 일자리를 만들어낼 수 있다. 한편 중장년 층에는 그간 축적한 지식, 경험, 네트워크, 노하우 등을 살려 제2의 인생을 설계하거나 본인의

여러 가지 창직의 사례들

반려동물 사진사	반려동물 시장이 성장하면서 함께 부상한 직업. 반려동물과 가족의 추억을 앵글에 담아주는 직업이다.
동물재활 공학사	재활보조기구가 필요한 반려동물에게 의지보조기와 보장구를 제작하여 장착하게 해주고, 필요 시 이를 수리하는 직업이다.
암환우 뷰티관리사	암환우의 미용에 대한 고민과 욕구를 반영하여 이들을 전문적으로 케어해주는 뷰티관리사. 대학 내의 메이크업전공에서 분화되었다.
푸듀케이터	푸드+에듀케이터의 합성어. 음식과 관련된 환경, 건강, 농업활동, 지역경제 등의 사회적 문제를 식생활 교육과 캠페인을 통해 개선하고자 창직한 경우다. 식생활 교육 콘텐츠와 커리큘럼을 기획하고 관련 영역의 교육을 맡아줄 강사를 육성한다.
메시지필름제작자	임종을 앞둔 사람들이 자신의 삶을 회고하면서 가족에게 남기고픈 메시지를 영상으로 담아 제작하는 일. 고령사회 진입에 따른 창직이다.
음악캠프 컨설턴트	음악과 캠프를 접목하여 문화 경험이 적은 소외 계층에게 새로운 경험과 기회를 제공하는 창직.
매장전용 음악기획자	계절별 시간별로 각 매장의 특성에 맞는 음악을 선곡하여 제공하고, 업주의 목소리를 녹음하여 오디오 광고효과까지 담아낸 매장전용 음악 기획자.
농업마케팅 플래너	농산물의 마케팅 효과를 배가할 수 있도록 농산물 자체의 품질은 물론 가격, 상품포장, 이벤트 등 상품 전체를 코디네이트하는 직종. 온라인 플랫폼을 통해 신선한 농산물을 취향대로 소비할 수 있도록 돕는다.
미술힐링전문가	미술 전공자가 예술을 매개로 타인과 소통하면서 자연스럽게 미술을 경험하게 해준다. 전 연령층을 위한 문화예술 플랫폼으로 개발하여 운영할 수 있다.
할랄 코디네이터	할랄이란 이슬람교도인 무슬림이 먹고 쓸 수 있는 제품을 총칭하는 것으로, 아랍어로 '허용된 것'이라는 뜻이다. 한국에서 생활하는 무슬림에게 필요한 의식주 정보를 앱을 통해 제공한다.

다양한 '창직'의 사례(출처: 한국고용정보원, 4차 산업혁명 미래 일자리 전망)

경험을 사회에 공헌하는 계기가 될 수 있도록 도와준다.[74] 창직의 선구자인 인디펜던트 워커는 장소와 인프라에 구애받지 않고 일할 수 있는 미래의 인재상이다. 그들은 톡톡 튀는 아이디어로 변화하는 시장의 틈새를 파고들거나 신선한 생각으로 무릎을 치게 한다. 반려동물을 대상으로 한 재활서비스를 생각해보았는가? 암 환우를 대상으로 메이크업 서비스를 제공하는 비즈니스를 구상해본 적은 있는가? 반려동물만을 전문으로 사진을 찍는 사진사는 또 어떠한가? 동물재활 공학사, 암 환우 뷰티관리사, 반려동물 사진사 등이 바로 창직의 결과다.

---

[74] 〈한국고용정보원〉, "4차 산업혁명 미래 일자리 전망"

Chapter 7

미래의 핵심역량

미래사회가 요구하는 역량

미래사회가 요구하는 16가지 능력

미래사회는 예측 불가능한 과학기술의 발달과 함께 아날로그에서 디지털 세상으로 전환하면서 거의 모든 부문이 재편될 것이다. 앞으로 우리에게 닥쳐올 시간은 누구도 경험해보지 못한 세상이 될지도 모른다. 이런 불확실성의 시기에 부모가 할 일은 무엇일까? 자녀들이 자라 각자의 삶터를 일구고, 삶에서 성취와 행복을 찾아갈 수 있도록 어릴 적부터 준비시켜야 하지 않을까? 세계경제포럼은 미래를 살아갈 우리 아이들이 갖추어야 할 역량을 16가지로 정리하여 발표했다.

미래형 인재에게 필요한 역량은 크게 세 가지로 구분할 수 있다. 먼저 모든 일의 밑받침이 되는 기초 역량, 그다음으로 각 개인의 성품과 개성에 따른 캐릭터 특성, 그리고 모든 역량의 원천이 되는 핵심역량이다. 이 중 특히 핵심역량은 가장 중요하게 평가되는 것으로 각 단어의 영어 첫 글자를 따 '4C'라고도 부른다. 이 세 가지 영역의 능력을 하나하나 살펴보자.

기초능력		핵심역량		캐릭터 특성	
1	리터러시	7	비판적사고 문제해결능력	11	호기심
2	수학적능력	8	창의성	12	진취성
3	과학적능력	9	의사소통능력	13	지속성
4	정보통신능력	10	협업능력	14	적응성
5	금융적능력			15	리더쉽
6	문화와 시민 리터러시			16	사회 문화의식

미래가 요구하는 16가지 역량

기초능력(Fundamental Literacy)

1)리터러시(Literacy): 문장과 맥락을 이해할 수 있는 문해력과 독해력

2)수학적 능력(Numeracy): 수적 개념에 대해 이해하고, 수식과 기호를 사용하여 계산할 수 있는 수해력

3)과학적 능력(Scientific Literacy): 다양한 과학적 발전과 원리를 이해할 수 있는 과학 문해력

4)정보통신 능력(ICT Literacy): 정보를 활용하며 통신을 다룰 줄 아는 능력

5)금융적 능력(Financial Literacy): 금융을 이해하고 활용하는 능력

6)문화와 시민 리터리시(Culture and Civic Literacy): 문화와 시민의식에 대한 이해력

캐릭터 특성(Character Qualities)

1)호기심(Curiosity): 새롭거나 신기한 것에 끌리는 마음

2)진취성(Initative): 적극적으로 나서서 일을 이루려는 성질

3)지속성(Persistence): 중단하지 않고 오래도록 계속하거나 유지하려는 성질

4)적응성(Adaptability): 환경과 그 변화에 적합하게 변화하는 능력이나 성질

5)리더십(Leadership): 구성원을 일정한 방향으로 이끌어 성과를 창출하는 능력

6)사회문화의식(Social and Culture Awareness): 사회문제나 문화에 대한 독자적인 인식

핵심역량(Competencies)

1)비판적 사고/문제 해결 능력(Critical Thinking, Problem Solving): 다양한 관점에서 분석하고 평가하여 문제를 해결하는 능력

2)창의성(Creativity): 무언가를 창조하기 위한 상상력이나 독창성

3)의사소통 능력(Communication): 생각을 표현하고 의견을 경청하는 능력

4)협업 능력(Collaboration): 갈등을 예방하고 관리하여 함께 작업할 수 있도록 리드하는 능력

핵심역량 4C가 중요하다

핵심역량 4C는 비판적 사고력, 창의성, 의사소통 능력, 협업 능력이다. 4C는 따로 떨어져 있는 것이 아니라 기승전결(起承轉結)로 연결되며 완성된다. 문제의식은 비판적 사고를 통해 출발하며, 이런 문제를 해결하는 것은 결국 창의성이다. 그 과정에서 필요한 것이 의사소통 능력이고, 최종 완성품은 협업을 통해 만들어진다.

미국은 21세기에 필요한 핵심역량을 학교 교육에 반영하기 위해 이미 2002년에 21세기 기술 파트너십 위원회를 만들고 OECD 국가들과 함께 준비해왔다. 이는 현재 미국, 호주, 핀란드를 비롯한 많은 나라의 교육 현장에서 활용되고 있다. 우리나라도 2005년 개정 교육과정에 창의 융합형 인재의 6가지 핵심역량을 정하고, 학교 교육에 반영하고 있다. 하드 스킬인 학위, 언어능력, 수료증보다 이제는 소프트 스킬인 대인관계에서 보여주는 능력과 협업 능력이 미래 인재를 평가하는 중요한 역량으로 주목받고 있다.

그 이유는 무엇일까? 산업화 시대는 지식을 암기하고 이해시켜 생산 활동에 적합한 인재를 키워냈다. 그러나 21세기는 인공지능의 등장과 함께 기술과 사회의 각 부문이 더욱 복잡하게 융합하며 지식으로 해결할 수 없는 수많은 문제에 부닥칠 것이다. 한마디로 인성, 성품, 인문학과 예술이 가지는 창의적인 사고력과 지혜를 갖춘 인재가 요구되는 시대이기 때문이다.

핵심역량 4C는 2009년 글로벌 교육 전문가인 찰스 파델(Charles Fadel)이 그의 저서 『21세기 핵심역량』에서 제시한 것으로 현재는 대다수 국가의 기업, 학교, 교육 전문가들이 공통으로 언급할 만큼 중요하게 다루

핵심역량 4C

비판적 사고
문제해결능력
Critical Thinking,
Problem saolving

창의성
Creativity

4C

의사소통
Communication

협업 능력
Collaboration

미래가 요구하는 핵심역량

어진다. 실제로 교육기관이나 기업의 업무에서도 평가의 기준으로 삼는 가장 중요한 역량이다.

학교에서 추구하는 6가지 핵심역량

2015년 개정 교육과정을 기점으로 학교에서 가르치는 창의융합형 인재를 위한 6가지 핵심역량을 소개한다. 창의융합형 인재는 6가지 핵심역량을 바탕으로 새로운 지식과 가치를 창출할 줄 아는 사람이다. 그중 4가지, 즉 창의적 사고, 심미적 감성, 의사소통, 공동체는 핵심역량 4C에 준하는 내용이다.

1)자기관리: 자기 주도적으로 살아갈 수 있는 능력

2)지식정보처리: 합리적 문제해결을 위한 지식정보 처리능력

3)창의적 사고: 다양한 경험을 활용해 새로운 것을 창출하는 능력

| 자리관리 | 지식정보처리 | 창의적사고 | 심미적감상 | 의사소통 | 공동체 |

학교에서 추구하는 6가지 핵심역량 키워드(출처: 교육부, 2015 개정 교육과정)

4)심미적 감성: 공감, 감수성을 바탕으로 삶의 의미와 가치를 발견하고 향유할 수 있는 능력

5)의사소통: 자기 생각을 잘 표현하고 타인의 의견을 경청, 존중하는 능력

6)공동체: 지역, 국가, 세계 등 공동체 발전에 적극적으로 참여하는 능력

NCS(국가직무능력표준)

블라인드 채용 시대다. 필기시험의 결과가 당락을 좌우할 만큼 비중이 커졌다. NCS(국가직무능력표준) 시험은 공공기관 취업 시 치러야 하는 필기시험으로, 산업현장에서 직무를 수행하기 위해 요구되는 지식, 기술, 태도 등을 국가가 체계화하여 평가하는 것이다. NCS는 직업기초능력과 인성 검사로 구분된다.

NCS 직업기초능력 시험은 대기업에서 시행하는 필기시험 중 적성검사와 같은 종류로 일종의 인지적 테스트이다. 이 시험은 1)의사소통 능력 2)수리 능력 3)문제 해결 능력 4)자기 계발 능력 5)자원 관리 능력 6)대인관계 능력 7)정보 능력 8)기술 능력 9)조직 이해 능력 10)직업 윤리 등 총 10개 영역으로 구성된다. 이 중에서 의사소통 능력, 문

	⇒	의사소통 능력
NCS 직무능력 검사	⇒	문제 해결 능력
	⇒	자원 관리 능력
	⇒	대인관계 능력
	⇒	정보 능력
	⇒	기술 능력

NCS(국가직무능력표준) 시험

제 해결 능력, 대인관계 능력 등 시험 영역에 핵심역량 4C가 반영되어 있다.

기업이 필요로 하는 인재상

기업에서는 과연 어떤 사람을 채용하고 싶어 할까? 과거 미국 기업들 대부분은 한국과 마찬가지로 출신 학교, 학력, 시험 성적 등을 인재 선발의 주요 기준으로 삼아왔다. 구글 역시 초창기에는 아이비리그 대학을 우수 학점으로 졸업한 인재들을 선호했다.

그런데 구글 CHO였던 라즐로 복(Laszlo Bock)은 구글에서 최고 성과를 내는 인재 중 상당수가 명문 대학 출신이 아니며, 심지어 대학 학위조차 없다는 사실을 발견했다. 구글은 대대적인 분석을 시작했고, 그 결과 통념과 달리 학교, 학력, 시험 성적 등은 입사 후 성과와 거의 상관관계가 없는 것으로 나타났다.

4.8	4.7	4.5	4.5	4.5	4.5
대화 능력	정직/성실	대인관계	동기/주도적	윤리	팀워크

2007년 구글 인재 채용 조건(5점 만점)

구글은 지원자 필수 자격 조건에서 학위를 제외한 데 이어 성과를 내는 핵심 인재들의 공통 특성을 도출해 새로운 선발 기준을 만들었다. 1) 대화 능력 2)정직·성실 3)대인관계 4)동기/주도적 5)윤리 6)팀워크가 그것이다.

구글은 독선적이거나 똑똑하기만 할 뿐 겸손과 성실을 겸비하지 않은 사람은 철저히 배제했다. 이른바 문제 직원의 입사를 막기 위해 총력을 기울인 것이다. 직원 한 명 뽑는 데 몇 달이 걸릴 정도다. 인사팀 직원이 전체 직원의 5퍼센트인 2,500명에 달한다는 사실도 그들이 함께할 인재를 선택하는 데 얼마나 고심하는지 잘 보여주는 지표이다.

구글의 채용시험은 거의 모두가 핵심역량 4C를 체크하는 데 활용된다고 봐도 무방하다. 우리나라 대기업들도 마찬가지다. 삼성전자는 창의성 면접을 도입했고, SK는 학벌이나 어학성적 없이 스토리텔링 위주로 선발한다. 롯데그룹도 기획서, 제안서를 받아 과제수행 역량으로 평가하며, CJ그룹은 학교성적을 보지 않고 자기소개서로 평가한다. 한국 필립모리스 같은 경우는 아예 회사가 진행하는 업무 프로젝트에 투입 후 그 결과를 관찰하여 채용한다. 불과 얼마 전까지만 해도 출신 대학이나 학점, 토익 성적 등으로 합격 여부를 결정했지만, 이런 특성이 더는 기업에서 역량을 발휘하기 힘들다고 결론을 내렸기 때문이다. 미래의 핵심역량 4C는 이미 도착한 미래로 가는 관문이다.

비판적 사고와 문제해결능력

비판적 사고, 생각도 근육처럼 단련하라

비판적 사고는 어떤 사태에 처했을 때, 그것에 대하여 다양한 관점에서 분석하고 평가하는 능동적인 사고를 말한다. 비판은 비난과 다르다. 비난은 나쁜 의도를 숨기고 있지만, 비판은 이성적이고 논리적으로 분석하여 잘못된 부분을 지적하는 것이다. 이 같은 비판적 사고력은 생각의 깊이와 다양성을 키우게 된다.

비판적 사고의 출발은 문제(problem)에 대한 인식이다. 문제를 인식한다는 것은 '왜일까?' '옳은 것일까?' '더 나은 방법은 없을까?' 하고 되묻는 것처럼 어떤 생각이나 주장을 한 번 더 의심하는 것으로 당연해 보이는 생각이나 주장을 당연하게 생각하지 않는 사고 태도이다.

다음 단계는 생각(thinking)이다. 폭넓게 정보를 취득하고 평가하는 단계인데, 문제의 원인이 무엇이며 원인의 근본은 또 무엇인지 생각하고 또 생각해야 한다. 통념이나 기존의 관념적 인식을 버리고, 무엇이든 가능할 수 있다는 열린 자세가 필요한 단계이다.

마지막 단계는 해결(solution)이다. 새로운 판단과 해석을 통해 대안을 제시하는 일이다. 비판적 사고는 문제 해결의 단계에 이르렀을 때 비로

소 생명력을 가진다. 그러나 문제 제기 그 자체만으로도 이미 한 발자국 앞으로 나아간 것이다. 사소한 일에서부터 인류의 문명을 바꾼 엄청난 사건에 이르기까지 출발점은 결국 문제를 인식하는 것이었다.

"마음껏 표현하게 하라! 마음껏 보고, 읽고, 느끼게 하라! 함께 자유롭게 대화하라!" 생각도 근육처럼 단련할 수 있다. 틀리는 것이 두려워 몸을 사려서는 안 된다. 토론과 대화는 비판적 사고력을 향상하는 지름길이다. 이스라엘의 하브루타 유대인 교육의 비결은 가정에서 성경과 탈무드를 가지고 계속 질문하고 대화하고 토론하는 데 있다.

호기심은 발전의 원동력이다

비판적 사고의 원천은 호기심이다. 호기심은 세상을 발전시킨 원동력이었다. 사과가 떨어지는 것을 보고 의구심을 품었던 아이작 뉴턴(Isaac Newton, 1643~1727)의 호기심은 만유인력을 발견했다. 제임스 와트(James Watt, 1736~1819)는 난로 위에서 물이 끓을 때 주전자 뚜껑이 들썩이는 것을 보고 궁리 끝에 증기기관을 발명했다. 호기심은 어떤 것의 존재나 이유에 대해 궁금해하고, 알려고 하며, 진지하게 숙고하는 태도나 성향이다.

"저렇게 큰 산이 어떻게 이런 작은 눈 속에 들어올 수 있을까?"
"손가락은 왜 다섯 개일까?"
"빨강은 진짜 빨강일까, 빨강처럼 보이는 걸까?"
"이 세상에서 가장 큰 것은 무엇이고, 가장 작은 것은 무엇일까?"

"나는 동물을 사랑하는데 고기를 먹어도 되는 것일까?"

"꽃에서는 왜 향기가 나고, 똥에서는 왜 구린내가 날까?"

"자동차 유리창을 왜 꼭 사람이 닦아야 하지?"

"늘어나고 줄어드는 신발은 없을까?"

"이 뉴스, 광고, 자료는 믿어도 좋을까?"

"정부의 정책은 옳은 것일까?"

호기심이 있는 사람은 주변의 현상에 대해서 '왜 그럴까?' '무슨 일일까?' 하는 질문을 의식적으로 제기하고, 그 질문에 답을 찾으려고 한다. 호기심은 자발적으로 지식을 습득하고, 사고하고, 행동하는 데 많은 영향을 미친다.

엉뚱한 괴짜가 되자

4차 산업혁명 시대는 이전의 산업화 시대와 다르다. 과학기술이 급속히 발전하면서 잘나가던 기업이 위기에 빠지기도 하고, 전혀 알려지지 않았던 스타트업이 글로벌 기업으로 성장하기도 한다. 이들의 성패를 가른 비밀은 무엇일까? 엄청난 자본일까, 아니면 몇몇의 뛰어난 천재일까? 놀랍게도 그 비결은 기발한 생각과 남다른 창조성을 엉뚱한 괴짜의 존재에 있다.

과거 부모님들의 시대는 패스트 팔로워(Fast follower)의 시대였다. 후진국은 선진국의 성공모델을 좇아야 했고, 후발 주자는 앞서가는 기업이나 인재들을 따라잡아야 했다. 다른 기업이 새로운 상품이나 서비스를

과거		미래
패스트 팔로워(Fast Follower)		퍼스트 무버(First Mover)
	VS	
주입식		창의적
정답형 인간		해답형 인간
성실한 모범생		엉뚱한 괴짜

비판적 사고와 문제 해결 능력

개척해놓으면 이를 벤치마킹해서 더 개선된 제품을 내놓는 전략이 필요했다. 남들이 쉴 때 일해야 했고, 남들이 잠잘 때 공부해야 했다. 이 시기엔 주입식 교육과 함께 정답형 인간, 성실한 모범생이 답이었다.

그러나 4차 산업혁명의 이름으로 시작된 미래는 퍼스트 무버(First mover)의 시대다. 먼저 움직이는 자가 모든 것을 갖는 IT 시대인 것이다. 초연결, 유비쿼터스 사회에서는 변화를 주도하고 새로운 분야를 먼저 개척하는 사람이나 기업이 시장을 독점할 것이다. 뒤처진 기업이나 사람에게는 패자부활전의 기회조차 주어지지 않는다. 인공지능과 함께 살아갈 우리 아이들의 세상은 창의적인 사람, 해답형 인간, 엉뚱한 괴짜를 요구한다.

엉뚱한 괴짜란 무엇인가? 1985년 국내 최초로 초음파진단기를 개발한 메디슨을 창업해 1세대 벤처기업의 성공 신화를 만들었던 이민화 카이스트 교수는 "선진국을 좇는 '추격자 교육'은 한강의 기적을 이뤘지만 대한민국의 미래를 보장하지 못한다. 협력하는 괴짜는 남들과 다른 창조성과 소통하는 협력성을 동시에 가진 미래 인재상"이라고 말했다.

정답형 인간 vs 해답형 인간

얼마 전 미국으로 유학을 간 가족의 이야기이다. 부모는 학교 때 열심히 영어공부도 했고 단어도 암기했지만, 여전히 이웃과 영어로 대화하는 것이 서투르다. 그런데 다섯 살짜리 아이는 영어공부를 한 적도 없는데 이웃 아이들과 소통하며 잘도 어울린다.

대부분의 부모는 아직도 인터넷이나 모바일의 다양한 활용법을 모른다. 사진이나 문자를 보내거나 급한 이메일을 확인하고 답장하는 정도로 사용할 뿐이다. 그러다가 공인인증서 갱신 시기가 돌아오거나 비밀번호를 잊었을 때면 어김없이 자녀들을 목청 높여 부른다. 그런데 다섯 살도 안 된 아이는 어디서 배웠는지 쿠팡에 물건도 시키고 로켓 배송도 한다.

아이들은 해답형 인간이기 때문이다. 해답형 인간은 스스로 학습하고 이를 통해 낯선 문제를 해결해나갈 수 있다. 이에 비해 정답형 인간은 정답을 암기하여 특정 문제를 빨리 해결할 수 있지만 낯선 문제를 만났을 때 효과적으로 대처하기 어렵다. 고착된 관념을 적용하려 하므로 매번 달라지는 문제 상황에 유연하게 대처하기 어렵다. 비판적 사고력을 증진한 경우 수많은 낯선 문제에 대해 스스로 효과적인 답을 내놓을 수 있게 된다. 사태와 상황의 본질을 보고 원리를 깨우쳐 해결해나가는 학습능력을 키울 수 있기 때문이다.

인공지능과 함께 살아갈 4차 산업혁명 시대는 지식이 아닌 지혜의 시대이다. 지식을 가진 정답형 인간보다 지혜를 가진 해답형 인간이 요구되는 시대이다. 우리 아이는 지금 지식을 쌓고 있을까, 지혜를 얻고 있을까?

정답 형 인간		해답 형 인간
정답 형 학습 = 답이 하나		해답 형 학습 = 답이 여러 개
정답을 암기하면 특정문제를 숙달할 수 있다.		수많은 낯선 문제에 대해 스스로 효과적인 해답을 창안할 수 있다.
지식		지혜

정답형 인간과 해답형 인간의 차이

IQ 테스트와 창의력 테스트

IQ 테스트엔 정답이 하나밖에 없다. 그러나 창의력 테스트는 다르다. 해답이 무수히 나올 수 있다. IQ 테스트는 일종의 정답형 교육의 모델이고, 창의력 테스트는 해답형 인간을 키워내는 교육의 일종이다. 다음은 IQ 테스트에 흔히 나오는 질문 유형이다. "나무젓가락이 무엇인가?" "민우가 1,000원을 가지고 학용품을 사러 갔다. 700원어치의 연필을 샀다면 얼마 남았나?" (망치를 거꾸로 들고 못을 박으려는 그림을 그려놓고 묻는다.) "그림에서 잘못된 부분은 무엇인가?"

반면에 창의력 테스트는 같은 내용을 이렇게 묻는다. "나무젓가락으로 건물을 쓰러뜨릴 수 있는 다양한 방법을 쓰라." "민우가 1,000원을 가지고 학용품을 사러 갔다. 남은 돈이 200원이 되어야 한다. 답이 200원이 될 수 있는 문제를 내어보아라." "망치 모양을 어떻게 바꾸어야 아이들이 재미있게 갖고 놀 수 있을까?"

학습의 방법에는 '귀납적' 방법과 '연역적' 방법이 있다. 귀납적 학습 방법은 특정한 지식을 습득하기까지 토론, 연구, 발표, 피드백 등의 과정을 거쳐 단계적으로 목표를 이루어가는 학습 방법이다. 학습자 스스로 규칙을 발견해야 하므로 기억에 오래 남고 능동적인 참여를 이끌어내며 수업에 집중할 수 있다. 이 방법은 도전적이며 문제 해결 능력이 있는 학습자에게 적합하다. 또한 협동하는 과정을 통해 문제를 해결하기에 학습자들 간의 소통을 돕는 데 효과적이다.

연역적 학습 방법은 우리에게 익숙한 전통적인 학습법이다. 정의나 원리가 먼저 나오고, 여기에 해당하는 사례는 뒤에 나온다. 미리 주어진 지식을 분석하고 적합한 방식으로 재구성하여 자신의 인지체계나 가치관, 배경지식에 맞춰 재창조한다.

예를 들어 초등학교 수업시간에 '성실함'이 무엇인지 가르치는 시간이 있다고 치자. 연역적 방법으로 한다면 먼저 '성실성'에 대하여 정의하고 그 사례를 뒤에서 설명할 것이다. 그런데 귀납적 방법은 어떨까? 우선 교사가 아이들에게 이런 질문을 던진다. "여러분 주변에서 '성실한 사람'이라고 하면 떠오르는 사람을 말해보세요." 아이들은 많은 대답을 내놓을 것이다. 그때 "왜 그렇게 생각했는지"를 다시 묻는다. 역시 다양한 답변이 나올 것이다. 이때 교사가 '성실함'에 대한 정의를 내려주면 아이들은 더욱 선명하게 이해할 수 있다.

비판적 사고의 주요 특성

비판적 사고의 주요 특성은 심층적 사고, 다각적 사고, 영역 전이적 통찰력이다. 각 내용을 고 정주영 회장의 일화를 통해 살펴보자. 아래 이야기는 매우 유명한 것으로 젊은 시절의 정주영이 숙소에 들끓던 빈대의 공격에 대처했던 방법을 소개[75]한 것인데, 이를 통해 비판적 사고의 주요 특성을 짚어본다.

1933년 18세의 젊은 정주영이 인천 부두에서 막노동을 하던 때였다. 그곳 노동자 합숙소는 빈대 천지였으며 몸이 지칠 대로 지쳐 잠을 자야 했으나, 빈대들의 습격으로 도저히 잠을 잘 수가 없었다. 할 수 없이 밥상 위에 올라가 잠을 잤으나, 얼마 후 빈대들이 기어 올라와 다시 물어뜯었다. 미물이지만 만만찮은 놈들이었다. 정주영은 머리를 써서 물 담은 양재기에 밥상 다리 네 곳을 놓고 잤다. 물 타고는 못 오겠지 하는 생각이었다._〈심층적 사고〉

그런데 빈대의 머리는 사람보다 영악했다. 얼마 후 빈대는 사람의 피를 빨기 위해, 벽을 타고 천정으로 올라가, 누워 있는 정주영을 목표로 하여 천장에서 떨어지는 것이었다._〈다각적 사고〉

목적을 이루겠다는 빈대의 끊임없는 본능적 집념이 이룬 결과였다. 정주영은 그때부터 빈대의 교훈을 평생 잊지 않고 사업을 할 때마다 "뜻이 있는 곳에 길이 있다"는 빈대의 집념으로 일한 결과 한국 제일의 기업을 이루어냈다._〈영역 전이적 통찰력〉

---

[75] 다음블로그에 게재되었던 김영정 교수의 "정주영 회장과 비판적 사고, 비판적 사고와 학습의 3단계"라는 글에서 인용(다음블로그는 2022.9.30. 일자로 서비스 종료되었다).

물을 담은 양재기는 심층적 사고의 산물이며, 천장을 택한 것은 빈대의 다각적 사고의 결과이다. 빈대와의 경험에서 비즈니스의 집념을 배운 것은 영역 전이적 통찰력에 해당된다. 빈대는 물 때문에 밥상 다리를 타고 올라가지 못하게 되자 벽을 타고 천장으로 올라가 사람에게 떨어지는 창의적이고 우회적인 발상을 실행했다. 한낱 미물이 그럴진대 만물의 영장인 인간이 해내지 못할 일이 무엇일까? 정주영 회장의 일화는 비판적 사고가 가지는 주요 특성을 함축적으로 보여준다.

TIP 심층적 사고, 다각적 사고, 영역 전이적 통찰력

'심층적 사고'란 사물의 속이나 밑에 있는 깊은 층까지 내다보며 생각하고 궁리하는 것을 말하고, '다각적 사고'란 숨은 문제의 전제가 무엇인지 찾아내고 이것을 비판하며 다른 각도로 생각해내는 것이다. '영역 전이적 통찰력'은 관계되는 분야나 범위가 한 상태에서 다른 상태로 변화하며 사물을 꿰뚫어보는 능력을 말한다.

어느 날 엘리베이터에 거울이 부착되다

이번에는 우리에게 매우 익숙한 사고방식, 즉 어느 한 방향으로만 해결책을 찾으려는 단선적인 사고 패턴을 깨트리려면 어떻게 해야 하는지 살펴보자. 아래 예로 든 신문기사를 읽어보면 보다 넓은 지평에서 여러 시각의 접근을 시도할 수 있는 유연한 다각적 사고 능력이 얼마나 중요한지 알 수 있다.

일상 속에서 우리가 매일 타는 엘리베이터에는 대부분 거울이 있다. 사람들은 누가 시킨 것도 아닌데 습관적으로 거울을 보면서 옷이나 머리를 정리한다. 우리가 너무도 당연하게 생각하고 있는 엘리베이터 거울이지만, 사실 처음부터 존재했던 것은 아니다. 그렇다면 언제부터, 왜 엘리베이터에 거울이 생기게 된 것일까? 때는 지난 1853년으로 거슬러 올라간다. 당시 미국에는 고층 빌딩 열풍이 불면서 안전하면서도 실용적인 엘리베이터 개발을 두고 관심이 높아졌다. 오티스사(社)는 세계 최초로 안전장치가 부착된 엘리베이터를 개발했다. 다른 엘리베이터에 비해 안전성은 확보됐지만, 속도는 생각보다 빠르지 않았다. 엘리베이터를 이용하는 사람들의 불만은 폭주하자 오티스사는 문제해결을 위해 노력했다. 하지만 당시 기술력으로는 엘리베이터 속도를 빠르게 할 수 없었다. 오티스사가 고심하던 중 한 직원이 엘리베이터에 거울을 설치하자는 아이디어를 내놓았다. 사람들이 거울을 보게 되면 엘리베이터가 올라가는 속도에 무감각해질 것으로 생각했던 것이다. 실제로 엘리베이터에 거울을 설치하자 사람들의 불만이 줄어드는 놀라운 효과를 볼 수 있었다. 이후 엘리베이터에는 하나둘 거울이 생기기 시작했고, 그렇게 우리 생활 속으로 스며들었다.[76]

속도에만 집착했다면 절대 나오지 않았을 아이디어. 때로는 발상의 전환이 어려운 문제를 아주 쉽게 풀어내는 열쇠가 되기도 한다. 만일 엘리베이터의 속도를 빠르게 하는 것이 궁극적인 목표였다면 위의 해결책

---

[76] 〈세계일보〉, "엘리베이터 안에 거울이 설치된 이유", 2018.03.01.

은 진정한 해결책이 될 수 없었을 것이다. 그러나 문제의 궁극적 본질이 엘리베이터의 속도를 빠르게 하는 것이 아니라 탑승객들의 지루한 느낌을 해소하는 것이라는 점에 착안하여 우회적 해결책을 강구할 수 있었다.

마이어(Maier, 1931) 두 끈의 문제

다음 그림은 마이어(Maier, 1931)가 제안환 '두 끈의 문제'에 관한 것이다. 천장에서 늘어진 두 끈을 묶어야 하는데 이들 간격이 너무 벌어져서 피험자는 두 끈을 동시에 잡을 수 없다. 방 안에는 의자 한 개와 펜치 한 개가 있다. 어떻게 문제를 해결할 수 있을까?

피험자들은 의자를 이용하여 다양한 해결책을 꾀하지만, 문제를 풀지 못했다. 유일한 해결책은 펜치를 끈 한쪽에 묶어서 그 끈이 추처럼 움직이도록 한 후, 두 번째 끈을 잡고 방 한가운데로 가져와서, 처음 끈이 잡을 수 있을 정도로 가까이 올 때를 기다리는 것이다. 마이어의 피험자들 중 39퍼센트만이 10분 안에 이 문제를 풀 수 있었다. 이 문제가 어려운 까닭은 펜치를 추의 대용으로 지각하지 못한 데 있다. 이 현상을 기능적 고착(functional fixedness)이라고 한다. 이렇게 부르는 까닭은 피험자들이 사물을 기존의 관습적 기능에 따라 표상하는 데 굳어 있어서 새 기능으로 표상하지 못하기 때문이다.[77] '기능적 고착'을 극복하려면 관습적이고 피상적인 생각을 넘어서는 심층적인 사고 능력을 키워야 한다.

[77] 『인지 심리학과 그 응용』, John R. Anderson, 이영애 옮김, 이화여자대학교 출판부, 2000.

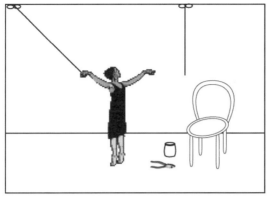

두 끈을 묶어라

TIP 기능적 고착

어떤 사물을 볼 때 그 사물이 가장 많이 쓰이는 용도로만 그 물체를 지각하는 현상. 기능적 고착은 사물(또는 사람)이 어떻게 정상적으로 기능하는가를 기대(예측)하는 것에서 우리 스스로가 자유롭지 못하다는 것을 보여준다. 예를 들어 박스는 뭔가를 담는 용기의 일종이지, 뭔가를 올려놓을 수 있는 받침대가 아니라는 식의 사고이다.

화살표 청년

오래전에 신문에 보도되었던 내용이다. 서울 시내버스 노선도에 처음으로 방향을 나타내는 화살표를 붙인 사람이 있다. 바로 '화살표 청년' 이민호 씨다. 버스를 탈 때 사람들은 으레 노선도 앞에서 자신이 가야할 방향을 확인하곤 한다. 그런데 초행길이라면 아차 하는 순간 목적지와 정반대 방향으로 올라탈 수 있다. 시내버스를 타려다 광역버스를 탈

수도 있고, 이리저리 돌아가는 버스를 타 곤욕을 치르기도 한다.

이런 불편함을 인지한 '화살표 청년' 이민호 씨는 지난 2012년 자전거를 타고 버스 정거장을 찾아다니며 서울의 시내버스 노선도에 1센티미터 남짓한 작은 크기로 '방향 화살표'를 붙여 화제가 되었다. 빨간색 화살표 스티커를 구입해 자신이 살던 마포구를 중심으로 길게는 하루에 15시간씩 땀을 흘리며 화살표를 붙였다.

"이민호 씨가 당시 800여 곳의 시내버스 정류장에 화살표 스티커를 붙인 사실은 소셜 네트워크 서비스(SNS)를 통해 알려졌다. 서울시가 뒤늦게 이를 알고서 2012년 5월 표창도 했다. '화살표 청년'으로 알려진 그는 지금은 스티커를 붙이지 않을지도 모른다. 서울시에서 이미 시 전역의 버스 정류장에 방향 표시를 했을 테니 말이다."[78]

화살표 청년 이씨의 작지만 당돌한 사례는 세상을 살아가는 많은 사람에게 귀감이 되었다. 일상에서 마주치는 작고 사소한 일이라고 치부할 수도 있지만, 그에겐 문제의식과 비판적 사고가 있었고 창의력이 있었기에 가능한 일이었다. 인공지능이 번창하고 디지털 만능의 시대로 급속히 빠져들고 있지만, 이런 일은 기계가 아닌 사람이기에 가능했던 게 아닐까?

---

[78] 〈플랫폼 뉴스〉, 정기홍 기자, 2020.10.24.

질문하는 힘

인공지능 시대의 인간에게 필요한 정신 능력 중 가장 기본적인 것은 무엇일까? 한마디로 '질문하는 힘'이다. 질문하는 힘은 주변에서 일어나고 인식되는 제반 현상에 대해 스스로 '왜'(Why), 그리고 '어떻게'(How)를 묻는다. 그러나 여기서 그치지 않고 한 걸음 더 나아가 '만약에'(What if)라는 가정법과 '다음엔?'(Next)이라는 질문을 던질 수 있도록 훈련하는 것이 바로 질문의 힘이다.

"스마트폰은 왜 네모일까?"

"접는 스마트폰은 어떻게 만들까?"

"스마트폰 다음엔 뭐가 나올까?"

"만약에 스마트폰이 없다면?"

이처럼 다양한 질문을 통해 우리는 사물을 다른 각도에서 보는 훈련을 할 수 있다. 발상의 전환을 통해 새로운 가능성을 들여다보게 해준다.

"지구의 얼음이 모두 녹아버린다면?"

"100살까지 일해야 한다면?"

"석유가 사라진다면?"

이런 의문을 품고 계속 질문하다 보면 비판적 사고력, 창의력, 상상력 등 다양한 인지능력이 길러진다. 질문하는 힘 앞에서 고정관념은 설 자리가 없다. 일단 질문이 정해지면 그 답을 찾는 일은 인공지능이나 로봇에 시킬 수 있다. 빅 데이터 세상에서 질문에 대한 답을 찾기란 좋은 질문을 만들어내는 것보다 쉽기 때문이다. 아인슈타인은 어렸을 적 "빛의 속도로 여행을 하면 무엇을 볼 수 있을까?"라는 질문을 자신에게 던졌다고 한다. 그 질문이 훗날 상대성이론을 탄생시켰다.

질문을 던지는 능력은 훈련으로 가능하다. 베스트셀러 작가인 사이토 다카시 메이지대 교수는 질문에도 '잘못된 질문'과 '제대로 된 질문'이 있으며, 올바른 질문을 던지는 데엔 원칙과 테크닉이 있다고 말한다. 상대방과 감정이입을 자연스럽게 하는 방법, 상대방의 전문 분야를 정확히 읽고 말문을 트는 법, 상대방에게 동의를 표하는 방법, 상대방의 강점을 자랑하게 하는 방법 등이 그것이다.

좋은 질문은 어떤 것일까? 미국의 과학기술 사상가 케빈 켈리(Kevin Kelly)는 자신의 저서 『인에비터블 미래의 정체』에서 좋은 질문의 기준을 제시했다.

- 정답을 원하지 않는 질문
- 즉시 답할 수 없는 질문
- 기존의 답에 도전하는 질문
- 듣기 전까지는 생각하지도 못했던 질문
- 다른 많은 좋은 질문을 낳는 질문
- 인간 존재의 의미를 묻는 질문

좋은 질문을 통해 단련된 비판적 사고력은 사람과 사람 간의 소통 능력을 강화해준다. 생각의 핵심을 정확하게 전달할 수 있도록 훈련해주기 때문이다. 고대 그리스 철학자 소크라테스는 "인간이 지닌 탁월함의 최고 형태는 자신과 타인에게 질문하는 것"이라고 말했다. 현대 경영학의 아버지라 일컬어지는 피터 드러커도 "질문이 없으면 통찰도 없다. (…) 정말로 위험한 것은 잘못된 질문을 던지는 것"이라고 했다. 모두 질문의 중요성을 강조하는 말이다. 일상을 바꾸는 것은 정답이 아니라 좋은 질문이다.

현실을 둘러보자. 온라인상에는 방대한 정보가 넘쳐나고 있다. 비판적 사고력은 정보의 바다에서 가짜와 진짜를 구분하고, 필요한 것과 그렇지 않은 것을 가려내는 힘을 준다. 잘못된 정보를 가려내지 못하고 '좋아요'를 누르거나 댓글을 달았다고 치자. 인공지능 알고리즘은 잘못된 부류의 유사한 정보들을 계속하여 맞춤형으로 제공할 것이며, 그 결과 자신도 모르는 사이에 왜곡된 정보를 받아들여 맹신하게 될 수도 있다.

질문의 힘은 급변하는 세상에 휘둘리지 않으면서 자기중심을 잡고 살아가게 해준다. 사회는 다양한 이해관계를 가진 사람들로 이뤄져 있다. 사회가 변화할 때마다 그 변화에서 이득을 얻는 사람과 그렇지 않은 사람들이 생겨난다. 4차 산업혁명 시대의 승자와 패자는 누가 될까? 기억하자, 승자의 길로 가는 첫걸음은 '질문하는 힘'이다.

창의성이란 무엇인가?

옥스퍼드 영어사전은 "창의성이란 무언가를 창조하기 위해 상상력이나 독창성을 사용하는 것"이라고 설명하면서 동의어로 '발명성'을 제시했다. 창의성에 대한 정의는 학자마다 다르다. 창의성을 연구한 학자 토런스(Torrance)는 "창의성이란 더 깊게 파는 것, 두 번 쳐다보는 것, 나오는 것, 볼 수 있는 구멍을 만드는 것, 자신의 음색으로 노래하는 것, 고양이의 말을 귀담아듣는 것, 태양에 플러그를 꽂는 것, 내일과 악수하는 것"이라고 정의했다. 설명 자체가 매우 창의적이지 않은가?

창의성은 하늘에서 뚝 떨어지듯 생기는 것이 아니다. 태어날 때부터 창의적인 인간은 없다. 예술가이든 사업가이든 창의적인 아이디어를 내려면 우선 수많은 모방 과정을 거치게 마련이다. 창의력은 천재들의 머리에서 번쩍하며 전구가 켜지는 기적의 순간이 아니라 끊임없이 도전하고 시도하는 97퍼센트의 끈기에서 나온다. 20세기의 대표적인 큐비즘 작가 파블로 피카소는 "훌륭한 예술가는 베끼고, 위대한 예술가는 훔친다"라고 말했고, 프랑스 계몽주의를 대표하는 작가 볼테르는 "독창성이란 단지 사려 깊은 모방일 뿐이다"라고 이야기했다.

창의성의 모태는 모방적 학습이다. 논문을 쓰는 연구자들은 자기 글을 쓰기 전에 먼저 타인이 쓴 수십 수백의 논문을 참고한다. 그 과정에서 나의 연구 주제가 새로운 것인지, 나의 연구 방법이 학문적으로 타당한지 검증하면서 타인의 논문과 비교 검토한다. 그러고는 다른 이들의 연구를 충분히 소화하여 나만의 독창적인 무엇을 만들어낸다. 97퍼센트의 모방, 그리고 어느 순간 솟구친 3퍼센트의 번쩍임, 그것이 바로 창의성의 본질이다.

글 쓰는 아티스트로 유명한 『훔쳐라, 아티스트처럼』의 저자 오스틴 클레온(Austin Kleon)은 "모든 창의적 작업은 이전 작업 위에서 이뤄진다. 완전히 새로운 것(오리지널)은 없다"고 말한다. 4차 산업혁명 시대를 살아가는 가장 강력한 무기는 창의력이다. 창의력은 지식과 질문하는 힘의 조합에서 나온다. 질문하는 힘으로 지식이라는 나무에 물을 주어 뻗어나가는 가지들이 바로 창의력이다.

창의성과 부모의 배려

아이들은 장난기 넘치고 엉뚱하고 기발하다. 아침에 아빠를 흔들어 깨우면서 소리치는 아이의 목소리에 놀란 적이 있다. "아빠, 내일이 왔어! 어서 일어나!" 지금 생각해보아도 참으로 신기한 말이었다. 세상을 바꾸는 혁신은 창의성에서 나온다. 그런데 무심코 하는 부모의 행동과 말은 때로 아이의 창의성을 죽이게 된다.

"말도 안 되는 소리 하지 마."

"하라면 할 것이지, 웬 말이 그렇게 많니?"

"여자면 여자답게 놀아야지."

"하늘은 하늘색으로 칠해야지. 그런 색 하늘은 없어!"

"이것은 규칙이야. 그대로 해."

"왜 너는 바보 같은 것만 물어보니?"

"도대체 넌 누굴 닮아서 그렇게 엉뚱하니?"

"그런 건 해보나 마나 안 돼!"

"네가 그것을 어떻게 한다고 그러니!"

"애, 쓸데없는 짓 좀 그만해라."

"어린애는 그런 거 몰라도 돼."

"도대체 넌 커서 뭐가 되려고 그러니?"[79]

여러분도 무심코 이런 말을 하지 않았는지 생각해볼 일이다. 그런데, 아이는 말을 듣지 않아야 정상이다. 고집도 부리고 딴짓도 해야 한다. 그래야 아이다. 부모 말을 잘 듣는 아이는 착한 것이 아니라 눈치를 보는 것이라는 충격적인 조사 결과도 있다.

우리의 생각에 꼭 정답이 있어야 할까? 생각의 방향이나 대답이 'Yes' 아니면 'No'이어야 하는 이유는 무엇인가? 창의성은 곧 생각의 다양성이다. 아이들은 기죽지 않고, 눈치 보지 않고, 마음껏 뛰어 놀아야 한다. 얼마 전 막을 내린 드라마 〈이상한 변호사 우영우〉에 등장했던 어린이 해방군의 캐치프레이즈처럼 "어린이는 지금 당장 행복해야" 한다.

---

[79] 『4차 산업혁명 시대, 우리 아이 어떻게 키울 것인가?』, KB금융공익재단.

아이들에게 생각의 다양성을 열어주고 창의성을 북돋아주려면 어떻게 해야 할까? 나는 무엇이든 직접 해보는 도전의 교육을 권하고 싶다. 이를테면 열 시간 동안 자전거 이론을 공부하기보다 한 시간이라도 자전거를 타보는 것이 효과적이다. 가수 악동 뮤지션은 어릴 적 몽골에서 살았는데, 그때 학교에 가지 않고 홈스쿨을 했다. 다른 아이들보다 자유시간이 많았기에 이들 남매는 끊임없이 딴짓을 할 수 있었다. 아이들은 놀다가 딴짓을 하게 마련이다. 딴짓을 하다가 지루해져서 또 딴짓을 하고, 그것마저 지루해지면 다른 딴짓으로 넘어간다. 그 과정에서 악동 뮤지션은 자신들만의 '음악'을 찾은 것이다. 딴짓은 자기주도성과 창의력을 키운다.

지나친 잔소리와 간섭도 창의성을 죽인다. '헬리콥터 어르신' '캥거루 부모'라는 말을 들어본 적 있는가? 헬리콥터 어르신은 지나친 간섭과 잔소리로 자녀 주위를 맴도는 어른을 말한다. 캥거루 부모 역시 아이를 자신의 일부라고 여기고 캥거루처럼 끼고 사는 부모들을 이른다. 부모는 가급적 자녀에게 선택권을 주고, 선택할 때 도와주면 그만이다. 아이를 위한답시고 이래라저래라 간섭하는 것은 결국 부모의 의사를 아이에게 투영하는 데 지나지 않는다. 이렇게 자란 아이는 나중에 성인이 되어서 본인의 자녀들에게도 배운 대로 행할 가능성이 높다. 아이를 믿고 시간을 투자하고 기다려보자. 아이의 창의력은 부모의 절대적인 배려에서 태어난다.

과학자 데니스 홍의 자녀교육

미국의 과학잡지 ≪파퓰러사이언스≫가 선정한 젊은 천재 과학자, UCLA 교수인 데니스 홍(Dennis Hong) 박사는 한국계 미국인이다. 그는 미국 최초의 휴머노이드 로봇인 '찰리'를 만든 저명한 로봇 공학자다.

저는 라디오, 청소기, 세탁기 등 손에 닿는 모든 것들을 다 분해했습니다. 궁금한 걸 참지 못했기 때문입니다. 어떻게 작동하는 거지, 하고 한번 호기심과 궁금증이 일면 기어이 가전제품들을 뜯고 내부를 면밀하게 관찰해야 직성이 풀렸습니다. 망가뜨린 것을 고치기라도 하면 좋았을 텐데. 저는 멀쩡한 것을 가져다가 뜯어놓고 망치기 일쑤였습니다. 그중엔 사온 지 사흘밖에 안 된 TV도 있었는데, 신기하게도 부모님께서는 저를 전혀 혼내지 않으셨죠. 부모님은 오히려 마음껏 실험할 수 있도록 실험도구를 사주시며 호기심을 잃지 않도록 해주었습니다.

그의 경험담을 통해 우리는 아이의 창의성을 키우는 데 부모의 역할이 얼마나 큰지 알 수 있다. 아이들이 세상에 호기심을 가질 수 있도록 지지해주는 부모의 배려는 새싹에 물을 주듯 창의성을 키우는 일이다.

데니스 홍 박사의 자녀교육 사례를 함께 나누어보자. 하루는 아이가 초콜릿 맛 우유를 먹고 싶어 냉장고를 열었다. 초콜릿 우유를 꺼내든 아이가 아빠에게 달려간다. "아빠, 냉장고에 불이 켜져 있어요. 불을 어떻게 꺼야 해요?" 보통의 부모라면 "냉장고는 문을 열 때만 불이 켜지는 거야"라고 설명할 것이다. 하지만 데니스 홍은 이렇게 대답한다. "어 그래? 이걸 어쩌지? 네 생각은 어떠니?" 질문에 질문으로 답하는 것, 아

이에게 창의성을 가르치는 훌륭한 방법이다.[80]

"Live with a Sense of Wonder"_데니스홍 UCLA 교수, 로봇공학자

https://tv.kakao.com/channel/2687127/cliplink/301564008

TIP 자녀의 창의력 향상을 도와주는 꿀팁

1. 좋은 음악을 들려주자.

2. 생각 리스트를 쓰게 해본다.

3. 메모를 습관화할 수 있게 돕자.

4. 문제를 간단하게 말하는 법을 알려준다.

5. 생각이 막히면 함께 휴식을 취하자.

6. 생각을 좀 먹는 TV를 멀리한다.

7. 할 수 있는 한 모든 것을 많이 읽어주자.

8. 뇌를 훈련하는 방법을 찾아보자.

9. 긍정적인 태도를 갖도록 돕는다.

---

80 〈브런치〉, '어느 천재 과학자의 자녀교육법', 2022.6.2.

부모의 역할이 중요하다

창의적인 사람은 도전정신이 강하다. 어떤 일에 부딪혔을 때 해결하려는 의지와 열정이 뛰어나다. 문제 해결에 집중하고 몰입한다. 아무것도 필요 없다는 듯 오로지 한 가지에 미친다. 남과 다른 생각으로 기꺼이 발상을 전환하며 새로운 시각으로 형상을 본다. 호기심이 넘치고 반드시 끝장을 보겠다는 끈기와 집념이 있다. 우리 부모들은 자녀의 창의성을 키우는 데 어떤 역할을 할 수 있을까?

●남과 다른 생각을 격려하고, 고유한 특성을 개발하게 돕자

스티븐 스필버그의 아버지는 어린 시절부터 영화 찍기를 좋아하는 아들을 위해 자신의 비디오카메라를 선뜻 내어주었다고 한다. 뿐만 아니다. 그의 가족은 어린 스필버그가 쓴 각본을 읽고 저마다 배역을 맡아 연기에 나섰다.

●자녀가 자신감을 향상할 수 있도록 좋은 멘토가 된다

경험이 쌓일수록 어떤 상황이나 사태를 다각도로 볼 줄 아는 관점이 생기고 생각도 유연해지게 마련이다. 수학에서 다양한 문제를 이런저런 방법으로 풀어보는 것, 철학에서 개념을 명료화하는 것, 자신의 생각을 정리해서 글로 써보는 경험 등이 큰 도움이 된다.

●외적 요인을 자극할 수 있도록 적극적으로 지원하자

부모는 자녀에게 언제나 따뜻하고 지지를 보내는 사람이어야 한다. 물론 지나친 칭찬과 보상은 자제한다. 칼 로저스는 편안하고 허용적인 분위기에서 나오는 심리적인 안정감은 창의성 발달의 필수적인 요소라고 했다. 자녀들이 지나치게 엄격하거나 딱딱하지 않은 편안함을 느낄 수 있도록 하고, 자녀에게 명령이나 위협, 설교, 비난을 삼가야 한다. 아이들을 지지하는 것이야말로 부모의 가장 중요한 역할이다.

상자 밖으로 벗어나라

아래 그림은 1970년대 저명한 심리학자였던 길퍼드(J. P. Guilford)가 만든 '9점 상자'라는 문제이다. 문제의 내용은 "〈그림1〉에 표시한 9개의 점들을 4개의 직선만을 사용해 모두 연결해보라"는 것인데, 이때 한 가지 조건이 있다. 일단 펜을 지면에 대면 9개의 점을 모두 연결할 때까지 종이에서 펜을 떼어선 안 된다는 것이다. 4개의 직선으로 점들을 이을 수 있는 방법은 〈그림2〉와 같다. 답은 의외로 간단하다. 그런데 대부분의 사람은 해답을 잘 찾지 못한다. 〈그림3〉의 사각형 범위 안에서만 직선을 그리려고 하기 때문이다. 문제에 그런 조건은 없는데도 말이다.

창의성 분야에서는 원래 문제에 없던 제약을 스스로 부과하는 현상을 '인지 장벽'의 일종으로 본다. 그러니 일단 상자 밖으로 벗어나고 볼 일

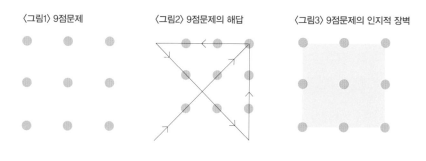

〈그림1〉 9점문제   〈그림2〉 9점문제의 해답   〈그림3〉 9점문제의 인지적 장벽

상자 밖으로 벗어나라

이다. 창의성은 새롭고 남다른 것을 생각해내는 데서 출발한다. 창의성
이 돋보이는 몇 가지 작품을 소개한다.

창의성 작품1 경찰청 광고

경찰의 이미지 개선을 위한 광고를 공모한 결과 1등으로 당선된 '이제
석 광고 연구소'의 작품이다. 경찰의 늑장 대응 이미지를 불식시키고
국민에게 빠르게 달려가겠다는 내용이다. 제목은 '총알같이 달려가겠
습니다.'이다.

창의성 작품2 선사유적공원 표지판

대구 달서구 선사유적공원 안내 표지판이다. 원시인이 올라타 망치를

들고 표지판을 부수는 모습이 기발하다. 도로 현수막은 수줍어하던 원시인이 가까이 갈수록 좀 더 몸을 드러낸다. 역시 이제석 광고 연구소에서 만들었다.

창의성 작품3. 이순신 장군 동상

광화문에 있는 이순신 장군 동상이다. 청소와 수리를 하기 위해 동상을 가렸다. '탈의 중'이란 글씨가 보인다.

창의성 작품4 계단과 미끄럼틀

아빠는 아침마다 뒷산을 산책한다. 아이들과 같이 가고 싶지만 계단 오르는 것을 싫어하는 아이들. 그런데 미끄럼틀이 설치된 후 상황이 달라졌다. 아이들은 아침마다 아빠를 깨운다. 아빠가 올라가는 사이 뛰어올라 몇 번이고 미끄럼틀을 탄다.

창의성 작품5 대학의 쓰레기통

대학에 설치된 쓰레기통이다. 학생들이 쓰레기를 아무 데나 버려서 설치했다. 널려져 있던 쓰레기들이 더는 보이지 않는다. 목표 달성 이상 무!

창의성 작품6 도로공사 색칠하기

2011년 도로공사 직원의 아이디어로 만들어졌다. 처음에는 도리어 혼란을 주지 않을까 우려도 있었지만 성공적으로 평가되어 지금은 전국 대부분의 도로에서 갈림길을 녹색, 분홍 등으로 색칠하여 방향을 구별한다.

의사소통능력

의사소통 능력이 기적을 만든다

자기 생각을 조리 있게 표현하고 타인의 의견을 경청하고 존중하는 의사소통능력은 국내 공공기관과 세계적인 기업들의 채용시험에서 필수적으로 요구하는 덕목이다. 독일의 철학자 위르겐 하버마스는 '합리적 의사소통은 평생 다듬어가야 할 과제'라고 하면서 "교육이란 합리적 의사소통 과정을 배우는 과정"이라는 말로 그 중요성을 이야기했다. 다음은 공무원 면접시험 시 의사소통 평가항목의 채점 기준이다.

- 대화 시 상대의 눈을 본다.
- 상대의 이야기를 듣는다.
- 상대방의 말에 고개를 끄덕인다.
- 쉬운 용어를 사용한다.
- 적당한 제스처를 한다.
- 중간에 말을 끊지 않는다.

의사소통의 첫째 덕목은 경청이다. 경청하는 습관을 들이려면 평소

연습하고 훈련해야 한다. 요즘 학교에서는 조별 과제를 많이 내준다. 서로 협력하고 소통하여 창의적 결과물을 구하라는 것인데 의사소통과 협업 정신을 키우는 교육이다.

의사소통의 두 번째는 요인은 공감능력이다. 어떤 이는 "슬픈 영화를 봐도 눈물이 나지 않아요. 저, 냉혈인간인가요?" 하고 걱정하고, 또 어떤 사람은 "슬픈 영화만 보면 폭풍 눈물을 흘려요. 저, 오지라퍼인가요?" 하고 묻는다. 인터넷을 검색하면 공감능력을 테스트해주는 앱도 있다. 이 모두가 의사소통의 기본이 되는 공감능력을 중시하는 분위기에서 나온 이야기들이다.

생각해보자. 화려한 스펙을 가진 사람이 인재일까, 합리적 의사소통이 가능한 사람이 인재일까? 직장생활이나 사회생활을 할 때 여러분은 어떤 사람과 협업하고 싶은가? 우리 인간들의 사회엔 예로부터 "말 한마디가 천 냥 빚을 갚는다"거나 "가는 말이 고와야 오는 말이 곱다" 등등 말(언어)과 관련된 속담이 많다. 그만큼 인간사에서 말이 갖는 위력이 엄청나다는 뜻이다.

우리는 누구나 '의사소통이 제대로 되면' 특별한 어려움 없이 그럭저럭 살아갈 수 있을 거라고 믿는다. 하지만 "어떤 사람과도 자유자재로 능숙하게 의사소통할 수 있는 능력이 있다면" 여러분은 어쩌면 기적을 만들어낼 수도 있을 것이다.

국민 스타 유재석이 명성을 얻은 이유

MC 유재석은 국민적인 연예인이다. 특별히 싫어하는 사람이 없다. 그런데 유재석은 빼어난 외모를 가진 것도 아니고, 엄청난 스펙을 자랑하는 것도 아니며, 말을 아주 번드르르하게 잘하는 것도 아니다. 그런 그가 어떻게 지금의 명성을 얻게 되었을까?

바로 뛰어난 의사소통 능력 덕분이다. 그는 특히 여러 사람과 대화할 때 돋보인다. 일단 타인의 말을 참 잘 들어준다. 온몸으로 들어준다. 그는 말을 많이 하는 편도 아니다. 그런데도 그가 제일 돋보인다. 유재석은 경청의 '대가'이다. 하지만 남의 이야기를 경청한다는 건 결코 쉬운 일이 아니다. 내 말부터 하고 싶은 게 인간의 본성이기 때문이다.

우리 집 딸아이의 이야기다. 직장에 막 취직한 대학 동창생끼리 오랜만에 만났다. 직장 상사는 어떤 유형인지, 칼 퇴근을 하는지, 점심은 무얼 먹는지, 커피값은 더치페이인지 등등 친구들끼리 얼마나 하고 싶은 이야기가 많았겠는가? 그런데 갑자기 한 친구가 울먹였다고 한다. 놀란 친구들이 이유를 물으니 "나도 얘기하고 싶은 게 많은데 끼어들 틈이 없잖아" 하더란다. 이야기는 하고 싶은데 영 틈이 생기질 않으니 답답한 마음에 울음이 터진 모양이다. 우스개 같지만 실화다. 그래서 한 사람당 5분씩 돌아가며 이야기하기로 했다고 한다. 어쩌면 여러분에게도 비슷한 경험이 있을지 모른다.

다음은 경청의 대가 유재석이 인터뷰에서 알려준 의사소통을 키우는 방법들이다.

● 맞장구를 쳐라

- 질문하라
- 동의하라
- 경청하라

어떤가? 특별히 어려운 것이 있는 것도 아닌데, 막상 잘 안 되는 것들이다. 흔히 '생각에도 근육이 있다'고 한다. 운동을 많이 해서 몸의 근육량을 늘리는 것처럼 생각도 말도 자꾸 연습하면 늘게 마련이다.

"1)말을 독점하면 적이 많아진다. 2)내가 하고 싶은 말보다 남이 듣고 싶은 말을 하라. 3)입술의 30초가 마음의 30년이 된다." 이 내용은 TV 정보쇼 〈알짜왕〉에서 방영되었던 "국민MC 유재석의 소통법 Best3"에서 나온 것이다. "적게 말하고, 많이 들어야 합니다. 말은 혀로만 하는 것이 아닙니다. 눈과 표정으로도 말을 하지요. 번듯한 말보다 편안한 이야기가 사람의 마음을 움직입니다." 유재석의 인터뷰가 가슴에 와 닿는다.

"경청은 왜 인간을 위대하게 만드는가?"_조우성 기업분쟁연구소 소장

https://tv.kakao.com/channel/2687127/cliplink/301563719

엄마와 소통이 잘 되는 아이는 자존감이 높다

부모는 아이의 거울이다. 아이의 공감능력은 부모로부터 얻게 된다. 부모가 아이의 마음을 잘 이해하고, 아이의 입장에서 생각해주는 집안에서 자란 아이는 자신의 부모처럼 생각하고 행동한다. 부모가 자신을 이해해준 것처럼 밖에서 친구를 이해하고 배려한다.

아이들은 진심으로, 그리고 본능적으로 자신의 생각과 기분을 엄마와 공유하고 싶어 한다. 엄마와 자녀 간의 일상적인 잡담, 평상시에 주고받는 무의식적인 소통이 중요한 이유다. 엄마와 원활하게 소통하며 자란 아이들은 감정 표현이 풍부하고 자존감도 높다. 자존감은 인간을 단단하게 세워주는 가장 중요한 심리적 기반으로서 사람의 일평생에 빛과 그림자를 드리워준다. 자녀들에게 적절한 칭찬과 격려가 필요한 배경이다.

자존감은 또 한편으로 자신을 존중하고 사랑하는 마음이다. '나는 가치 있는 사람이다' '나는 호감을 주는 사람이고 사랑받을 만하다'라는 생각이다. 자존감과 자존심은 다르다. 자존심은 '나는 잘 났어'라고 생각하는 마음이고, 자존감은 '나는 소중하다'고 여기는 마음이다.

자존감이 높은 사람은 다른 이들이 자신에게 호감을 가질 것이라 생각하기에 일상이 늘 즐겁고 편안하다. 반면 자존감이 낮은 사람들은 '저 사람이 날 어떻게 볼까'에 신경을 쓰느라 상대방의 감정을 읽을 여유를 가질 틈이 없다. 자연스레 공감능력도 떨어진다.

자존감이 낮은 사람은 세상을 살아가기가 참 힘들다. 물건을 살 때도 점원의 눈치를 보아야 하고, 택시를 탈 때도 기사의 눈치를 보아야 한다. 심지어 거스름돈을 달라는 말도 쉽게 하지 못한다. 그래놓고는 집에 가서 '내가 그때 왜 잔돈을 포기했지?'라고 생각하며 억울해한다. 이런 경험이 쌓일수록 자존감은 점점 더 낮아지고, 자존감이 낮으니 또 스스로 억울한 일을 만들게 된다. 악순환이 계속되는 것이다.

평생교육 전문기업 '휴넷'에 따르면 직장인 942명을 대상으로 인생 만족도를 조사한 결과 '나의 자존감 점수'는 10점 만점에 평균 5.7점이었다. 직장인의 절반 정도가 스스로를 존중하지 못하는 셈이다. 어린 시절 부모로부터 충분한 관심과 사랑을 받고 자란 아이들은 자존감 발달에 문제가 없다. 부모라면 반드시 명심할 일이다.

TIP 아이에게 공감 능력을 키우는 부모님의 자세[81]

첫째, 아이의 눈을 바라본다.

둘째, 아이의 이야기에 집중한다.

셋째, 아이의 말에 호응하며 추임새를 넣어준다.

넷째, 절대 말을 끊거나 끼어들지 않는다.

다섯째, 아이가 말할 때 부모의 생각을 주입하여 가르치려 하지 않는다.

그리고 가장 중요한 것은 아이를 진심으로 사랑하고 그 마음을 아이가 알 수 있도록 표현하는 것이다.

---

[81] 〈중부매일신문〉, "아침뜨락" '부모님의 공감능력 중요성', 이성범, 2022.03.16.

칭찬은 고래도 춤추게 한다

'칭찬은 고래도 춤추게 한다'는 제목의 책이 절찬리에 팔리며 대한민국에 칭찬 릴레이를 불러일으켰던 시절이 있었다. "칭찬은 고래도 춤추게 한다"라는 문장은 칭찬의 긍정적인 효과를 나타내는 대표적인 표현이다. 어떤 일을 잘해냈다고 칭찬을 들었을 경우 다음번엔 더 잘해낸다는 사실이 실험으로 확인되었다. 실제로 일본의 국립생리과학연구소 공동연구팀이 발표한 연구 결과다. 심지어 남을 좋게 말하고 칭찬하면 자신의 정신 건강에도 크게 도움이 되는 것으로 밝혀졌다. 영국 스태포드셔대학의 제니퍼 콜 박사팀이 내놓은 연구 결과다.

범고래는 꾸준히 훈련을 받으면 수면 위로 솟아올라 줄을 넘으며 점프를 한다. 그런데 그 비결이 바로 고래를 칭찬하고 긍정적인 메시지를 주어 좋은 관계를 유지하는 것이라고 한다. 즉 쇼를 멋지게 해냈을 때 즉각 칭찬하고, 행여 실수하면 질책하는 대신 관심을 다른 방향으로 유도하며 계속해서 격려한다는 것이다. 우리가 범고래의 멋진 공연을 볼 수 있는 것은 훈련사들이 고래를 칭찬하며 긍정적인 태도를 보여준 덕분이다.

동물도 이럴진대 하물며 만물의 영장인 인간은 어떨까? 세상에 태어나 영·유아기부터 부모님과 가족의 칭찬을 받고, 학창시절에 교사의 칭찬과 격려를 받고 자란 아이들은 평생을 살아갈 단단한 힘을 장착하게 된다. 여러분의 자녀가 아기였을 때를 떠올려보자. 아이가 처음 걸음마를 했을 때 어떤 반응을 보였던가? 균형을 잡지 못해 뒤뚱거리다가 넘어져도 모두가 대견해하며 손뼉을 치고 격려하지 않았던가? 엉덩방아라도 찧으면 사랑이 듬뿍 담긴 손길을 내밀지 않았던가? 부모의 환한 미

아이들은 부모의 칭찬을 먹고 자란다.

소와 격려에 아기들은 한 번 더 일어설 힘을 얻는다. 반듯한 인격체로 자리잡기까지 우리는 많은 이의 긍정적인 피드백을 먹고 자란다.

이처럼 칭찬은 자존감을 높여주고, 좋은 인간관계를 맺게 해준다. 고래마저 춤추게 한다니 부정적인 말이나 비판적인 댓글보다 우선 칭찬부터 하고 볼 일이다. 하지만 섣부른 칭찬이나 '영혼이 없는 칭찬'은 오히려 듣는 사람의 마음을 불편하게 할 뿐만 아니라 종종 역효과를 내기도 한다. 남편이 아내가 하는 말에 건성건성 답하다가 부부싸움이 일어나듯 감정이 담기지 않은 말은 언젠가 탄로 나게 마련이다. 잘못된 칭찬의 부작용을 막기 위한 법칙이 있다. 먼저 같은 칭찬을 늘 하지 말아야 한다. 모자라지도 넘치지도 않을 만큼만 칭찬하라. 그리고 모두가 인정할 수 있는 '공정한' 칭찬을 건네라.

수줍은 소녀, 꿈의 학교에서 다시 태어나다

딸아이 둘을 둔 엄마가 있다. 큰아이는 초등학교 5학년, 작은 아이는 3학년, 두 살 터울이다. 큰아이가 너무 수줍음을 많이 타고 말수가 적은 탓에 엄마의 고민은 시작되었다. 딸아이와 이야기를 나누어보았지만 아무리 노력해도 나아질 기미가 보이지 않았다. 그러던 어느 날 엄마는 학교의 홈페이지에서 '꿈의 학교'를 만났다. 경기도 교육청에서 운영하는 1년 무료 코스인 '꿈의 학교'는 학생들이 자유로운 상상력을 바탕으로 무한히 꿈꾸고 질문하고 스스로 기획하고 도전하면서 삶의 역량을 기르는 곳이다. 학교와 마을교육 공동체 주체들이 지원하고 촉진하는 학교 밖 교육 활동이다

엄마는 큰아이를 이 프로그램에 참여시켰다. 가죽공방 프로그램이었는데 물건도 만들고 바자회를 통해 기부도 하는 체험 교육이었다. 꼼꼼한 성격 덕분에 아이는 가죽 바느질과 디자인을 직접 해서 예쁜 지갑을 만들었다. 동생에게 만드는 법도 가르쳐주고, 자기가 만든 것을 선물하기도 했다. 바자회에 나가서는 제법 흥정을 하는 모습도 보여주었다. 이렇게 사람들과 어울리는 동안 큰아이는 눈에 띄게 좋아졌다. 말수도 많아졌고 동생과의 사이도 더욱 돈독해졌다.

학교 홈페이지를 유심히 보면 좋은 프로그램이 많다. 아이들이 단점을 고치고 장점을 강점으로 만들 수 있도록 애정과 관심을 가지고 다양한 길을 열어주는 일이야말로 부모로서 마땅히 해야 할 역할이 아닐까?

협업 능력

협업 능력을 키우자

'협업 능력'이란 갈등을 예방하고 관리하는 능력을 포함하여 팀이 공동으로 함께 작업할 수 있도록 리드하는 능력이다. 협업은 2개 이상의 조직이나 개인이 서로 다른 전문성을 기반으로 결합하여 새로운 가치를 창조하거나 시너지를 창출하는 것이다.

창의성을 발휘하는 데에는 개인 혼자의 힘보다 집단의 힘이 훨씬 효과적이다. 협업이 필요한 이유다. 그런데 여기서 이야기하는 협업은 각기 다른 기능적 역할을 분담하여 일하는 단순한 의미의 분업이 아니다. 그보다는 서로 소통하고 정서적으로나 감정적으로 시공간을 공유하며 함께 문제를 해결해나가는 것이다.

예를 들어보자. 여기 모인 사람들이 사과를 하나씩 가지고 있다. 서로 바꾸면 다시 하나씩 갖게 된다. 하지만 사과가 아니라 아이디어를 하나씩 갖고 있다고 생각해보자. 서로 교환하면 사람들은 저마다 두 개의 아이디어를 갖게 된다. '우리'가 '나'보다 똑똑해질 수 있는 배경이다.

고도의 성장기엔 IQ가 높은 사람을 선호했다. 뛰어난 지능으로 많은 일을 계획하고 실현 가능한 방법을 고안해낼 수 있었기 때문이다. 그러나 이제 그런 역할은 종말을 맞이하게 되었다. 미래에는 뛰어난 천재 한 사람의 역할을 인공지능이 대신할 터이기 때문이다. 문제는 로봇은 협업할 수가 없다는 점이다. 사람은 서로 머리를 맞대고 열정을 공유하며 일할 수 있지만, 로봇끼리는 이것이 불가능하다. 따라서 도덕적으로나 윤리적으로 가치 있고 의미 있는 일, 창의적이고 특별한 일들은 시간이 아무리 흘러도 여전히 사람의 몫일 수밖에 없다.

그렇다면 어떤 유형이 협업을 잘할 수 있을까? 전문가들이 판단하는 협업형 인재는 사회적 관계능력과 감성능력을 갖춘 사람이다. 한번 생각해보자. 여러분은 사람을 사귈 때 머리로 사귀는가? 그렇지 않다. 가슴으로 사귄다. 머리보다는 가슴으로 소통한다. 그렇게 통하는 사람을 만나면 즐겁고 기분이 좋다. 공적인 작업에서도 이런 사람을 만나면 에너지가 상승한다. 흔히 말하는 시너지효과가 나는 것이다. 그런데 이때 작용하는 것은 IQ가 아니라 EQ다.

이전의 산업화 사회에서 노동자들은 거대한 기계를 돌아가게 하는 하나의 부품에 불과했다. 공장 자동화와 표준화는 노동자를 컨베이어벨트 위에 놓인 부품으로 취급했고, 따라서 늘 대체 가능했다. 그러나 정보화 사회는 다르다. 주변 동료와 협력하지 않으면 혼자서 해결하지 못할 복잡한 문제가 산재해 있다. 사회 자체가 이미 그 어느 때보다 복잡해졌기 때문이다. 이때 문제를 해결하고 창의적인 결과를 만들어내는 데엔 독불장군형 천재가 아니라 협업형 인재가 필요하다. 머리보다는 가슴이 중요한 이유다.

구글에서는 모든 직원이 자신의 목표와 핵심 결과를 회사의 방향과 일치시킨 후 다른 직원들에게 내부 웹사이트를 통해 공개한다. 다른 부서와 직원들이 어떤 일을 하고 있는지 모든 직원이 확인할 수 있도록 하는 것이다. 이 역시 조직이나 구성원이 회사 전체의 목표 달성에 한마음으로 협업하도록 이끌어주는 동기부여 방법이다.

앞에서 말했듯이 4차 산업혁명의 본질은 융합이다. 지금 사회는 모든 분야가 융합되어 새로운 문명을 만들어내고 있다. 혼자 잘 살면 그만이지, 나만 잘되면 그만이지 하는 생각은 미래를 포기한 사람의 아집에 불과하다. 그러므로 더는 자녀들에게 "경쟁에서 이기는 게 제일 중요하다"라고 이야기해서는 안 된다. 혼자 하는 공부도 중요하지만 많은 친구와 어울려서 문제를 풀어갈 수 있도록 판을 깔아주어야 한다. 여러분의 아이가 친구를 너무 좋아해서 걱정이라면 나무랄 일이 아니다. 칭찬할 일이다. 그 아이는 분명 달라진 세상에서 타인들과 현명하게 협업할 수 있는 뛰어난 인재가 될 테니까.

다양한 협업 사례들

이디야 커피는 서울우유와 협업을 통해 커피 원두와 가장 잘 어울리는 우유를 개발했다. 농심은 멕시카나와 손잡고 짬뽕 맛이 나는 치킨을 탄생시켰다. 농심은 유니클로, 에잇세컨즈 등 패션 브랜드와 협업하여 신라면과 새우깡이 디자인된 의류제품을 선보인 바도 있다.

완구업체인 영 실업은 자동차 회사인 기아와 협업하여 트랜스포머처럼 로봇으로 변형되는 장난감 '또봇'을 만들어 3배에 가까운 이익을 거두었다. 기아 자동차 역시 '또봇'을 아동들이나 공장에 방문하는 사람들에게 나눠주어 큰 호응을 얻었다.

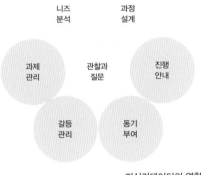

니즈
분석

과정
설계

과제
관리

관찰과
질문

진행
안내

갈등
관리

동기
부여

퍼실리테이터의 역할

롯데제과의 죠스바, 빙그레의 메로나는 잘 팔리는 아이스크림이다. 이들 역시 패션 브랜드인 질바이질스튜어트, 휠라와 협업하여 아이스크림 제품의 색과 디자인이 연상되는 티셔츠를 만들었다.

파리바게트는 라인프렌즈와 협업하여 '라이언' 케이크를 선보였고, LG전자는 패션기업 프라다와 손잡고 프라다폰을 출시했다. 협업 사례는 금융에도 예외가 아니다. KB금융이 여러 자회의 협업으로 진행했던 제일 홀딩스 상장은 금융계 협업의 성공적인 사례로 남아 있다.

예술가와 기업의 만남도 주목할 만하다. 루이비통은 디자이너가 아니라 팝 아티스트인 무라카미 다카시와 만나 무라카미 백을 만들었다. 우리나라에서도 예술가와 기업 간의 협업을 도모하는 '예술인 파견 지원 사업'이 시행되고 있다. 한국예술인복지재단은 매년 공모를 통해 선정된 전국 각 지역의 기업이나 기관, 마을에 1개의 예술인 팀을 파견하여 지원한다.

이 밖에 색다른 협업도 있다. 미용실과 레스토랑의 만남이다. 대구에는 미용실과 레스토랑의 이색적인 '숍인숍' 가게가 오픈했다. 경기도 용인의 한 건물에는 두 은행이 같은 층에 공동으로 입주하여 공간을 반씩 나누어 쓴다. 우리은행과 하나은행의 은행권 최초 '공동점포'다.

이 같은 협업 확장 분위기에 따라 '협업 툴' 사업이 각광받고 있다. 협업 툴이란 여러 사용자가 별개의 작업 환경에서 하나의 프로젝트를 동시에 수행할 수 있도록 만들어주는 소프트웨어를 말한다. 전통적으로는 전화나 팩스, 이메일 같은 것을 업무협조와 소통을 위한 협업 툴의 하나로 볼 수 있는데, 현대에는 무선 인터넷과 모바일 기기의 급속한 발달 및 보급으로 이러한 협업 툴에도 변화가 일어났다. 이를테면 카카오톡이나 페이스북 메신저처럼 흔히 사용하는 의사소통 툴이 나온 것이다.

이러한 툴들은 단순히 커뮤니케이션만 가능한 메신저가 아니다. 파일과 문서를 주고받는 것은 물론 음성 파일과 동영상 파일도 주고받을 수 있고, 화상회의가 가능하며, 업무와 고객을 등록하고 관리해주는 거의 만능에 가까운 협업 툴이다. 카카오워크, 네이버웍스, 두레이, 삼성 SDS, 잔디, 플로우 등 협업 툴 플레이어들이 글로벌 시장을 선점하기 위한 무한경쟁에 뛰어들고 있는 상황이다.

TIP 퍼실리테이터 (facilitator, 진행 촉진자)

진행 촉진자는 회의, 워크숍, 심포지엄, 교육 등에서 진행을 원활하게 하면서 합의 형성이나 상호 이해를 향해서 깊은 논의 또는 효과적인 교육이 이루어지도록 조정한다. 촉진자, 조력자, 조정 촉진자, 학습 촉진자라고도 한다. 때에 따라 의견 교환뿐만 아니라 시각에 호소하는 수법, 신체의 움직임이나 이동을 사용한 기법, 마음을 다루는 감정적 개입도 한다. 참가자의 입장을 겸하기도 한다(위키백과).

사람, 그리고 바닥짐(ballast)과 목발

인도의 유명한 '맨발의 전도사' 선다 싱(Sundar Singh)이 히말라야 산길을 동행자와 같이 가는 도중, 눈 위에 쓰러져 있는 노인을 발견했다. 선다 싱은 "여기에 내버려두면 이 사람은 죽을 테니 함께 업고 갑시다"라고 제안했다. 그러자 동행자가 이렇게 대꾸한다. "안타깝지만 이 사람을 데려가면 우리도 살기 힘들어요."

동행자는 이렇게 말하고 그냥 가버렸다. 선다 싱은 하는 수 없이 혼자서 노인을 등에 업었다. 얼마쯤 가다 보니 길에 죽은 사람이 있었다. 다름 아닌 먼저 떠난 동행자였다. 선다 싱은 노인을 업고 죽을힘을 다해 눈보라 속을 걸었고 서로의 체온이 맞닿아 추위를 이겨낼 수 있었지만, 저 혼자 살겠다고 떠난 사람은 추위를 이기지 못하고 저체온증으로 얼어 죽고 만 것이다.

사람을 가리키는 한자 '人'은 두 사람이 서로 등을 맞댄 형상이다. 나와 등을 맞댄 사람을 내치면 나도 넘어진다는 것이 人의 이치이다. 그렇게 서로의 등을 기대고 살아가는 것이 바로 사람살이가 아닐까? 선다 싱의 동행자는 그 진리를 잊고 혼자 행동하다가 자신의 생명마저 잃은 것이다.

훗날 어떤 이가 선다 싱에게 물었다. "인생에서 가장 위험할 때가 언제입니까?" 선다 싱은 이렇게 대답했다. "내가 지고 가야 할 짐이 없을 때가 인생에서 가장 위험할 때입니다." 사람들은 자신의 짐이 가벼워지기를 바라지만 그때가 가장 위험한 순간이라는 뜻이다. 먼바다를 떠나는 선박도 항해를 시작하기 전 배의 밑바닥에 물을 가득 채운다. 배의 전복을 막기 위해 채우는 바닥짐(ballast)이다. 거친 바다를 항해하는 배

가 균형을 유지할 수 있는 것은 배 밑에 채워놓은 바닥짐 때문이다.

　TV에서 할머니 혼자서 손자를 키우는 다큐를 본 적이 있다. 아들 내외가 이혼하면서 손자를 맡기고 어디론가 떠난 경우였다. 이웃 사람들은 그 모습을 안쓰러워하며 혀를 찼지만, 할머니는 개의치 않았다. 아침부터 식당 일을 하며 '저 애가 없으면 무슨 낙으로 사는가?'라는 마음으로 손자를 키웠다. 손자에게 할머니가 목발이었다면 할머니에게 손자는 삶을 지탱하는 바닥짐이었다. 나와 등을 맞댄 그 사람 덕분에 내가 넘어지지 않을 수 있다. 나를 힘들게 하는 존재가 삶의 항해를 지켜주는 바닥짐인 것이다. 우리의 인생도 마찬가지다. 나를 끌어당기는 어떤 것, 내 인생을 무겁게 해주는 바닥짐이 있어야만 우리는 고난을 극복하고 무너지지 않을 수 있다. [82]

82 〈세계일보〉, 배연국 논설위원

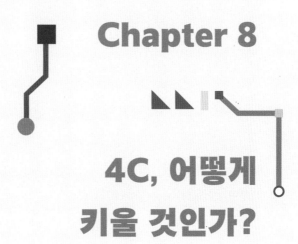

Chapter 8

4C, 어떻게
키울 것인가?

미래형 교육이 답이다

플립 러닝(Flipped Learning)

학교 교육에도 새바람이 불고 있다. 그동안 암기 위주의 입시교육에 전념하여 경쟁했지만, 요즈음은 전에 볼 수 없었던 창의적이고 도전적인 교수 기법이 시도되어 확산일로에 있다. 방과 후 교실, 자유학기제, 소프트웨어 교육 등 창의력과 상상력을 계발할 수 있는 여건이 조성되고 있다. 이에 자극을 받아 거꾸로 교실, 프로젝트기반 학습(PBL), 디자인 씽킹(Design thinking)[83] 등 실험적인 교육방식도 확대되는 중이다.

교육은 우리 아이들에게 동기를 부여하고, 새로운 도전에 대한 용기를 심어주며, 그 과정에서 흥미를 느낄 수 있도록 이루어져야 한다. 플립 러닝, 디지털 리터러시, 기업가 정신, 메이커 교육은 인공지능과 더불어 살아갈 미래의 핵심역량인 4C를 키우는 미래형 교육으로 특히 각광받고 있다. 따라서 미래형 교육이 추구하는 목표와 원리를 잘 이해하면 부모님들이 가정에서 자녀를 어떻게 키워야 할지 지혜를 얻을 수 있

---

[83] 디자이너들이 무엇인가를 디자인하며 문제를 풀어가던 사고방식대로 사고하는 방법, 즉 제품 개발 단계뿐만이 아니라 제품의 기획, 마케팅, 관련 서비스 등 전 과정에 걸쳐 디자이너들의 감수성과 사고방식을 적용하는 것이다(네이버 지식백과).

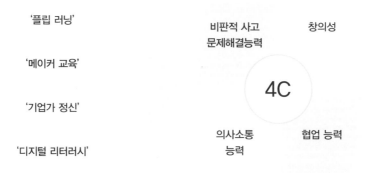

'플립 러닝'

'메이커 교육'

'기업가 정신'

'디지털 리터러시'

비판적 사고
문제해결능력

창의성

4C

의사소통
능력

협업 능력

4C 어떻게 키울 것인가?

미래형 교육의 이모저모

을 것이다. 4C를 키우는 방법들을 하나하나 알아보자.

공부는 집에서 한다. 학교에 가면 칠판 앞에 서서 발표한다. 교사는 책상에 앉아 아이들에게 질문한다. '플립 러닝' 혹은 '거꾸로 수업'으로 불리는 미래형 교육이 이루어지는 모습이다. 1990년대 미국 하버드 대학의 에릭 마주르 교수가 온라인을 활용한 초창기 모델을 개발했고, 2007년 미국 존 버그만 교사가 플립 러닝이라는 현재 모델을 내놓은 뒤 점차 이 방식이 확산되었다. '뒤집다'라는 뜻의 영단어 'flip'이란 말 때문에 우리나라에서는 흔히 '거꾸로 교실'이라고 불린다.

플립 러닝은 학생이 미리 공부해오고 이후 수업에서는 교사가 확인하는 역 진행 방식으로 수업이 이루어진다. 교실에서 일방적으로 강의를 듣고, 집에서 복습하고 과제를 하던 보편적이고 전통적인 주입식 수업 방식과 다르다. 본 수업에 앞서 교사가 제공한 온라인 또는 오프라인 자료를 사전에 학습하고, 본 수업에서는 토론 및 과제 풀이 등의 형태를

357

통해서 수업을 진행하거나 심화학습을 한다. 수업은 새로운 내용을 배우기보다는 이미 온라인으로 학습한 내용을 연습하거나 익히기 위한 시간으로 활용되는데 이때 교사는 과제를 소화하지 못하거나 학습 내용을 이해하지 못한 학생들을 돕는다.

플립 러닝은 교육의 질과 생산성을 향상하는 동시에 교육비용을 절감시킬 수 있다는 점에서 대세로 떠오르고 있다. 교실에서는 강의가 이루어지지 않으므로 학생들은 반드시 사전에 온라인 수업을 수강해야 한다. 온라인 강의 외에 논문 검색 및 자료 검색 등 선행 학습을 스스로 수행해야 하므로 학생에게 더욱 능동적인 역할이 요구된다. 이 같은 자율적, 능동적인 학습으로 수업 참여도가 높아지고, 모둠이나 조별 협력 학습을 통해 협동심과 책임감, 의사소통 능력을 배울 수 있으며, 컴퓨터 활용능력이나 인성교육에도 도움을 준다.

코로나19로 촉발되고 지속된 전국 단위의 온라인 개학은 플립형 교육을 확산시키는 계기가 되었으며, 익숙해진 비대면 수업과 플립러닝은 코로나 이후에도 더욱 활성화할 전망이다. 학습과정을 통해 문제 해결 능력, 발표력, 의사소통 능력 등 4C를 키우는 학습자 중심의 교육으로 자리잡아가고 있기 때문이다. 자녀와의 대화와 가정교육에서도 거꾸로 수업의 원리를 이해하여 활용해보면 어떨까? 이를테면, 어떤 사안이 생기거나 자녀에게 궁금증이 일어났을 때 부모가 바로 정답을 알려주는 게 아니라 아이 스스로 해결책을 찾아보고 원리를 탐구해본 다음 함께 이야기하고 정리하는 식으로 말이다. 이런 과정이 익숙해지면 4C를 키우는 자기 주도적 학습은 굳이 강요하지 않아도 저절로 이루어질 것이다.

학생과 교사가 뒤바뀐 '거꾸로 수업'

2015년에 방영되었던 KBS 특별기획 다큐멘터리 〈거꾸로 교실의 마법, 1,000개의 교실〉 4부작은 플립러닝을 알리는 계기가 되었다. 교사들 사이에서 급격히 퍼지기 시작한 '거꾸로 수업'을 추적하고, 그로 인해 일어난 학생들의 변화를 방영했던 다큐멘터리였는데, 이 프로그램은 방송을 타자마자 순식간에 교육계는 물론 학부모들 사이에서도 화제가 되었다.

다큐멘터리에 따르면 성적이 낮았던 학생들은 상위권 등수로 올랐지만, 상위권 학생들은 점수 변화가 그대로이거나 상승해도 폭이 크지 않았다. 수업이 사라진 교실에서는 상상을 뛰어넘는 새로운 학습방법이 등장하고, 학업뿐 아니라 성격과 태도에도 도움을 주는 것으로 나타났다. 교실 안 학생들 대부분이 잠을 자거나 소수의 학생만 점수 경쟁에 참여했던 공교육 붕괴상황에서 다수 학생의 주도적인 참여를 이끌어낸 혁신적인 교육방법으로 평가되었다. 전통적인 교육방법에 익숙한 교육계에 자기 주도적 학습능력 배양, 교사와의 관계변화 등을 통한 바람직한 미래 교육환경이 무엇인지를 돌이켜보게 하는 물음표이자 느낌표였다.

이 혁신 모델에 공감하고 학생 주도 학습을 실현했던 교사들을 중심으로 미래교실네트워크(futureclass network)라는 단체도 설립되었다. 현재 2만 명이 넘는 교사가 참여하여 여러 가지 사례와 콘텐츠를 공유하는 공간으로 자리잡고 있으며, 이들은 각자의 교실에서 아이들의 주도성을 살리는 학습자 중심의 거꾸로 교실 확산과 공교육의 변화를 이끌어내고 있다.

교실에서 강의 듣기

집에서 숙제하기

거꾸로 교실

집에서 강의 듣기

교실에서 활동하기

대학들도 이에 동참하고 있다. '말 잘 듣는 범생이' 대신 주체적인 혁신가들이 필요하다는 취지에서 단국대학교는 일부 전공 및 교양 수업에 이 방식을 적용하고 있다. 고려대학교는 신입생들 수업을 100퍼센트 거꾸로 수업으로 하고 있고, 연세대학교는 2021년 입시 개편에서 거꾸로 교실 시행학교에 가점을 주는 제도를 도입하기도 했다. 카이스트(KAIST), 울산과기대(UNIST), 서울대 등 명문대도 앞다투어 이에 동참하고 있다.

일방이 아닌 쌍방향이라는 점에서 거꾸로 수업은 유대인의 하브루타 교육법과 닮은 점이 있다. 다만 하브루타는 교사와 학생의 입장이 뒤바꾸는 것이 아니라, 배우는 사람들끼리 대화와 토의를 통해 서로 가르치고 배운다는 점에서 차이가 있다. 쌍방향 교육은 '질문하는 능력'을 키운다. 질문하려면 무엇보다 내용을 이해하고 자기만의 생각이 있어야 하는 탓이다. 기존의 주입식 교육에서는 주로 질문하는 쪽이 교수였으나, 플립러닝은 많은 학생이 질문을 쏟아내게 하는 변화를 몰고 왔다. 플립러닝이 수동적 교육방식을 벗어난 미래형 교육으로 각광받는 배경이다.

메이커교육(Maker Education)

메이커(Maker)란 '무엇을 상상하고 생각한 바를 표현하여 만드는 사람'을 뜻한다. 단순히 제작자라는 원뜻을 넘어 무엇인가를 창조하는 사람이다. 상상을 현실로 만들고, 편리한 생활로 바꾸어 사회를 변화시키고, 세상을 변화시킨다. '메이커교육'(Maker Education)이란 이러한 메이커를 만드는 교육이다. 단순히 새로운 기술과 다양한 디지털기기를 이용하여 필요한 물건을 생산해내는 사람이 아니라, 필요한 것을 스스로 찾고 열정적으로 창조하는 사람을 길러내는 학습자 중심의 교육 활동이다.

아이들은 메이커교육을 통해 자신이 생각하거나 이 세상에 필요한 것을 만들어보기 위해 연구하고 정보를 수집하고 재료를 구한다. 설계도를 그리고 직접 만드는 과정을 통해 성공과 실패를 반복하며 원리를 깨닫는다. 주변과 협력하며 창의적으로 문제를 해결하고 그 결과 자신의 결과물을 세상과 공유하게 된다. 교육개혁자인 존 듀이(John Dewey, 1859-1952)는 "학생에게 무언가를 제시할 때 배울 것보다는 해야 할 것을 주어야 한다. 무언가를 하다 보면 자연히 생각하게 된다. 그리하면 배움은 저절로 따라 온다"라고 말했다.

2014년 6월 미국의 백악관에서는 메이커(MAKER)들의 축제인 '메이커 페어'가 열렸다. 이날 버락 오바마 대통령은 "오늘의 DIY(Do It Yourself)가 내일의 메이드 인 아메리카(Made in America)"라는 말을 남겼다. "비디오 게임을 사지만 말고 직접 만들어라, 휴대폰을 갖고 놀지만 말고 프로그램을 직접 만들어라"라는 연설로 유명한 그는 메이커교육의 열렬한 지지자였다.

핀란드는 인구 550만 명의 작은 나라지만, 실생활에서 꼭 필요한 목공 교육을 필수로 하고 있다. 또한 이 나라는 2000년 이후 국제학업성취도 평가(PISA)에서 항상 상위권을 차지한 것으로도 유명하다. 이제 미래 대한민국의 학교 역시 저마다 메이커 스페이스를 구축하여 놀며 공부하고 만들며 배우는 학교로 거듭나야 할 것이다.[84] 토머스 제퍼슨도 "우리는 배워야 할 것을 직접 해보면서 배운다"라고 말하지 않았는가?

물론 우리나라도 전국적으로 메이커교육을 시행 중이다. 중소벤처기업부와 창업진흥원이 지원하는 '메이커 스페이스' 구축·운영사업은 혁신적 창작활동을 지원하기 위한 메이커 공간을 전국적으로 확충하여 메이커 문화를 확산하고, 제조 창업 저변이 확장되도록 지원하는 사업이다. 각 지자체와 대학에서도 메이커 센터 등을 설치하여 장려하고 있고, 주변의 학원이나 도서관, 마을공동체 등 다양한 곳에서 수시로 체험 프로그램을 열고 있다.

알고 보면 아이들은 태어날 때부터 메이커이다. 색연필을 쥐는 순간

---

[84] 〈교육연합신문〉 "인공지능 시대의 공부는 메이커로", 강신진, 2022.8.19.

방바닥이며 벽이며 온통 낙서투성이로 만들고, 놀이터에서는 모래를 팠다 쌓았다 하며 무언가를 만들고, 엄마가 잠시 한눈파는 사이 화장품 뚜껑을 열어 얼굴에 그림을 그린다. 여느 부모에게나 낯설지 않은 아이들 모습이다. 하지만 태어날 때부터 메이커였던 아이들은 자라면서 차츰 남이 만들어놓은 물건을 사용하기만 하는 소비자로 변신한다. 언제 그랬냐는 듯 무언가를 만들어볼 생각조차 하지 않는다.

메이커로 태어난 아이들을 계속 메이커로 자라게 하는 것이 메이커교육이다. 직접 만들어보는 경험을 통해 아이들은 원리를 이해하여 문제를 해결하게 되는 동시에 협동성과 창의성도 배우게 된다. 이 교육은 단순히 물건을 만들어내는 능력만 가르치는 게 아니다. 무엇인가를 고치고 다시 만들고 부수고 조립하는 과정에서 유연한 사고를 키우고 이를 실제 세계에 구현해보는 데 중점이 있다. '놀이가 교육이 되는' 메이커교육은 모든 사람이 창작자가 되는 세상을 꿈꾼다.

TIP 팅커링(Tinkering)

팅커링은 '땜질'이란 말로 번역되는데, 지속적으로 만들어보면서 계속하여 고쳐보고 개선해나가는 행위를 뜻한다. 다양한 재료와 도구를 활용해 물건을 만들거나 놀면서 시행착오를 통해 자연스럽게 배우고, 다양한 가능성을 탐색하며 문제를 해결하는 메이커교육의 일환이다. 막대를 이용하여 별, 동그라미, 세모 등 좋아하는 모양을 만들어보기도 하고, 집 안에 쌓인 박스를 오리고 붙여가며 로켓발사대를 만들어본다. 미국에서는 각 지역 도서관에서 '팅커링 데이'를 개최하기도 한다. 쓸모없는 전자제품이나 가전제품을 가져와 마음대로 부수고 조립하는 날이다. 스트레스를 적게 받으면서 제품의 원리를 배우기도 하고 재미도 있다. 팅커링의 슬로건 중 하나는 '분해하는 것으로 시작하라'이다. 아이들은 다양한 시도를 통해 도전을 배우고 실패를 두려워하지 않게 될 것이다. 엄마 아빠와 함께 보내는 팅커링 데이는 아이를 위한 최고의 투자이다.

"상상을 현실로 만들 때 필요한 것"_정덕희 탱그램팩토리 대표

https://tv.kakao.com/channel/2687127/cliplink/301564128

기업가 정신(Entrepreneurship)

기업가 정신이란 한마디로 '세상의 문제를 인식하고 이를 해결해내는 힘'이다. 혁신과 창의성을 바탕으로 미래에 대한 통찰력을 가지고 현재의 문제에 도전하여 해결책을 찾아내는 용기와 모험정신을 말한다. 기업가(entrepreneur)란 단어는 프랑스어 동사 'entreprendre'에서 유래하였는데 그 뜻은 '시도하다' '모험하다' 등을 의미한다.

경영학자 드러커는 기업가 정신이란 "위험을 무릅쓰고 포착한 기회를 사업화하려는 모험과 도전의 정신"이라고 정의했다. 경제학자 슘페터는 기업가 정신의 본질은 '혁신'에 있으며, 새로운 발명뿐만 아니라 시장을 개척하거나 비용이 적게 드는 생산방법을 찾아내는 일까지 모두를 혁신으로 보았다. 그는 기업가의 혁신은 자본주의를 발전시키는 원동력이라고 말하기도 했다.

기업가 정신 교육은 이러한 기업가의 특성을 학생들이 어린 시절부터 훈련하도록 이끌어주는 교육이다. 흔히 기업은 돈을 버는 곳으로 생각한다. 맞는 말이다. 사람들에게 필요한 제품을 생산하여 판매하고 이윤을 남기는 곳이다. 하지만 한 번 더 생각해보자. 기업은 돈을 벌기 위해 사람들이 필요로 하고 원하는 문제를 해결하고자 온갖 노력과 투자를 아끼지 않는다. 어떤 때는 무모한 도전과 희생까지도 감수한다. 다시 말해 기업은 '문제를 해결하는' 조직이다. 문제 해결의 대가로 고객이 돈을 내고, 기업은 그 돈으로 조직과 활동을 이어간다고 보면 된다.

예를 들어 진공청소기를 보자. 이것은 주부들이 힘들어하는 청소문제를 해결하기 위해 연구하고 노력한 끝에 나온 기업의 산물이다. 여름철 음식이 상하는 일을 해결하기 위해 냉장고가 개발되었고, 더위에 지친 사람들의 건강과 피곤함을 달래기 위해 에어컨을 생산하게 되었다. 자동차며 비행기에서부터 의약품과 로봇에 이르기까지 세상의 모든 상품과 서비스는 바로 문제 해결의 산물이다. 이처럼 기업은 문제를 발견하고, 문제를 해결하며, 문제 해결의 대가로 수익을 창출하는 구조를 가지고 있다.

그렇다면 이러한 기업가에게는 무엇이 필요할까? 최근 누리호의 성공적 발사로 우리나라는 세계에서 7번째로 독자적인 기술을 기반으로 실용위성을 발사할 수 있는 능력을 갖춘 우주 강국으로 도약했다. 이는 위험을 감수하고 수많은 시행착오와 실패를 딛고 일어나 계속해서 도전한 결과다. 새롭고 낯선 길이지만 포기하지 않고 마침내 목적지에 도달한 누리호의 성공은 기업가 정신의 산물이다.

카이스트 이민화 교수는 "기업가 정신 교육은 장사꾼이 아니라 혁신가를 만드는 것이다. 기업가 정신 교육을 도외시하고 인성교육을 주장하는 것은 한국을 '갈라파고스'화[85] 할 수 있다"라고 지적했다. 미국은 'NFTE 프로그램'(Network for Teaching Entrepreneurship)으로 초등학교부터 중고교, 대학교를 거쳐 평생교육 과정에 이르기까지 생애 전 주기별로 기업가 정신 교육을 실시하고 있으며, 200여 개 대학에 기업가 정신 센터를 구축하고 있다.

반면 우리나라의 경우 별도의 기업가 정신 센터가 구축된 곳은 서울대, KAIST, 한양대학교를 비롯하여 단 9개에 불과하다. 2021년 전국경제인연합회가 실시한 '기업경영환경 및 기업가 정신' 조사 결과 우리나라의 기업가 정신은 OECD 최하위권으로 2000년대 이후의 기업가 정신이 그 이전의 연대보다 낮은 수준으로 나타났다. 특히 청년 취업준비생의 3명 중 1명이 공무원 시험을 준비하는 등 젊은 세대에게 새로운 기회 탐색과 도전보다는 안정적인 직업 선호 현상이 뚜렷하게 나타났다. 세계적인 투자자 짐 로저스는 이 같은 한국의 현실에 빗대어 "10대 청소년들의 꿈이 빌 게이츠가 아니라 공무원이라는 이야기를 듣고 깜짝 놀랐다"라고 하면서 "한국은 위험을 감수하는 용감한 사람들이 있어 오늘의 성장을 이루었는데 이런 현상이 고쳐지지 않으면 결코 위대한 나라가 될 수 없을 것이다"라고 경고하기도 했다.

4차 산업혁명 시대는 기술의 발전에 힘입어 아이디어만으로도 창업이 가능해진 '기회의 땅'이다. 세계적으로 젊은 창업가들의 성공사례가 뜨겁다. 우리나라만 해도 2022년 상반기 기준으로 기업가치가 1조 원이

---

[85] 기술이나 서비스 등이 국제 표준에 맞추지 못하고 독자적인 형태로 발전하여 세계 시장으로부터 고립되는 현상을 일컫는 말이다. 이름의 유래는 육지로부터 고립되어 진화의 방향이 달라진 결과 고유한 생태계를 이루고 있는 갈라파고스 제도다(위키백과).

넘는 스타트업을 일컫는 유니콘 기업이 23개이며, 전 년도에 비해 5개 늘어난 것으로 나타났다.[86] 기업가 정신은 국가와 사회의 성장 동력이며 세상의 문제를 해결하여 인류의 발전을 이끄는 원천이다. 우리 아이들이 '기회의 땅'에 적응하고 도전할 수 있도록 어릴 때부터 기업가 정신을 키워주어야 하지 않을까?

세상은 넓고 할 일은 여전히 많다

'세상은 넓고 할 일은 많다'는 작고한 대우그룹 김우중 회장의 자서전 제목이다. 기업가의 도전정신이 듬뿍 묻어나는 말이다. 정주영 회장의 "이봐, 해봤어?"나 이건희 회장의 "마누라, 자식 빼고 다 바꿔라"는 말로도 표현되는 기업가 정신은 한마디로 '도전'이다. 혁신과 창의성을 바탕으로 세상의 문제를 찾아내고 기업을 성장시킨 사례를 살펴보자.

남아도는 방을 여행객에게 제공하고 돈을 벌 수는 없을까? 호텔이나 숙박업소가 아닌 현지인이 제공하는 빈방을 저렴한 가격에 이용할 수 없을까? '에어비앤비'는 빈방을 제공해 돈을 벌거나 새로운 사람과 만나고 싶어 하는 집주인들을 여행자들과 연결해주는 온라인 플랫폼으로, 집주인과 여행객의 질문을 찾아내고 이 양쪽을 접목하여 문제를 해결한 케이스다.

빠르게 바뀌는 세상에서 두꺼운 종이 백과사전을 다시 인쇄해 정보를 수정하고 제공하려면 시간이 너무 많이 든다. 새로운 정보를 알고 싶고,

---

86 〈대한민국 정책브리핑〉, "기업가치 1조 이상 유니콘기업 총 23개…5곳 늘었다", 중소기업벤처부, 2022.7.21.

보다 다양한 사례를 찾아보고 싶은 사람들에게도 종이 백과사전을 이용하는 건 매우 불편한 일이다. '더 효율적이고 좋은 방법은 없을까'라는 고민을 거듭한 끝에 '위키피디아'는 전 세계의 다양한 언어로 운영되는 온라인 백과사전을 만들었다. 심지어 일정한 규칙에 따라 누구나 수시로 편집에 참여할 수 있으므로 시간과 공간을 초월해 점점 완벽해지는 백과사전의 모범을 추구했다. 전 세계인 누구든 자신이 아는 정보를 기록하여 공유할 수 있다는 점에서 위키피디아는 집단지성의 산물로 영원히 기록될 것이다.

자동차를 끌고 가긴 너무 먼 거리이지만 그곳에서는 자동차로 일을 보는 것이 좋을 것 같다. 필요할 때와 장소에서만 편리하게 사용할 수는 없을까? 주말만 되면 놀고 있는 자동차를 빌려주고 돈을 받을 수는 없을까? 이런 고민 끝에 태어난 '쏘카'는 가까운 곳에 주차된 자동차를 시간 단위로 빌려 쓸 수 있는 자동차 공유 서비스로 소유자와 이용자를 연결해 문제를 해결해준다. 스마트폰을 통해 쉽게 이용할 수 있고 비용도 합리적이다.

공부습관의 진단과 솔루션을 제공하는 '공신 닷컴'은 대학생들이 저소득층 청소년들에게 무료로 멘토링 서비스를 제공하는 사이트다. 가정 형편이 어려운 청소년들이 꿈을 포기하지 않고 공부를 계속하도록 돕는 방법을 고민하여 만든 것이다. 서비스를 받은 학생이 대학생이 되면 다시 멘토로 참여하는 선순환 구조를 만들었다는 점도 칭찬할 만하다.

예전에는 밤늦은 시각, 택시를 잡기 위해 무작정 기다리거나 서로 타려고 다투던 모습이 낯설지 않았다. 내 집 주차장에서 바로 택시를 탈수는 없을까? 인적이 드문 곳에서 손쉽게 내가 가고 싶은 목적지로 가는 방법은 없을까? 고속버스와 시외버스를 한꺼번에 예매하고 목적지까지 갈 수는 없을까? 이제 이 같은 고민은 한물간 것들이 되었다. '카카오' '우티(UT)' '티머니GO' 등의 앱들이 서비스를 시작함으로써 일상의 문제를 간단히 해결해주었기 때문이다.

기업가 정신을 일깨우는 가장 좋은 방법은 아이들에게 "어떤 문제를 어떤 기업이 어떻게 해결했는가"를 찾아보게 하는 것이다. 아직 해결되지 못하거나 상상할 수 있는 미래의 편리함을 위해 아이디어를 내보고 함께 토론해볼 수 있다면 만점짜리 부모가 될 것이다. 4차 산업혁명 시대는 창업과 창직의 시대이다.

디지털 리터리시(digital literacy)

'디지털 리터러시'란 흔히 '디지털 문해력'이라고도 하는데, 이는 디지털 플랫폼에 있는 다양한 미디어를 접할 때 거기서 자신이 요구하는 정확한 정보를 찾고, 정보의 가치나 신용도를 평가하고, 또한 얻은 정보들을 조합하여 활용하는 개인의 능력을 뜻한다.

처음에는 개인에게 컴퓨터 활용기술을 가르치는 데 초점을 두었지만, 인터넷과 모바일 환경이 급격히 발달하면서 기기 활용만이 아니라 소프트웨어 활용 등 전반적으로 정보를 다루고 가공하는 능력까지 그 범위를 확장해 적용하고 있다. 따라서 디지털 리터러시 교육은 기본적으로 디지털기기에 대한 사용 능력을 전제로 한다. 그러나 핵심은 디지털 소통 능력과 디지털 시민의식을 키우는 데 있음을 잊지 말아야 한다. 단순히 디지털 도구의 학습법만 가르치는 컴퓨터 교육과는 다르다.

DiGiTAL LiTERACY

| 실용적, 기능적 스킬 쌓기 | 창의력 | 적절한 소통 능력 | 정보 수집 | 협업 | 사회문화적 이해능력 | 안전한 온라인 이용 | 비판적 사고와 평가 |

디지털 리터러시

정보가 넘치는 세상에서 미디어 메시지에 대한 독해력과 판단력은 매우 중요한 능력이 되었다. 주변을 둘러보면 친구들과 만든 단톡방에 가짜뉴스를 올리거나, 개인 블로그에 출처를 알 수 없는 글들을 퍼와 버젓이 자기 것인 양 올리는 이들이 많다. 이 역시 디지털 리터러시 교육이 부재한 탓에 발생하는 일들이다. 따라서 현대사회에서는 디지털 문맹에 대한 교육뿐 아니라 '디지털 문화를 어떻게 올바르게 수용하고 발전시켜야 하는가'에 대한 교육이 적극적으로 이루어져야 할 것이다. 이때 중시되는 것이 디지털 소통 능력이다. 바로 가짜뉴스에 휘둘리지 않고 합리적이며 비판적으로 해석하고 검토할 수 있는 능력, 최적의 디지털기기와 경로를 이용하여 자신의 의견을 효과적으로 알릴 수 있는 능력, 사이버 세상에서 지켜야 할 윤리와 도덕을 엄수하는 능력 등이다.

디지털 기술이 발전하면서 현실 속에선 혐오와 갈등, 기술에 대한 접근성과 역량 격차로 인해 새로운 문제들이 발생하고 있다. 악성 댓글을 비롯해 야동, 성폭력, 보이스피싱 등 디지털 범죄가 날로 증가하며 더욱 교묘해지고 있다. 특히 보이지 않는 온라인 세계에서는 상대방에게 예의를 지키고, 프라이버시를 존중하며, 보안능력을 갖추는 것이 급선무다. 더불어 디지털 세상은 우리 모두가 활동하는 또 하나의 세상이기에 이곳에서도 시민의식과 윤리의식은 필수다. 일상을 좀먹을 수 있는 중독을 방지하고, 절제능력을 키우며, 다양한 인문학적 소양을 갖추어 건강한 디지털 세상을 만들어나가는 디지털 시민 정신을 갖추어야 할 것이다.

초기 디지털 교육은 인성, 철학적 사고력 등 아날로그적인 교육이 도외시 된 채 이루어지는 바람에 시행착오를 동반할 수밖에 없었다. 대표적인 실패 사례가 바로 미국의 미래형 IT 학교로 주목받았던 '알토 스쿨'(Alto school)이다. 이유는 무엇일까? 에듀테크를 활용한 개개인의 맞춤형 교육으로 학년개념을 과감히 없애고 혁신을 이루고자 했던 시도는 "기술력으로 교육을 혁신하겠다"는 자신감에서 출발했지만, 결과적으로 기초적인 교육이 병행되지 못하는 결과를 초래했다. 그 결과 학생들은 그 나이에 응당히 알아야 지식을 얻지 못하게 되는 역효과를 내었다.

예컨대 노트북이나 태블릿을 사용해 오디오북을 듣고 책의 내용을 이해하여 상위 단계로 학습이 빠르게 진전되는 효과를 거두기도 했지만, 정작 글자를 읽을 줄 모르는 경우가 나왔다. 또 다른 사례이다. 어떤 학생이 기초 수준의 단어 철자도 틀리곤 하여 이유를 조사했다. 원인은 컴퓨터의 맞춤법 검사기 프로그램에 있었다. 학생이 글을 쓸 때마다 프로그램이 자동으로 단어를 고쳐주는 바람에 학습이 되지 않았던 것이다. 이 같은 부작용이 속출하는 와중에도 학교 측이 학생들의 교육과정에서 수집한 데이터를 바탕으로 만든 소프트웨어를 판매하는 등 돈벌이에 나서자 학부모들은 분노하여 자녀들을 전학시켰고 학교는 결국 폐교 수순을 밟게 되었다.

이 같은 알토 스쿨의 사례는 디지털 교육 혁신에 대한 반성과 함께 기존의 디지털 리터러시 교육에 변화를 몰고 왔다. 그 결과 이제는 단순한 최신 기술 습득 위주의 디지털 교육은 배제되고 있다. 실리콘밸리의 그린우드 스쿨은 부모의 상당수가 실리콘 밸리 근무자이지만 중학교 이전의 교과과정에서는 일체의 컴퓨터 기기를 쓰지 않는 것으로도 유명하다.

요즘 아이들은 궁금한 게 있으면 유튜브를 검색하고, 틱톡이나 인스타그램의 인스턴트 같은 영상과 이미지를 즐긴다. 인터넷을 통해 자료를 찾아서는 복사와 붙여넣기로 숙제를 대신한다. 이들의 미래는 어떻게 될까? 나중에 어른이 되어 어떤 문제가 생겼을 때 과연 스스로 문제를 극복해내는 창의력을 가질 수 있을까? 오랜 시간 붙잡고 씨름하더라도 반드시 내 힘으로 극복하겠다는 도전정신과 끈기를 가질 수 있을까? 디지털 세상을 앞두고 아이들의 '사람다움'을 고민해야 하는 이유가 여기에 있다. 디지털 리터러시 교육과 함께 아날로그 인문적 소양이 주목받는 이유이기도 하다.

유명 인사들의 디지털 리터러시 교육

스티브 잡스는 집에서 자녀들의 IT 기기 사용을 엄격하게 통제한 것으로 유명하다. 〈뉴욕타임스〉는 "벽은 대형 터치스크린이고 식탁엔 아이패드가 깔려 있고 아이팟은 널린 컴퓨터 마니아의 천국 같은 곳이 잡스의 집일 것 같지만 전혀 그렇지 않았다"라는 가사를 실은 적이 있다. 2010년 1월 아이패드가 출시되었을 때 잡스의 아이들은 19세, 15세, 12세였는데, 잡스는 아이들의 아이패드 사용도 허락하지 않았다.

IT 전문지 〈와이어드〉의 편집장이자 무인비행기 제조사 3D 로보틱스의 대표인 크리스 앤더슨은 잡스보다 더했다. 그는 6~17세 자녀 5명의 IT 기기를 철저히 통제해 자녀들에게서 '파시스트'라는 비난을 들었다, 페이스북의 CEO 마크 저커버그도 타운 홀 미팅에서 "내 아이들이 13세 이전에는 페이스북을 쓰도록 허락하지 않을 것"이라고 말했다.

이 밖에도 적잖은 IT 거물들이 자녀들의 연령대별 적절한 통제 기준을 갖고 있는 것으로 알려졌는데, 이런 식이다. 9세 이하는 평일엔 IT 기기 전면 금지, 주말엔 30분~2시간만 허용, 10~14세는 숙제용 컴퓨터만 평일에 허용, 14세가 되어야 휴대전화 허용, 16세가 되어야 스마트폰의 데이터 요금제 허용 등이다. 이렇게 IT 거물들이 자녀들의 IT 사용을 철저하게 통제하는 것은 이들이 누구보다 IT 기기 남용이나 중독의 위험성을 잘 알고 있기 때문이다.

"디지털 환경은 부모 노릇과 보육에도 큰 변화를 가져왔다. 최신형 스마트폰을 사준 것으로 부모의 역할을 다 한 것으로 여기는 경우도 많다. 디지털에서 아이를 기른다는 것은 인류가 일찍이 경험하지 못한 어려운 과업을 최전선에서 각 부모가 스스로 해결해야 한다는 걸 의미한다. 디지털 리터러시가 요구되는 이유이다." 한겨레 구본권 소장의 말이다.

"스마트폰으로부터 아이를 구하라!"_권장희 놀이미디어교육센터 소장

https://tv.kakao.com/channel/2687127/cliplink/301563757

디지털 툴 활용하기

아이들과 함께 디지털로 창의적 결과물을 만들고 다양한 체험을 해보자. 간단한 사용법만 익혀도 활용하기 쉬운 도구가 많다. CDL (디지털리터러시교육협회)가 추천하는 디지털 도구를 소개한다.[87]

마인드맵(MindMup)

연상되는 아이디어를 정리하기 편하고, 핵심 개념을 정리해 작업에 활용하기 좋다. 이미지 파일도 사용할 수 있고, 로그인 없이 무료로 이용할 수 있다.

＊구글 마인드맵 사이트(https://www.mindmup.com/)

구글 아트앤컬쳐(Arts&Culture)

세계적인 예술작품을 다양하게 접할 수 있다. 한국을 포함한 세계 유명 박물관과 미술관의 작품을 온라인으로 즐길 수 있다.

＊구글 아트앤컬쳐 사이트(https://artsandculture.google.com)

스토리위버(StoryWeaver)

동화책 제작 도구이다. 다양한 이미지를 제공하고 그림을 직접 올려도 된다. 그림에 어울리는 글을 다양한 언어로 적을 수도 있다.

---

[87] 〈부산일보〉, "디지털리터러시교육협회가 추천하는 디지털 도구", 이우영 기자, 2018.5.8.

＊스토리위버 사이트(https://storyweaver.org.in)

구글 익스페디션(Google Expeditions)

가상현실에서 지구, 달, 우리 몸속, 공룡시대 등 다채로운 공간을 체험할 수 있는 스마트폰 앱이다. 카드보드를 이용하면 가상현실(VR)로 더욱 생생하게 볼 수 있다.

＊앱 스토어에서 'expeditions'를 다운로드

Chapter 9

어떤 부모가
될 것인가?

자녀 인생의 매니저가 되어보자

자녀의 인생을 경영하자

우리나라 부모와 학생이 생각하는 교육의 목적은 무엇일까? 2020년 통계청 사회조사 결과를 보자. 우선 '좋은 직업을 가지려고'란 응답이 전체의 44.1퍼센트, 그다음으로 '자신의 능력과 소질을 개발하기 위해서'라는 응답이 43.8퍼센트였는데 이 둘을 합치면 전체의 88퍼센트로 절대다수를 차지한다. 즉 "자신의 능력과 소질을 계발해서 좋은 직업을 갖는 것"이 부모와 학생이 생각하는 공부의 목적이었다.

부모와 자녀 사이의 가족관계 만족도는 76.4퍼센트로 높은 편이었고, 청소년이 가장 고민하는 문제는 공부 29.7퍼센트, 직업 28.1퍼센트, 외모 10.2퍼센트 순으로 나타났다. 청소년이 고민을 상담하는 대상은 누구일까? 친구나 동료가 43.4퍼센트로 가장 많았고, 부모는 27.1퍼센트로 나타났다. 3명 중 한 명은 부모와 상의하지 않고 있다는 이야기다.

교육 기대수준은 어떨까? 학생의 84.1퍼센트, 부모의 91.6퍼센트가 대학교 이상의 교육을 원하는 것으로 나타나 우리나라가 여전히 학벌을 중시하는 사회임을 보여주었다. 대학 진학을 원하는 이유도 좋은 직업을 가지기 위해서, 그리고 능력을 개발하기 위해서라는 대답이 전체의

85퍼센트로 절대다수를 차지했다.

그런데 주목할 점은 특성화고나 대학교를 졸업한 후 취업 중이거나 취직한 적이 있는 사람들에게 물어본 결과, 자신의 전공과 직업이 일치한다고 대답한 경우는 남녀 모두 37퍼센트에 불과했다. 결국 60퍼센트 이상의 사람들이 전공과 무관한 직업을 갖고 있는 셈이다. 이를 종합해 보면, 부모나 학생이 학교에 다니는 목적은 결국 좋은 직장을 얻기 위해서이며, 이 목적을 달성하기 위해 다들 대학까지 가야 한다고 인식하지만, 막상 대학을 졸업한 후에는 절반이 훌쩍 넘는 60퍼센트의 사람들이 전공과 무관한 삶을 살고 있다는 것이다. 이 같은 현실이 지적하는 점은 무엇일까?

누누이 강조하지만 4차 산업혁명 시대는 기술의 발전과 문명의 전환으로 일자리와 직업에 커다란 변화를 맞이할 것이다. 현재 인기 직업이나 대중의 선망을 받는 직업들은 흥망성쇠의 소용돌이에 휩싸일 것이고, 전에 없던 직업들이 나타나 그 자리를 대체할 것이다. 인재를 뽑는 기준도 달라지고 있다. 졸업장과 스펙이 취업을 보장해주던 산업화 시대는 저물었다. 앞으로 평생직장이란 말도 사라질 것이다.

그런데도 조사 결과는 아이들이나 부모나 과거의 전통적인 인식에 매몰되어 학력과 스펙에 매달리고 있다는 것을 보여준다. "공부 열심히 해서 좋은 대학에 가면 잘 되겠지, 달리 도리가 없잖아"라고 응답한 부모들의 답답함을 모르는 바 아니나 대학을 졸업한 60퍼센트 이상의 사람들이 전공과 무관한 삶을 살고 있다는 이유에 대해서도 숙고해야 하지 않을까?

이 조사는 우리나라 아이들이 각자의 개성이 반영된 교육을 받으며 미래를 준비해온 것이 아니라 그저 남들이 하는 대로 모두가 물결처럼 밀려간 결과임을 드러낸다. 평균의 시대를 살며 누구나 할 것 없이 점수에 매몰되어 한곳을 바라보고 달려간 결과다. 다행히도 이제 세상이 바뀌고 있다. 그 변화를 읽고 자녀의 인생을 경영한다는 자세로 활로를 찾아야 한다. 아이들과 함께 장기전을 준비하자. 시간은 아이들 편이다. 부모의 관심과 시간적인 투자가 있다면 아이들의 미래는 기회의 땅이 될 것이다.

"작은 변화는 큰 변화로 이어질 수 있다"

https://www.youtube.com/shorts/uS8beMxEp-U

좁은 의미의 공부, 넓은 의미의 공부

동양에서 공부(工夫)의 사전적 의미는 "학문이나 기술을 배우고 익히는 것"이다. 이것은 생활과 생존을 위한 것으로 좁은 의미의 공부라 할 수 있다. 우리가 학교에서 배우고 익히는 대부분의 지식과 기술을 말한다. 그러나 본래는 '功扶'로 썼고, 그 뜻은 "하늘과 땅의 이치를 잇는 공을 위한 노력"이었다. "어느 분야이든 집중과 노력으로 자연과 세상의 이치를 깨달아 인간성을 회복하고 인격을 완성하고 주변을 도와 이롭게 하는 것"이 원래의 공부란 철자가 지닌 의미였다. 이처럼 넓은 의미의 공부는 인생을 관통하는 수련의 자세로 삶의 가치와 행복을 찾아가는 배움이다.

성적과 등수에 치중하는 좁은 의미의 공부만으로 취업과 사회적 성공에만 내몰린 아이들은 과연 넓은 의미의 공부에 대해 생각해볼 기회가 있었을까? 아래는 중학교에서 진로지도를 담당한 어느 교사의 글이다.[88]

"여러분의 꿈은 무엇인가요? 그 꿈을 이루기 위해 무엇을 하고 있나요?" 하고 아이들에게 물어보면 그저 공부를 열심히 해야 한다는 답이 대부분이다. 간혹 미술 학원이나 미용학원에 다닌다는 아이들도 있지만 더는 특별한 대답이 없다. 다시 물어본다. "우리는 우리의 인생을 잘 살아가기 위해 무엇을 배워야 할까요?" "평생 행복하게 잘 살아가려면 무엇을 공부해야 할까요?" 이런 질문을 하면 아이들은 생각 이상으로 정말 많은 이야기를 한다. 교실이 시끄러워진다. 아이들은 스스로 해답을 가지고 있었다. 배우고 싶은 것도, 하고 싶은 일도 많은 아이들이다.

넓은 의미의 공부는 지식과 기술을 익히는 공부에서 벗어나 삶의 가치와 진정한 행복을 찾아 나서는 배움이다. 인생의 첫발을 내딛은 아이들에게 넓은 의미의 공부에 대해 생각해볼 수 있도록 어른들이 이끌어야 한다. 미처 학교에서 가르치지 못하는 현실이 있다면 부모가 도와주어야 한다.

실제로 아이들은 생각이 많다. 아무리 어린아이라 할지라도 나름의 생각이 있으며 느낌이 있다. 오늘부터라도 당장 여러분의 자녀와 함께

---

88 〈블로그 멘토페이〉, 2021.6.5.

삶의 가치, 가족이 추구해야 하는 가치, 함께하는 삶, 진정한 행복과 같은 것들에 대해 생각해보고 의견을 나누는 시간을 가져보라. 곧바로 결론이 나오지 않는다 해도 아이들은 이런 계기를 통해 소중한 물음표를 가지게 될 것이며, 부모 역시 아이들에게서 뜻밖의 보석을 발견하게 될 것이다. 넓은 의미의 공부는 아이들이 자신의 인생을 '일의 노예'가 아닌 '일의 주인'이 되어 살아갈 수 있도록 성장시키는 공부다. 이는 곧 인성, 지성, 감성을 갖춘 아이로 성장하도록 돕는 길이기도 하다.

직업과 진로, 수도꼭지를 잠그는 일이 먼저다

아이들에게 묻는다. "너는 커서 뭐가 되고 싶니?" 그런데 묻는 모양이 마치 "너는 직업이 뭐니?"라고 묻는 느낌이다. 아이들 역시 경찰이든 교사든 연예인이든 자기가 하고 싶은 일을 떠올리며 질문에 대답한다. 물론 대부분이 다들 알고 있는 직업 중에 그럴싸하고 멋져 보이는 것을 고른 데 불과하다. 만일 "그래? 그럼 그 직업을 가진 다음에는 어떻게 살고 싶어?"라고 물으면 아이들은 선뜻 대답하지 못한다. 직업 몇 개는 알고 있지만, 진로를 생각해본 적은 없기 때문이다.

'진로'란 무엇일까? '직업'이 단순히 생계를 유지하기 위해 종사하고 있는 일을 가리킨다면, '진로'는 직업을 포함하여 결혼, 가정생활 등 "앞으로 살아갈 길"을 뜻한다. 좁은 의미로는 어떤 종류의 직업을 선택하고, 어떤 학교를 선택할 것인가와 같은 직업과 관련된 것이지만, 넓은 의미로는 개인이 나아가야 할 인생의 방향을 뜻하는 것이다. 그러므로 진로를 정하는 것은 자신에 대한 질문에서 시작되어야 한다. 나는 어떤 사람이 되고 싶은가? 무엇을 좋아하고 잘할 수 있을까? 그렇다면 나는 무엇을 준비해야 할 것인가? 자신의 적성과 성격, 주변 환경과 신체조건 등 자신을 탐구함으로써 찾아가는 것이 '진로'이다.

직업은 사실 부수적인 수단일 뿐이지 인생의 목표 그 자체가 될 수는 없다. 하지만 자신이 생각하는 삶의 가치와 꿈에 부합하는 직업을 가진다면 행운이자 축복이다. 과거에는 한 직업을 평생 고수하는 경우가 많았기에 진로를 직업과 동일어로 취급하거나 같은 것으로 착각하기도 했다. 그러나 현대에 와서는 직업의 종류가 다양해지고 새로운 직업이 생겨남에 따라 개인도 일생에 걸쳐 여러 직업을 선택할 수 있게 되었으므로 진로와 직업을 구별할 필요가 있다.

어떤 학교에 진학할 것인가? 무엇을 전공할 것인가? 어떤 직업을 선택할 것인가? 수돗물이 넘치는 걸 막으려면 바가지로 물을 퍼낼 것이 아니라 수도꼭지를 찾아 잠가야 할 것이다. 여기서 말하는 수도꼭지가 바로 자신이 삶의 가치에서 찾아내야 할 꿈이다. 따라서 올바른 진로란 선망의 직업이나 경제적 지표가 아닌 자산만의 꿈을 찾는 데서 시작해야 한다.

꿈이란 무엇인가? 요리사가 되고 싶다면 요리로 돈을 벌겠다는 것이 아니라 맛있는 음식으로 사람들을 즐겁게 해주어야겠다는 꿈을 먼저 가져야 한다. 교사가 되고 싶다면 안정적인 직업이라는 속성 때문이 아니라 아이들을 가르치는 것에서 인생의 보람을 찾아야겠다는 꿈을 먼저 가져야 한다. 연예인이든 경찰이든 의사이든 각각의 직업이 가지는 세상을 향한 가치와 꿈이 분명 있을 것이다. 그 꿈을 찾아내고 따라가는 것이 행복과 성공의 지름길이자 유일한 답이다. 아이들에게 "너는 커서 뭐가 되고 싶니?"라고 물을 것이 아니라 "너는 어떤 일을 좋아하니? 무엇을 하면 즐겁고 잘할 수 있을까?"라고 묻는 것이 순서라는 뜻이다.

위인들이 알려주는 직업 진로

독일의 대문호 괴테(Johann Wolfgang von Goethe, 1749~1832)는 수많은 명언을 남긴 극작가이자 과학자이면서 문학도였다. 그는 "고난은 참된 인간이 되어가는 과정이다" "가장 유능한 사람은 가장 배우기에 힘을 쓰는 사람이다"라고 말했다. 고난이 있기에 인간은 더욱 성숙해지고, 고난의 강도에 비례하여 성취의 기쁨은 배가 된다. 아이들이 진로와 직업에 고민한다는 것은 그들이 이제 한 인간으로서 어른이 되어가는 과정에 들어섰다는 뜻이다. 이렇게 고민하고 배우고 찾기에 힘쓰는 과정을 통해 유능한 어른으로 성장하는 것이다.

손무(孫武, 기원전 545년경~기원전 470년경. 孫子는 그의 경칭이다)는 "적을 알고 나를 알면 백 번을 싸워도 위태롭지 않다"라는 유명한 말을 남겼다. 사람에게만 '생로병사'가 있는 것이 아니다. 직업에도 인간의 삶에 적용되는 틀인 '흥망성쇠'가 있다. 과거에는 없었지만 새롭게 등장한 직업, 예전에는 선망의 대상이었으나 현재 쇠퇴하고 있는 직업, 미래에 유망해질 것으로 보이거나 사라질 위기에 놓인 직업 등 기술의 발전과 라이프스타일의 변화로 인해 직업의 세계에도 변화의 파고가 높다. 특히 요즘처럼 하루가 다르게 변화하는 세상에서는 나에게 꼭 필요한 정보를 수집하는 능력이 가장 중요하다. 그러므로 적(직업의 세계)을 알고 나(나의 꿈)를 알면 백 번의 변화가 닥친다 해도 결코 삶 자체가 위태로워지는 일은 없을 것이다.

진로 준비를 어떻게 시작해야 할까? 우선 "너 자신을 알라"는 소크라테스의 말처럼 자신을 탐구하는 것부터 시작해야 한다. 자신의 장단점, 현재 여건 등 정보와 상황을 객관적으로 분석하여 자신의 능력과 의지를 파악하고, 이를 기반으로 앞으로 나아갈 길을 가늠해야 한다. 물론 나를 아는 일은 세상에서 가장 어려운 일 중 하나다. 그러나 해답을 멀리서 찾으려고 애쓸 필요는 없다. 모든 선현의 말처럼 '내 안에 우주가 있고' '시작은 나로부터'이기 때문이다.

스티브 잡스는 "사랑하는 사람을 찾듯 사랑하는 일을 찾아라"고 말했다. 성공한 사람들의 공통점은 남들보다 치열하게 노력하고 결코 포기하지 않았다는 데 있다. 스티브 잡스 역시 불우한 성장 과정을 보냈고 성격적으로 결함도 있었지만, 자신이 좋아하는 일에 미친 듯이 몰두한 끝에 인류 문명의 패러다임을 바꾼 사람으로 기록되었다.

발명왕 토머스 에디슨 역시 비슷한 맥락의 말을 남겼다. "나는 평생 하루도 일을 한 적이 없다. 그것은 모두 재미있는 놀이였다." 자신이 좋아하고 잘하는 것을 죽을 때까지 할 수 있는 사람은 정말 행복한 사람이다. 『논어』에 나오는 '학이유 유이학(學而遊 遊而學)' 즉, 공부가 놀이요, 놀이가 공부인 삶은 얼마나 멋진가? 공자 역시 그 진리를 갈파하여 "공부는 즐기듯이 하고, 노는 것은 배우는 듯이 해라"고 이른 것이다.

자녀에게 자신감 넘치고 즐거운 인생을 선물하고 싶다면 무엇보다 부모의 역할에 대해 각성해야 한다. 미국의 유명 방송인 오프라 윈프리는 "내가 수천 번도 넘게 말했지만 세상에서 부모가 되는 일보다 더 중요한 직업은 없다"라고 하면서 부모 역할의 중요성을 강조했다. 왜 그럴까?

가정이야말로 세상을 알아가고 배울 수 있게 해주는 세상의 축소판이기 때문이다. 그중에서도 아버지, 어머니의 역할은 자녀가 보고 배우는 살아 있는 모델이 된다. 그런데 부모와 자녀 간의 갈등에서 가장 심각하게 문제시되는 것 중 하나가 진로 문제라고 한다. 진로 문제는 세대 간의 통념과 갈등이 만나는 지점이기도 하고, 가치관이 충돌하는 지점이기도 하기 때문이다.

따라서 진로 문제에 대한 준비와 논의는 빠르면 빠를수록 좋다. 입시를 앞두고 혹은 취업을 코앞에 두고 논쟁과 갈등이 벌어진 상황이라면 안타깝게도 이미 실패작이다. 진학과 직업, 진로 문제는 어렸을 때부터 부모와 같이 의견을 공유하는 습관을 들여야 한다. 아이의 인생이 달린 일이다. 반드시 차근차근 준비해가며 자주 소통하여 갈등의 소지를 없애야 한다.

성공으로 이끄는 자녀교육

성공하거나 성공을 이끌어낸 사람들의 자녀교육은 어땠을까? 변화에 앞서가는 헌신적인 노력, 뜨거운 열정과 집념으로 자녀교육의 모델이 된 사례를 알아보자.

테슬라 CEO 일론 머스크는 자신의 아이들을 위해 2014년 아예 학교를 세웠다. 미국 LA 스페이스X 본사에 있는 이 학교 이름은 '애드 아스트라'다. 라틴어로 "별을 향해"라는 뜻이라고 한다. 이 학교의 학생들은 머스크의 아이들과 스페이스X 직원의 자녀들이다. 학생 나이는 7~14살로 다양하지만, 학년을 정하지 않고 주제를 정해서 팀을 이뤄

배운다. 암기식이 아닌 조사와 연구를 통해 묻고 답하고 탐구하는 식으로 교육이 진행되는데, 특히 로봇 공학과 인공지능을 다루는 법을 가르친다. 머스크식 교육은 세 가지로 정리된다. 첫째, 나이로 따져 교육을 분리하지 않는다. 둘째, 문제 해결 능력에 집중한다. 셋째, 게임화해서 공부를 즐기게 만든다. 세기의 천재이자 괴짜답게 변화에 앞서가는 자녀교육을 실시한 것이다.

페이스북을 설립한 마크 저커버그의 아버지는 치과의사였다. 어머니 역시 의사로 부유한 환경에 태어난 그는 중학교 때부터 아버지에게 프로그래밍을 배웠다. 일반적인 경우 아이에게 스마트폰을 사주는 것은 쉽지만 게임에 몰두하는 아이를 보며 교육 면에서는 '해가 되지 않을까' 생각하는 것이 보통의 부모들이다. 그런 면에서 본다면 마크 저커버그의 아버지는 조금 달랐다. 그는 아이들이 열정을 보이면 함께 게임에 몰두했고, 그걸 개발하도록 도와주고자 했다. 얼리어답터[89]였던 그는 마크가 자신의 컴퓨터에 관심을 보이자 컴퓨터 프로그래밍까지 할 수 있도록 제품을 사서 지원했다. 초등학생인 마크를 대학에서 개설한 프로그램 수업에 들어가도록 주선하기도 하고 등·하교 길을 차로 태워주었다. 아이가 가진 호기심을 더 깊게 파고들 수 있도록 지원하고 헌신적으로 이끌어준 부모의 예이다.

리차드 윌리엄스는 테니스 역사상 가장 위대한 자매가 된 비너스 윌리엄스와 세레나 윌리엄스의 아버지다. 그는 딸들이 태어나기 2년 전에 TV에서 우연히 테니스 경기 우승자가 4천 달러를 받는 걸 보면서 결심

---

[89] 얼리어답터(early adopter)란 새로운 제품이 나올 때마다 남들보다 먼저 구매하여 쓰는 사람을 일컫는 말이다.

한다. "백인 위주의 사회에서 흑인으로 성공하고 돈을 벌려면 장차 태어날 아이들에게 테니스를 시켜야겠다." 그러고는 이 목표를 이루기 위해 무려 총 78페이지의 '챔피언 육성 계획'을 작성했다. 소설 같은 이야기이지만 엄청난 열정이 아닐 수 없다. 태어나지도 않은 자식들의 미래를 위해 계획을 세우고 준비한다는 것이 말처럼 쉬운 일은 아니잖은가? 아버지의 혹독한 훈련과 한마음으로 응원한 가족들의 지원으로 결국 윌리엄스 자매는 세계 랭킹 1위, 30차례의 그랜드슬램 단식 우승, 여기에 6개의 올림픽 금메달을 획득하면서 명실공히 살아 있는 전설이 되었다. 이후 그들의 아버지를 소재로 한 영화 〈킹 리차드〉가 개봉되기도 했다.

우리나라에도 훌륭한 사례가 있다. 모두 알고 있는 대로 국보급으로 칭송받는 축구선수 손흥민을 키워낸 아버지, 바로 손웅정 감독 말이다. 그 역시 축구선수였지만 본인이 나서서 아들에게 축구를 가르친 것은 아니다. 아이들에게 맘껏 뛰어놀게 하며 스스로 무엇을 좋아하고 어떤 재능을 지녔는지 초등학교 졸업 전까지 발견하면 좋겠다는 바람만을 가지고 있었다고 한다. 그런데 어느 날 초등학교 3학년이던 둘째 아들 흥민이 축구를 가르쳐달라고 진지하게 요청했다는 것이다. 쉬운 길이 아님을, 보통 각오로는 할 수 없다는 이야기로 재차 의사를 묻고 확인했지만, 어린 아들은 축구 앞에서 물러날 기미가 없었다.[90] 이로써 혹독한 기본기 훈련이 시작되었다. 아들을 가르치는 일이니 철저하고 꼼꼼하게 훈련 프로그램을 완성해나갔다. 공을 차고 운동장을 돌며 하나부터 열까지 똑같이 땀을 흘렸다. 훗날 손흥민은 인터뷰에서 이와 같은 아버지

---

[90] 〈풋볼리스트〉, "손웅정 감독이 직접 밝힌 손흥민 교육철학…'모든 것은 기본에서 시작한다'", 김정용 기자, 2021.10.18.

때문에 힘든 표정을 내기도 쉽지 않았다는 말로 존경과 감사를 대신했다. 철두철미한 신념과 지극한 사랑으로 오늘날 손흥민을 만든 아버지의 이야기다.

'아버지 효과', 들어보셨나요?

'부전자전'이란 아버지의 성품이나 습관 등을 아들이 전해 받아 닮은 꼴이 된다는 말이다. 훌륭한 부모 밑에 못난 자식 없다고 좋게 쓰이는 경우도 많지만, 때론 안 좋은 내용이나 비아냥거리는 말로 쓰이기도 한다. 어찌 되었든 전통적으로 아버지의 영향력이 지대하다는 점을 보여주는 말이다.

생각해보면 우리가 어렸을 때 아버지란 한없이 크고 대단한 존재였다. 하지만 과거 봉건주의적 아버지의 이미지는 가정교육이나 육아 면에서 볼 때 아쉬움이 있었던 것도 사실이다. 그동안 우리나라 현실에서 자녀교육은 '어머니'의 몫이라는 인식이 지배적이었기 때문에, 아버지 참여는 늘 논외로 취급되어 오기도 했다. 오죽하면 학업 성공의 비결이 "할아버지의 재력, 엄마의 열정, 그리고 아빠의 무관심"이란 우스갯말까지 생겼으니 말이다. 하지만 이제는 변했다. 아빠가 육아휴직을 내는 것이 당연해진 세상이 되었고, 아빠 육아에 관한 책이나 정보가 봇물 터지듯 시중에 넘치고 있다.

미국 캘리포니아 리버사이드대학교 심리학 명예교수인 로스 D. 파크(Ross D. Parke)는 『아빠만 줄 수 있는 것이 따로 있다』라는 책으로 유명한데, 그는 이 책에서 아빠의 적극적인 양육은 상황에 따라 엄마의 양육보다 뛰어날 수 있다는 '아빠 효과' 이론을 발표했다. 엄마가 부족한 부분을 아빠가, 아빠가 부족한 부분을 엄마가 채우며 함께 육아할 경우 훨씬 안정적이고 건강한 양육이 가능하다는 것으로 이해하면 된다.

보통 자녀는 어머니의 영향을 많이 받는다고 생각하고 역사상 위대한 인물 뒤에는 훌륭한 어머니가 계신다는 사실이 이를 입증한다. 그러나 아이들을 키우다 보면, 어머니의 열 마디보다 아버지의 한마디 말이 더 큰 효과를 나타낸다는 사실도 알게 된다. 부모의 영향력, 특히 아버지의 영향력은 일반적으로 우리가 아는 것보다 훨씬 크다. 아버지는 죽어서도 자녀에게 영향을 미치는 존재다. '아버지 효과'의 특징은 자녀들이 아버지의 행동을 보고 자기도 모르게 아버지와 닮아가는 동일시(同一視) 현상에 있다. 미국의 심리학자이자 대인관계 상담가인 스테판 폴더는 "모든 인간관계의 핵심에는 아버지가 영향을 미치고 있다"라는 말로 그 중요성을 설파했다.

그 밖에도 영국 뉴캐슬대학의 연구팀은 아버지와 많은 시간을 보낸 아이가 IQ가 높다는 추적조사[91] 결과를 발표했고, 미국 노스캐롤라이나대학의 연구팀은 아버지와의 대화가 아이의 언어능력 발달에 현저한 도움을 준다는 연구 결과를 내놓았다. 여러 연구 결과를 종합해보면 아버지의 자녀 양육 및 교육 참여가 높을수록 아이의 학업 성취도뿐만 아니라 사회성, 인성, 성취 욕구 등에서 긍정적인 효과가 나타나고, 특히 자녀의 자아존중감과 정서발달에 있어 매우 중요한 영향을 미치는 것으로

---

[91] 1958년 태어난 남녀 11,000명을 대상으로 '육아에서 아버지의 역할'을 찾는 추적 조사를 실시했다.

드러났다.[92]

 최근 들어 우리 사회에도 '아버지 상(像)'에 대한 변화의 조짐이 보이고 있다. 가정적인 아빠, 친구 같은 아빠를 의미하는 '홈대디'와 '프래디' 등의 신조어가 생겨나고 북유럽형 '스칸디 대디' 신드롬이 부는 등 아버지 역할에 대한 패러다임 변화가 나타나고 있다. '프래디족'은 친구를 뜻하는 'Friend'와 아빠를 의미하는 'Daddy'의 합성어로 자녀교육에 활발하게 참여하고 자녀와 여가를 보내는 아빠들을 뜻한다. 사회복지의 원조인 북유럽에서 먼저 나타났으며, 우리나라에서는 2011년 주5일 근무제 전면 시행과 여성의 활발한 사회활동으로 인해 프래디족이 늘기 시작했다. 과거 가족의 생계를 책임지고 가족을 통솔하던 전통적인 아버지상을 뛰어넘어 자녀 양육과 교육에 적극적으로 참여하는 새로운 아버지상이 주목받고 있는 것이다.

 "엄마가 있어 좋다, 나를 이뻐해 주어서. 냉장고가 있어 좋다, 나에게 먹을 것을 주어서. 강아지가 있어 좋다, 나랑 놀아주어서. 아빠는 왜 있는지 모르겠다." 이 글은 어느 예능프로그램에 소개되었던 초등학교 2학년 아이의 글이다. 부모, 특히 아빠의 역할이 더욱 소중함을 생생히 보여준다. 아이는 태어난 순간부터 부모를 모방하며, 부모를 삶의 역할 모델로 삼으며 자라난다. 24시간 365일 돌아가는 CCTV처럼 내 아이가 나를 항상 지켜보고 있다는 생각을 해보면 자녀는 부모의 청사진이라는 말이 더욱 무겁게 다가온다. 혹시 당신은 프래디족인가? 아이에게 공부 열심히 하라고 말하기보다 쉬는 날 함께 시간을 보내며 스킨십을

---

92 〈행복한 교육〉, 이현아(전 서울대 연구교수).

하고 대화하자. 아버지와 가까울수록 아이는 더 행복해지고 더 똑똑해질 테니 말이다.

"엄마가 발휘할 수 없는 아버지 이펙트"_조세핀 김 하버드대 교육대학

https://tv.kakao.com/channel/2687127/cliplink/301563871

진로교육, 부모부터 받아야 한다

진로는 아이들이 자기의 삶에서 주인이 되어가는 과정이다. 인생 전체에 대한 문제이며, 고3 학생의 진학이나 직업 선택과는 다른 것이다. 진로교육은 단순한 직업 찾기나 특정 분야의 전문성을 키우는 것이 아니라, 직업에 대한 안목을 넓히고 자신이 지향하는 삶의 가치가 무엇인가를 찾아가는 과정이다.

기존의 진로교육은 흥미, 재능을 기반으로 적성검사를 통해 아이가 좋아하고 잘하는 걸 찾고 진로를 계획하는 것이었다. 직업에 대한 정보를 제공하고 각 학생에게 직업의 세계를 연결해주는 것이었다. 그러나 미래의 진로교육은 자기 이해를 넘어, 사회구조의 변화, 노동시장의 변화, 진로 인식의 변화 등 미래의 사회상을 관통하는 교육으로 전환되어야 한다. 이에 기반하여 자신의 진로를 창의적으로 개발하고 지속적으로 발전시켜 나갈 수 있도록 지도해야 한다.

아이들에게 부모의 고정관념이나 지식에 따라 목록화한 직업을 보

여주는 것이 아니라 자녀가 좋아하고 미래의 변화에 유망한 영역의 진로와 직업을 함께 찾아가야 한다. 미래의 정답을 맞힐 순 없지만 예측할 수는 있다. 20년 후 나의 꿈은 무엇인가? 20년 후 없어지고 생겨나는 직업은 무엇일까? 아이들이 소망하는 미래를 탐색하고 직접 체험하는 교육을 통해 스스로 미래에 대한 꿈을 갖게 해야 한다. 어린이의 경우 주니어 커리어넷, 워크넷, 한국잡월드 사이트, 아자스쿨, 애플도도 등 스마트폰 앱과 카카오톡 채널을 통해 다양한 체험을 하는 동시에 적성과 진로를 찾을 수 있는 사이트를 추천해주면 좋을 것이다.

한국직업능력연구원은 해마다 초·중고생을 대상으로 직업에 대한 선호도를 조사해왔다. 안타까운 점은 지난 10년간 아이들의 희망 직업에 큰 변화가 없다는 사실이다. 여기엔 부모들의 책임이 크다. 입시나 성적 못지않게 자녀의 진로에 많은 투자를 해야 하는데 이를 현실에 반영하지 못했으니 말이다. 모든 과정의 끝은 직업으로 귀결된다. 이제라도, 더 늦기 전에 이 사실을 인지하고 부모가 먼저 교육을 받아보면 어떨까?

학부모 액션 플랜

'티칭'하는 엄마가 아니라 '코칭'하는 엄마가 되자

"학원 가야지."

"책 읽어야지."

"급식은 다 먹었어?"

"학교 준비물은 없니?"

"게임 그만해."

"자기 전에 이 꼭 닦아라."

엄마는 바쁘다. 집은 베이스캠프이고 학교는 경기장이다. 엄마는 매니저에 감독에 구단주까지 해야 한다. 거기다 옆집 캠프도 수시로 탐지한다. 이번에 몇 점이나 받았는지, 어느 학원엘 다니는지, 아이들은 엄마의 아바타가 된다. 아이들은 그저 엄마가 시키는 대로 열심히 따른다. "너는 네 할 일만 잘하면 돼, 나머지는 엄마가 알아서 다할게."

보통 엄마들의 이야기다. 이제 바뀌어야 한다. 티칭이 아니라 코칭 하는 엄마가 되어야 한다. "이렇게 해 저렇게 해" "그건 안 돼" 하고 가르치는 엄마는 과거형 엄마다. "이건 어때?" "다른 방법은 없을까?" 하고 스스로 생각하고 계획을 짜고 실행할 수 있도록 도와주는 엄마가 미래형 엄마다. 지금까지의 교육은 지식과 기술을 가르치며 인격을 길러주는 것을 주된 목적으로 삼았다. 이제는 교육의 핵심이 교육자 중심에서 학습자 중심으로 변하고 있다. 따라서 교육의 방향도 "가르치는 것"이 아니라 "생각하게 하는 것"으로 바뀌어야 한다. 코칭은 이때 '생각의 힘'을 키워주는 좋은 방법이다.

티칭은 가르치는 사람의 생각과 방법으로 아이를 이끈다. 코칭은 아이 스스로 계획하고 실행하고 행동하는 방법을 제시한다. 티칭은 정답형 인간을 만들지만, 코칭은 해답형 인간을 만든다. 이래라 저래라 일일이 지시하고 시키는 대로 하도록 강요하는 것은 저급한 권위주의의 산물이다. 아이가 스스로 실행을 통하여 책임져야 할 결과물이 무엇인지 깨닫게 하고 진심으로 수용하게 해야 한다. 지식이 아니라 지혜를 갖춘 아이를 원한다면 티칭이 아니라 코칭하는 부모가 되자.

부모의 코칭은 의사결정 능력을 키우고 리더십과 자존감이 높은 아이를 만든다. 리더십이란 시키는 대로 따르게 하는 것이 아니다. 하라면 하라는 대로 움직이게 하는 것이 아니다. 상대로 하여금 스스로 역할수행을 통해 자신이 책임져야 할 성과를 창출할 수 있도록 안내하여 자발적으로 일하고 싶은 열정이 생기도록 동기를 부여하는 것이다.[93] 그러기 위해 부모들은 토론하고 코칭하고 설득하고 이해시키는 전 과정을 함께하며 아이가 마음으로 받아들이도록 이끌어야 한다. 인간은 충전식 건

---

[93] 〈위키리스크한국〉, "리더십이란 코칭하고 열정을 북돋워주는 것이다", 류랑도, 2022.3.3.

전지가 아니라 자가 발전기를 달고 있을 때 비로소 자존감을 느끼고 열정적으로 일하는 존재이기 때문이다.

질문의 여왕이 되자

질문하라. 그리고 아이의 질문에는 질문으로 답하라. '왜, 어떻게'를 먼저 생각하는 호기심 많고 창의력 있는 아이로 키워라. 질문을 만들어 대화하고 토론하라. 세상에는 훌륭한 질문들이 많다.

유대인 엄마들의 교육열은 우리나라 엄마들과 세계 1, 2위를 다툰다. 그런 유대인 엄마들이 가장 많이 하는 말이 무얼까? "너는 어떻게 생각하니? 왜 그렇게 생각하니?"이다. 엄마들은 대개 아이들이 어떤 질문을 던졌을 때 자신이 아는 것은 곧바로 대답해준다. 그러나 답을 잘 모르는 경우 혹은 아이의 질문이 좀 엉뚱하다면 "쓸데없는 소리 하지 마라"는 식으로 대화를 끝낸다. 이런 태도야말로 아이들의 창의성을 죽이는 지름길이다. 잘 알고 있는 문제라고 해도 한 템포 멈추어 아이의 눈을 응시하자. 그리고는 물어본다. "너는 어떻게 생각하는데?" 그러면 아이는 자신만의 답변을 내놓을 것이다. 다시 질문하자. "왜 그렇게 생각하니?" 이렇게 하면 질문은 대화로 이어지고, 대화는 토론으로 이어져 교육이 된다.

유대인은 세계 인구의 0.2퍼센트에 불과하지만, 역대 노벨상 전체 수상자의 22퍼센트를 배출했다. 하버드대 입학생의 27퍼센트, 아이비리그대학 교수의 30퍼센트가 유대인이며, 세계 100대 기업 창업주의 40퍼센트를 차지하고 있다. 유대인이 다른 민족보다 특별히 지능이 뛰어난 것은 아니다. 영국 얼스터대 리처드 린 교수와 핀란드 헬싱키대 타투반하넨 교수가 발표한 '세계 185개국의 평균 지능지수 결과'에서 1등을 차지한 것은 홍콩으로 국민 평균 IQ가 107이었다. 한국은 106으로 세계 2위를 기록했고 일본과 북한이 3위를 기록하는 등 동아시아권이 상위를 독차지했다. 반면에 유대인의 나라인 이스라엘은 평균 IQ가 94점으로 세계 45위를 차지했다.[94]

무엇이 유대인들을 이렇게 뛰어난 인재로 만들었을까? 세계는 유대인의 전통적인 교육방법인 '하브루타 교육'에 주목했다. '하브루타'는 히브리어로 친구라는 뜻인 '하베르'에서 나온 말이다. 하브루타 교육은 친구와 짝을 지어 대화하고 질문하며 상대방과 토론하고 논쟁하는 방식으로 진행된다. 흔히 밥상머리 교육으로도 알려져 있는데 유대인들은 밥상머리에서 대화하고 토론하고 생각을 나눈다. 식사할 때는 떠들어도 안 되고 밥 먹을 때 소리 내서도 안 되는 동양의 예절과는 사뭇 다르다.

질문은 미래의 핵심역량으로 강조되는 비판적 사고, 창의성, 의사소통 능력 등을 배양하는 실험실과도 같다. 질문하고 답변하는 과정에서 자기 생각을 정리할 수 있으며, 상대의 의견을 구할 수도 있다. 토론의 방향에 따라 생각지 못했던 통찰력을 얻기도 하며, 상대의 말을 귀담아 듣고 응답하는 과정에서 타인에 대한 존중도 배울 수 있다.

"왜 생각하며 살아야 할까? 어떻게 살아야 나답게 사는 것일까? 더불어 사는 삶은 왜 중요할까? 자연과 인간은 공존할 수 있는 것일까? 소중한 관계를 돈으로 살 수 있을까?"

---

94 〈더 타임스〉, 세계 185개국 국민 평균 IQ와 세계 60개국의 IQ 및 국민소득 조사 연구 결과, 2003. 11. 10.

우리는 거창한 질문이 아니더라도 대화를 통해 얼마든지 수많은 이야기를 나눌 수 있다. 아이가 늘 WHY, HOW를 생각하며 행동할 수 있도록 키워야 한다. 질문에는 질문으로 답하라! 엄마의 질문은 아이를 키우는 최고의 영양소다.

"행운을 만드는 질문의 힘"_박종하 창의력연구소 소장

https://tv.kakao.com/channel/2687127/cliplink/301564014

검색의 여왕이 되라

인터넷으로 검색만 하면 얼마든지 방법을 찾고 무엇이든 원인과 해결책을 만날 수 있는 세상이다. 스마트폰에는 세상의 모든 지식이 들어 있다. 업그레이드된 검색 알고리즘은 모호한 질문에도 원하는 결과를 찾아주며, 새로 나온 음성인식 기술은 자판을 칠 필요도 없이 목소리로 묻고 답하는 일상을 가능하게 해주었다.

이제 '몰라서 못 한다'는 말을 할 수 없는 세상이다. "우리 아이 말수가 적어졌어요." 검색창에 입력하면 "말수가 적은 아이 교육법"은 물론이거니와 "말이 많은 아이" "말이 느린 아이" 등 묻지도 않은 내용에 대한 답변까지 수두룩하게 뜬다. "사춘기 딸과의 대화법" "수학 공부 잘하기"… 질문이 무엇이든 검색창에 단어만 입력하면 그 의미와 내용, 원인과 처방에 이르기까지 숱한 경험담과 전문가의 진단이 줄줄이 올라온다. 그 뿐인가? 카페나 댓글에 있는 사람들의 후기는 보너스로 주어지는 팁이다.

이처럼 세상이 바뀌고 직업도 바뀌는 중인데 부모로서 아이에게 무엇을 해주어야 할까? 우리 아이의 적성에 맞는 진로는 무엇일까? 창의력을 키우려면 어떻게 해야 할까? 수많은 블로그와 지역별로 생겨난 맘카페 같은 곳에 가면 가족, 육아, 여성, 건강에서 패션에 이르기까지 사람들의 관심사를 언제든지 볼 수 있도록 카테고리별로 친절하게 나누어 놓았다. 일상의 자잘한 생각부터 위인들의 명언, 생활의 지혜와 꿀팁, 관심사에 대하여 실시간 대화를 나누고 정보를 주고받으며, 심지어 온라인에서 만난 사람들끼리 오프라인에서 만나 벼룩시장을 열고 등산을 가며 세미나를 듣는 등 모임도 활발히 갖는다.

유튜브는 또 어떠한가? 남녀노소 할 것 없이 모든 정보를 맞춤형으로 보고 있다. 알고 싶은 주제를 검색하면 동영상으로 쉽고 재미있게 시간 가는 줄 모르게 보면서 지식과 지혜를 넓힐 수 있다. TV에도 다양한 교육 프로그램이 차고 넘친다. 넷플릭스, 쿠팡 플레이 등 안방극장의 메뉴에도 자녀교육을 위한 탁월한 영상이 준비되어 있다.

그 뿐 아니다. 수많은 앱과 디지털 툴도 온라인상에서 무료로 다운받을 수 있다. 최신 디지털 툴의 학습법을 익히고 아이들과 함께 게임하듯 재미있는 교육을 체험한다면 부모와 자녀 간의 돈독한 우애까지 덤으로 얻게 될 것이다. 아이를 소중하게 생각한다면 검색하라. 검색의 여왕이 되면 전혀 알지 못했던 세상을 체험할 수 있고, 세상의 모든 사람에게 질문을 던질 수도 있다. 엄마가 몰라서 못 하는 게 아니라 게을러서 못 하는 세상이 된 것이다.

좋아하는 일을 하게 하라

몇 해 전 SNS상에 동덕여대 패션디자인 학과 송명견 교수가 쓴 〈내 친구 명자〉라는 글이 회자된 적이 있다. 블로그 등에서도 '펀글'로 많이 소개되었던 이야기를 요약하면 다음과 같다.

시골 우리 집에 명자가 놀러 왔다. 중학교 1학년 때였다. 명자가 우리 언니 앞에서 교과서를 줄줄이 외워댔다. 명자가 돌아간 후 나는 언니로부터 야단을 맞았다. (…) 명자는 공부를 잘했고, 그 어렵다는 서울대 문리대 영문학과에 합격했다. 결혼 후 우연히 서울에서 명자와 한 아파트 단지에 살게 됐다. 명자는 두 남매와 남편, 그리고 시아버지를 모시고 살고 있었다.

어느 날 명자 집에 갔더니 당시 고교 1학년생인 아들이 엄마 친구가 왔다고 기타를 들고 와 연주를 해주었다. 기타에 푹 빠져 있었다. 명자는 아들이 기타만 끼고 산다며 걱정했다. 그리고 시간이 흘러 대학에 진학할 무렵이 됐다. 기타를 끼고 살던 그 아들이 어느 대학에 갔을지 몹시 궁금했다.

후에 들은 이야기다. 손주 진학 문제로 꼬장꼬장하신 시아버지께서 한 달여 동안 식음을 전폐하다시피 하며 S대 법대를 고집하셨다고 했다. 아들의 고교에서도 마지막까지 법대를 종용했다. 판검사가 되는 게 흔히 '인생의 가장 큰 성공'이라 여기던 시절이었다. 그러나 아들의 생각은 달랐다. 결국 S대에 지원했지만 본인이 원하는 미학과에 합격했다. 그때 나는 내심 기타 때문에 공부가 좀 소홀하지 않았나 생각했었다. 조금 아쉬웠다.

알고 보니 아들의 성적은 법대를 가고도 남을 점수였다. 어려운 결정의 순간에 마지막으로 아들 손을 들어준 것은 엄마인 명자였다. 좋아하는 일을 하도록 한 것이다. 아들은 대학 시절부터 작곡으로 이름을 날리기 시작했다. 행복해했다. 그러고는 중요한 고비마다 엄마에게 '하고 싶은 일을 하게 해주신 덕분'이라며 끔찍이 고마워하곤 했다. 그 아들이 바로 방탄소년단을 만들어낸 방시혁 대표이고, 내 친구 명자가 바로 방 대표의 어머니다.

한국이 배출한 방탄소년단(BTS)은 '21세기 팝 아이콘'으로 불리는 명실상부한 세계 최고의 아이돌 그룹이다. 특히, 방탄소년단은 한 주에 빌보드 '핫 100' 차트와 '빌보드 200' 차트 정상을 동시 정복한 최초의 그룹이며, '그래미 어워드'를 비롯한 미국의 3대 음악 시상식에서 공연하는 등 독보적인 기록을 세웠다.

이런 그룹을 탄생시킨 방시혁 대표가 법대를 갔다면 어떻게 되었을까? 물론 훌륭한 판검사나 변호사가 되었을 것이다. 그러나 지금의 방시혁은 어떠한가? 국보급 인사로 전 세계에 대한민국의 자랑이 되고 있다. 성공은 부를 동반한다. 그가 최대주주인 기획사 '하이브'의 주가를 아는가? 재산이 무려 4조 원에 달한다고 한다. 이는 현대자동차그룹 정의선 회장이 보유하고 있는 주식의 가치와 맞먹는 정도이다.

"좋아하는 일을 하게 하라!", 방시혁 대표의 어머니가 선택한 결과는 아들의 행복은 물론 우리나라 역사에도 금자탑을 세우는 계기가 되었다. 직업과 성공의 관계를 연구한 조사 결과를 보면 주장의 근거가 더욱 명확해진다. 미국 블로토닉 연구소는 '부를 축적하는 법'을 연구하기 위

직업과 성공의 관계

하여 아이비리그대학 졸업생 1,500명을 대상으로 20년에 걸쳐 추적 조사를 실시했다. 직업과 성공의 관계를 연구한 이 프로젝트에 참가한 대학 졸업생들에게 어디에 취직하였냐고 물었을 때, 83퍼센트는 경제적인 것, 즉 돈을 많이 버는 일을 택한 사람들이었고, 나머지 17퍼센트는 돈보다는 자신이 좋아하는 일을 택한 사람들이었다. 20년 후, 이들 1,500명 가운데 정확히 101명의 억만장자가 나왔다. 놀라운 것은 그중 1명을 제외한 100명 모두가 17퍼센트에 해당하였던, 즉 자신이 좋아하는 일을 선택했던 졸업생들이었다는 점이다. 자신이 즐겁고 행복해하는 일, 자신의 강점을 살리는 일을 택한 사람이 결국 성공하고 돈도 벌었다는 뜻이다.

강점을 찾아주고 키워라

수학은 잘 못 하지만 영어는 잘하는 아이가 있다. 축구는 못 하지만 피아노를 잘 치는 아이가 있다. 단점을 장점으로 만드는 게 쉬울까? 장점을 강점으로 만드는 게 쉬울까? 물론 둘 다 쉬운 일은 아니다. 단점을 장점으로 만들려면 많은 시간과 비용이 필요하다. 여러 난관에 부딪힐 것이고 꼭 된다는 보장도 없다. 스키를 못 타는 사람에게 스노우보드를 가르치는 격이다. 반면에 장점을 강점 화하는 것은 좀 더 쉽지 않을까? 원래 있는 것에다 즐거운 노력이 좀 더 가해지면 된다. 스키를 잘 타는 사람이 스노우보드를 배우는 격이다.

누구에게나 장단점은 있게 마련이다. 단점을 없애는 노력도 필요하겠지만, 장점을 강점으로 만들어주는 일이 더 중요하다. 그런데 지금까지 우리나라 교육은 단점을 없애는 데 몰두했다. 왜냐하면 우리의 근현대는 '평균의 시대'였기 때문이다. 잘하는 과목의 점수를 좀 더 올리는 것보다, 못하는 과목의 점수를 평균까지 올리는 것이 전체 점수의 등급을 올리는 데 훨씬 효과적이어서 그랬던 것일까? 모든 교과목의 평가기준은 늘 평균이었다. 국어와 영어를 잘해도 수학을 못 하면 좋은 등급을 받기 어려웠고, 수학을 잘하는 아이는 국어와 영어도 잘해야 좋은 등급을 받을 수 있었다. 이런 교육 시스템 안에서 아이들은 결국 전 과목의 평균을 내어 등급이 매겨지고, 이를 기준으로 학교와 학과를 선택해야 했다.

직장을 구하는 것도 마찬가지였다. 졸업장이나 스펙을 보고 사람을 뽑았다. 스펙은 직장을 구할 때나 입시를 치를 때 요구되는 학벌로 학점, 토익 점수 등의 평가요소를 말한다. 좀 더 나은 스펙을 쌓기 위해 해외 연수 및 인턴 경험, 봉사활동에 피아노 태권도까지 다양한 분야의 자격증과 경험을 더해야 했다. 흥미도 없고 관심도 없는데 졸업 후 취업을 위해 대학 4년 내내 '스펙 만들기'로 고생해야 했다.

언제까지 이렇게 살아야 할까? 서로 다른 세기를 사는 우리 아이들마저 부모 세대를 답습해야 하는 걸까? 대학 졸업생의 60퍼센트가 전공과 무관한 일을 한다는 조사 결과[95]가 말해주듯 '평균의 시대'는 그 효용성을 이미 다했다. 자신의 강점이나 적성에도 불구하고 등급에 따라 배당받은 기존의 입시와 학과 선택은 결과적으로 시간 낭비였음이 드러났다.

이제 세상이 바뀌고 있다. 기업의 채용시스템도 달라지고 있다. 세계적인 대기업이나 일류 기업들 위주로 학위와 스펙이 아니라 인성과 실력을 보는 변화가 일고 있다. 구글은 채용심사에서 학위 기준을 제외하였고, 삼성 롯데 CJ 등 국내 대기업도 학교성적을 보는 대신 과제수행 능력이나 자기소개서 등을 본다. 실력과 인성으로 인재를 평가하겠다는 의지를 표명한 셈이다.

4차 산업혁명 시대는 다방면을 두루 아는 저널리스트보다 한 분야에 능통한 스페셜리스트를 요구한다. 해박한 지식은 인공지능이 대신해줄 것이므로 평생 4~5번의 직업을 가져야 하는 백세시대에는 자신만의 강점과 특화된 실력으로 승부해야 한다는 인식 때문이다. 그러므로 자신의 장점을 계발하여 이를 자신만의 강점으로 만들자. 부모는 아이가 가진 단점에 초조해할 것이 아니라 장점을 찾아내고 그것을 강점으로 키워주는 일에 전력을 기울여야 한다. 우리 아이가 살아갈 미래는 더는 평균을 추종하는 스펙의 시대가 아니기 때문이다.

---

[95] 2020년 통계청 사회조사 결과(2020.5).

종말을 고하는 '평균의 시대'

근대 통계학을 확립한 아돌프 케틀레는 벨기에의 과학자다. 사람의 키, 체중, 가슴둘레 등 신체는 물론 결혼 연령, 사망 연령, 출산 건수 등 사회적 수치까지 닥치는 대로 평균을 낸 끝에 "평균적인 인간상"을 제시했다. 평균적인 인간이야말로 완벽하며, 평균을 벗어나는 인간은 열등한 존재라고 바라보았다. 이것이 '평균주의'의 시작이다.

이후 미국의 기계공학자 프레드릭 테일러는 '표준화'라는 개념을 탄생시켰고, 여기에서 더 나아가 교육 심리학자였던 에드워드 손다이크는 교육 시스템의 표준화를 이끌었다. 학점이 탄생했고 획일화된 교육과정이 도입되기 시작했다. 표준화한 시험이 마련되었으며 동일한 잣대로 학생들을 평가한 뒤 등급이 매겨졌다.

기업도 평균으로 정해진 등급에 따라 인재를 채용했고, 공장에서도 표준화한 시스템에 의해서 생산과 판매, 직원 관리가 이루어졌다. 산업화 시대는 평균주의 만능의 시대였다. 학생들의 위화감 해소와 빈익빈 부익부의 교육 편차를 없앤다는 목적으로 고교평준화 시대도 도래했다.

그러나 개개인의 가치와 개성이 중요한 4차 산업혁명 시대가 펼쳐지면서 평균주의는 산업화 시대의 유물로 여겨지고 있다. 학교는 개개인의 특성을 살리는 교육방식을 도입하고, 기업은 학위나 스펙보다 실력과 경험을 중시하는 채용시스템으로 변모 중이다.

하버드대 교수인 토드 로즈는 그의 저서 『평균의 종말』에서 이제 평균을 추종하는 시대는 끝났으니 새로운 시대를 준비하라고 역설했다. 체격이 크다고 꼭 힘이 센 것은 아니다. 축구선수이지만 수영을 못해 물에 들어가지 못하는 경우도 있다. 세계적인 오페라 가수이지만 자전거를 타지 못하는 사람도 있다. 이렇듯 개인마다 성질이 다른데 평균이라는 믹서기에 집어넣고 그 결과물인 등급을 기준으로 판단해버리는 것은 잘못된 것이라는 이야기다.

부모들은 평균의 시대를 살아오면서 평균의 틀을 뛰어넘기 위해 앞만 보고 달려온 세대이다. 토드 로즈의 말처럼 평균이 허상이었는지는 알 수 없으나, 분명한 것은 이제 개개인의 특성을 중시하면서 평균주의 독재에서 해방되어야 한다는 것이다.

"모든 사람은 천재다. 하지만 물고기를 나무에 오르는 능력으로 평가한다면 그 물고기는 자신을 바보로 여기며 평생을 살아가게 될 것이다." 알버트 아인슈타인의 말이다.

책 읽기가 가장 중요하다

동서고금을 통틀어 누구나 하는 이야기지만 교육과 성장에서 가장 중요한 것은 독서다. "독서는 앉아서 하는 여행이고, 여행은 걸어 다니면서 하는 독서"라는 말이 있다. 독서를 통해 우리는 왕도 되어보고, 노예도 되어보고, 장발장이 되었다가 피터 팬이 되기도 한다.

'책은 먼 곳에서 찾아온 벗'이라는 말도 있다. 간접 경험을 통해 벗(책의 주인공)과 함께 기뻐하고 슬퍼하고 두려워하고 또 해결책을 찾기도 한다. 마치 인공지능이 학습하는 딥러닝과 다르지 않다. 딥러닝은 스스로 보고 배운 지식을 계속 쌓아가면서 그것을 토대로 새로운 사실을 추론하는 방식이다. 아이들은 독서를 통해 평생 잊지 못할 사건을 경험하고, 이야기를 통해 선과 악을 체험하며, 만일 그 이야기의 주인공이 나라면

가장 중요한 배움은 독서에서 온다.

어떻게 했을까, 하고 스스로 질문하면서 가치 판단을 하게 된다. 그리고 이 과정에서 아이의 인성과 지성이 자라며, 상상력 또한 풍부해진다.

빌 게이츠, 워런 버핏, 이건희, 록펠러, 리카싱 등 이름을 들으면 알 만한 세계적인 부자들의 교육법을 살펴보면 몇 가지 공통점을 발견할 수 있다. 무엇보다 그들은 미래를 내다보는 방법으로 끊임없는 독서를 강조했다. 빌 게이츠의 부모는 자녀들이 책을 많이 읽고 다양한 주제에 대해 생각하도록 격려했다. 빌 게이츠도 "내 아이들에게 당연히 컴퓨터를 사줄 것이다. 하지만 그보다 먼저 책을 사줄 것이다"라고 말할 정도로 독서를 중요하게 생각했다.

최고의 투자가 워런 버핏은 하루 3분의 1을 독서에 할애하고, 아시아 최고의 갑부 리카싱도 중졸의 학력이지만 책을 손에서 놓지 않는다고 한다. 가까운 사례로 방시혁의 아버지는 전북일보와의 인터뷰에서 방시혁 대표의 어린 시절을 묻는 질문에 이렇게 대답했다. "제 방에서 종일 책만 보는 아이였습니다. 지금 그 습관 때문에 너무 살이 찌는 게 문제입니다. 한글을 일찍 깨우쳤는데, 5살 때로 기억합니다. 그때부터 책을 읽기 시작했고, 집중력과 속독이 뛰어나 엄청난 양의 책을 읽었죠. 초등학교 입학 전에 플루타르크 영웅전 등 청소년 시기에 읽을 책들을 거의 읽었을 정도였습니다."[96]

책을 읽는 이유는 단지 지식을 쌓기 위함이 아니다. 독서와 토론을 통해 서로 생각을 주고받으며 단단해지기 위해서다. 서로의 생각을 경청하고 날카로운 질문을 통해 반문하고 지지하는 과정, 다른 아이의 질문을 듣는 것 역시 생각의 깊이를 더하는 체험이다. 미래 핵심역량 4C를 키우는 종합 선물세트인 독서, 부모들은 누구나 독서의 중요성을 알고 있다. 문제는 실천이다. 아이에게 정기적으로 책을 사주고 있는가? 독서감상문을 써보라고 권유하거나 서로 토론해본 적이 있는가?

'인문학의 힘'을 믿어라

"우리가 창의적인 제품을 만든 비결은 항상 기술과 인문학의 교차점에 있고자 했기 때문이다." 애플 발표회에서 남긴 스티브 잡스의 말이다. IT 기업이 세계를 좌우하는 정보화시대에 살고 있지만, 많은 사람이 강조하듯 미래를 관통해주는 힘은 여전히 인문학에 있다.

구글, 애플, 레고를 비롯한 세계 최고의 기업들은 일찌감치 인문학의 힘에 주목하여 인재 채용에서부터 제품 생산과 서비스, 마케팅에 이르기까지 인간의 창의성을 활용하기 위해 전력을 기울이고 있다. 기업 총

---

[96] 〈엔터〉, "방탄소년단 제작자 방시혁만큼이나 놀라운 '방시혁 아버지'의 어마어마한 스펙", 채석원 기자, 2019.8.1

수를 위한 인문학 과외도 등장했다.

기술이 아무리 발전한다 해도 그 기술을 활용하는 주체와 대상은 결국 사람이다. 타인의 마음을 이해하고 비판적 사고를 할 수 있는 능력의 원천은 인문학이다. 미래사회의 첨단 기술이 발달할수록 창의력, 설득력, 협업 능력과 같은 인문학의 힘은 더욱 중요해질 것이다. 4차 산업혁명 시대의 주역인 애플, 페이스북, 유튜브, 에어비앤비 CEO의 공통점은 무엇일까? 신기하게도 이들 모두는 인문학과 출신이다. 스티브 잡스는 철학, 마크 저커버그는 심리학, 수잔 보이치키는 역사와 문학, 브라이언 체스키는 순수미술을 전공한 학도였다.

우리나라의 중견기업인 '락앤락'이 중국에 진출할 당시의 일화이다. 이 회사의 창업자인 김준일 대표는 행정학과 출신으로 세계 시장을 개척해오며 자수성가한 기업인의 표상이다. 2013년 중국 강소성 소주에 락앤락 공장을 세웠는데 당시 그 지역 사람들이 가장 존경하고 좋아하는 인물이 『사기』에 등장하는 오월동주(吳越同舟)의 오자서인 것을 알아냈다. 공장 준공식 날 그는 오자서의 동상을 만들어 제막식을 함께했다. 이 소식에 중국 내 수십 개 언론매체가 몰려들어 대성공을 거두었음은 물론이다. 이는 김 대표에게 인문학적인 소양과 감각이 있었기에 가능한 일이었다.[97]

이처럼 사소하고 작은 생각의 변화가 역동적인 성과를 가져오기도 한다. 문화, 역사, 예술, 음악, 철학 등 인문학이 알려주는 인간적인 삶과 그에 대한 해석은 과학이나 기술로는 풀 수 없다. 마음을 치유하고 세상

---

[97] 〈The Report〉, "'락앤락'의 중국시장 성공비결은 인문학 덕", 이수진 기자, 2016.2.1.

을 창조하는 힘, 그것이 바로 인문학의 힘이다.

태풍이 부는 길목에 서면 돼지도 하늘을 날 수 있다

"태풍의 길목에 서면 돼지도 날 수 있다." 중국 기업 샤오미 설립자 레이쥔이 한 말이다. 샤오미는 2010년 모바일 인터넷이라는 열풍에 올라타 회사가 설립된 지 불과 9년 만에 〈포춘〉 선정 500대 기업 중 가장 주목받는 젊은 기업으로 선정되었다. 대륙의 실수[98]라 조롱받던 샤오미가 대륙의 영광으로 올라서기까지 채 10년도 걸리지 않은 것이다.

샤오미는 중국어로 '좁쌀'을 뜻한다. 좁쌀만 한 스마트폰 제조사였던 샤오미가 이제 중국을 넘어 인도, 브라질, 동남아 등에서 선풍적인 인기를 끄는 글로벌 회사로 성장했다. 불과 몇 년 전만 해도 애플과 삼성전자를 흉내 내는 저가 브랜드라는 오명을 뒤집어썼음을 감안하면 격세지감을 느낄 수밖에 없다.

기업과 사람들의 흥망성쇠를 살펴보면 요점은 간단하다. 첫 번째 포인트는 "변화에 올라탔는가?" 아니면 "변화를 외면했는가?"에 있다. 아이를 키우는 것 역시 다르지 않다. 세상의 변화, 직업의 변화, 문화의 변화를 살피고 가장 유망한 쪽으로 올라타야 한다. 소위 블루오션을 찾아내어 이를 적극적으로 연구해야 한다는 뜻이다.

---

[98] 중국에서 생산한 제품이 의외로 다른 국가의 제품에 못지않거나 그 이상의 완성도·성능을 보이는 경우, 혹은 중국에서 생산한 일부 제품 중 의외로 가격 대비 성능비가 좋은 경우를 이르는 말. 본래 중국 제품의 품질에 대해 '기대하지도 않았는데 의외로 좋은 제품이 나왔다'라는 의미의 반어적 표현이다(나무위키).

두 번째 포인트는 변화는 준비하는 자의 것이라는 당연한 귀결이다. 사람들은 농담 삼아 말한다. 그 옛날 강남이 모래밭일 때 아버지가 몇십 평만 사두었더라면 좋았을 텐데, 하고 말이다. 그러면서 남의 일처럼 멋쩍게 웃어넘긴다. 하지만 생각해보라. 현재 시점에서 우리 아이들의 미래는 아버지가 사두었으면 좋았을 강남의 모래밭일 수 있다. 그러니 하루라도 빨리 준비하고 투자해야 한다. 직업의 흥망성쇠를 살펴보며 아이들의 진로를 위해 장기전을 준비하는 일이야말로 금싸라기 땅을 사두는 일일 것이다.

우리 주변에 미래는 이미 도착해 있다. 아이들은 부모와는 전혀 다른 세상을 살아갈 것이다. 4차 산업혁명 시대의 부모상은 무엇일까? 변화의 시대, 엄마가 찾는 정답은 무엇일까? 부모와 아이가 함께 시작하는 '진로 찾기'다. 아이의 가슴마다 하나씩 품고 태어난 진주를 찾아주고 보석으로 갈고 닦아 일의 노예가 아닌 주인으로 만들어주는 것, 자신의 꿈을 찾아 설레는 마음으로 일터로 향할 아이들의 길을 내어주는 것, 이를 위해 검색하고 질문하고 실천하며 아이의 인생을 경영하는 부모가 되어야 한다. 변화의 바람을 읽고, 변화의 바람에 함께 올라타면 우리 아이는 하늘을 날 수 있다.